La arquitectura sagrada ibérica: orígenes, desarrollos y contextos

Jesús Bermejo Tirado

BAR International Series 1800
2008

Published in 2016 by
BAR Publishing, Oxford

BAR International Series 1800

La arquitectura sagrada ibérica: orígenes, desarrollos y contextos

© J Bermejo Tirado and the Publisher 2008

The author's moral rights under the 1988 UK Copyright,
Designs and Patents Act are hereby expressly asserted.

All rights reserved. No part of this work may be copied, reproduced, stored,
sold, distributed, scanned, saved in any form of digital format or transmitted
in any form digitally, without the written permission of the Publisher.

ISBN 9781407302874 paperback
ISBN 9781407332949 e-format
DOI https://doi.org/10.30861/9781407302874
A catalogue record for this book is available from the British Library

BAR Publishing is the trading name of British Archaeological Reports (Oxford) Ltd.
British Archaeological Reports was first incorporated in 1974 to publish the BAR
Series, International and British. In 1992 Hadrian Books Ltd became part of the BAR
group. This volume was originally published by Archaeopress in conjunction with
British Archaeological Reports (Oxford) Ltd / Hadrian Books Ltd, the Series principal
publisher, in 2008. This present volume is published by BAR Publishing, 2016.

BAR titles are available from:

	BAR Publishing
	122 Banbury Rd, Oxford, OX2 7BP, UK
EMAIL	info@barpublishing.com
PHONE	+44 (0)1865 310431
FAX	+44 (0)1865 316916
	www.barpublishing.com

ABREVIATURAS

AAA	Anuario de Arqueología Andaluza, Sevilla.
AAC	Anales de Arqueología Cordobesa, Córdoba.
AAH	Acta Arqueológica Hispánica, Madrid.
AEspA	Archivo Español de Arqueología, Madrid.
AEspAA	Archivo Español de Arte y Arqueología, Madrid.
APL	Archivo de Prehistoria Levantina, Valencia.
BAR IS	British Archaeological Reports, International Series, Oxford.
BIEG	Boletín del Instituto de Estudios Giennenses, Jaén.
BMAN	Boletín del Museo Arqueológico Nacional
BPH	Biblioteca Praehistorica Hispana, Madrid.
BSAA	Boletín del Seminario de Estudios de Arte y Arqueología, Valladolid.
BAEAA	Boletín de la Asociación Española de Amigos de la Arqueología.
CNA	Congreso Nacional de Arqueología.
QPAC	Cuadernos de Prehistoria y Arqueología Castellonenses, Castellón de la Plana.
CuPAUAM	Cuadernos de Prehistoria y Arqueología, Universidad Autónoma de Madrid, Madrid.
EAE	Excavaciones Arqueológicas en España, Madrid.
LIMC	Lexicon Iconographicum Mythologiae Classicae, Zürich-München.
MAC	Museo Arqueológico de Cataluña
MAN	Museo Arqueológico Nacional
MDAI(M)	Mitteilungen des Deutschen Archäologischen Instituts (Abt. Madrid), Mainz.
MM	Madrider Mittelungen
MMAP	Memorias de los Museos Arqueológicos Provinciales, Madrid.
MCV	Mélanges de la Casa de Velázquez, Madrid.
Reib	Revista de Estudios Ibéricos.

AGRADECIMIENTOS

Hemos de agradecer al profesor José María Luzón Nogué, Catedrático de Arqueología de la Univeridad Computense de Madrid y a Guadalupe López Monteagudo, Investigadora Titular del CSIC, por el apoyo que nos han presatado y por la atenta revisión que del manuscrito realizaron, detectando los múltiples errores que contenía y aportando nuevos aspectos enriquecedores al mismo.

Asímismo también querríamos agradecer la ayuda prestada por el Prof. Don José María Blázquez, Irene Mañas Romero (Universidad Complutense), Alicia Jiménez Díez (CSIC), José Ignacio Murillo, Juan Gómez Hernanz, Mª Isabel Rodríguez (Universidad Complutense), Fátima Peláez (CSIC), Jorge García Sánchez (Escuela Española de Historia y Arqueología en Roma), María Jímenez (Univerisad de Granada), Jaime Vives-Ferrándiz (S.I.P.), Guillermo Tortajada (S.I.P.), Raquel Rodríguez Muñoz (CEFYP), Sergio Remedios Sánchez (CEFYP), David Quixal (Universidad de Valencia), Manuel Grande (Universidad de Vigo), Teresa Chapa (Universidad Complutense), Manuel Bendala Galán (Universidad Autónoma de Madrid), Dirce Marzoli (DAI-Madrid), Pierre Moret (Casa de Velázquez), Mª Carmen Ortega (Centro Andaluz de Arqueología Ibérica), Michau Krueger (Universidad Pompeu Fabra de Barcelona), Ricardo Olmos (Escuela Española de Historia y Arqueología en Roma), Pere Castanyer (MAC-Empuries), Marta Santos (MAC-Empuries), Joaquim Tremoleda (MAC-Empuries) y a muchos otros colegas y amigos, por su ayuda, comentarios y erudición que sin duda posibilitaron la realización de este trabajo.

También quisieramos hacer mención a los miembros del personal de diversas instituciones entre los que destacan, los de la Biblioteca de Humanidades de la Universidad Complutense, los de la Biblioteca del CSIC, los de la Biblioteca de la Casa de Velázquez, los de la Biblioteca del DAI-Madrid, los de la Bibliotea de la Real Academa de Bellas Artes de San Fernando, los del Museo Arqueológico Nacional, los del Museo Provincial de Jaén, los del Museo Arqueológico de Cataluña (en concreto a sus sedes de Barcelona, Empuries, Girona y Olérdola), los del Museo Arqueológico Provincial de Alicante y a los de la Biblioteca de la Escuela Española de Historia y Arqueología en Roma, los del Museo Arqueológico de Sevilla, los del Museo Arqueológico de Linares, entre otros muchos, por su ayuda, su profesionalidad y amabilidad a la hora de atender nuestras peticiones.

Por último pero no menos importante, quiero hacer una mención especial a mis padres Mª Luisa y José, por su apoyo moral y material, pero sobretodo por su constante cariño a pesar de las continuas molestias a las que los expongo.

A Cintia, por su cariño y paciencia...

PREFACIO: ARQUEOLOGÍA Y RELIGIÓN

El fenómeno religioso en la antigüedad, ha servido de objeto de estudio para innumerables autores a lo largo de los últimos 150 años. Un principio, emanado fundamentalmente de la antropología cultural, afirma que el ser humano de época antigua, no realizaba distinción significativa entre el plano "sobrenatural" y la naturaleza física que le rodeaba. Sin renegar en lo fundamental de este principio, entendemos que el laicismo y la racionalidad (con que algunos individuos del mundo contemporáneo percibimos nuestro mundo) no son realmente, fenómenos circunscritos únicamente a la modernidad.

La complejidad de la naturaleza humana nos obliga a pensar en la posibilidad de la existencia de individuos que, a lo largo de la antigüedad, distinguieron y reflexionaron, aunque solo fuese de forma parcial, entre ambas formas de realidad. El caso evidente de Aristóteles, nos ilustra sobre la existencia de un cierto "laicismo incipiente" en el mundo antiguo. Claro está que el valor numérico de estos ejemplos dentro de la sociedad era ínfimo, pese a la trascendencia histórica que tuvieron algunos de ellos. Menor aún si cabe, es la posibilidad de detectar este "laicismo incipiente" en culturas protohistóricas.

En el seno de las comunidades ibéricas, el sentido común nos obliga a creer en la existencia de individuos que se replanteasen este modo de percibir su realidad; sin embargo la imposibilidad manifiesta de encontrar pruebas de ello en el registro arqueológico[1], nos obliga a tomar como base el principio de asimilación entre vida cotidiana y esfera religiosa, como punto de partida para analizar el mundo indígena, incluidas sus élites.

El hecho de admitir una lectura religiosa anexa a la praxis cotidiana de estas comunidades, no significa negar otras esferas de la realidad. Conceptos básicos como la vida doméstica, el comercio, los elementos foráneos a la propia comunidad, el prestigio social o la guerra, entre otros muchos, son documentables en mayor o menor medida por la arqueología. De la existencia de estos ámbitos vitales surge la idea de poder distinguir aquellos materiales, cuya motivación principal debió ser de tipo religioso, de aquellos otros en los que el hecho religioso, solo supone un significado contextual más, de entre los varios que pueda tener un artefacto documentado en los estratos de una excavación.

Con estas y otras premisas hemos abordado un estudio de la arquitectura sagrada, entendiendo por este concepto, toda manifestación constructiva que haya sido diseñada prioritariamente desde la esfera de lo metafísico. Asimismo, también entendemos que incluso en estos ejemplos, otros aspectos significativos, manifiestos o connotativos, pueden ser leídos por el arqueólogo en referencia a esos otros ámbitos vitales a los que hacíamos referencia. Sin esta perspectiva poliédrica, cualquier estudio que aborde un fenómeno cultural tan complejo (y con tantas implicaciones) como la arquitectura, quedará más incompleto de lo mínimamente aceptable en el estado actual de la investigación. Por supuesto, esto no significa que pretendamos

---

[1] La única (y remota) posibilidad que encontramos pasa por el desciframiento de las lenguas nativas y el hallazgo de textos literarios registrados de la misma composición.

contener tantas, y tan variadas lecturas, de todos los elementos inmuebles que incluimos en nuestro análisis, ello resultaría una tarea inabarcable para un trabajo de este tipo. Pese a ello la afirmación (y reiteración) de esta pauta metodológica es uno de los pilares fundamentales sobre los que se asienta el presente estudio. El plural que utilizamos para el título de esta obra, responde precisamente a este enfoque.

Pero no es este el único aspecto significativo de este enunciado, *La arquitectura sagrada ibérica: orígenes, desarrollos y contextos*, hace también referencia a las dos grandes corrientes que tradicionalmente han dominado el estudio de la arqueología ibérica a partir de la segunda mitad del siglo XX. Una perspectiva interior y otra exterior (enunciadas mediante muchos términos teóricos de ambigua adscripción como *procesual, evolucionista, autoctonista* o *difusionista, positivista, historia del estilo, etc.*). Sin entrar en disputas concretas, creemos que una perspectiva integradora, y a su vez crítica con algunos aspectos puntuales, puede ser una vía correcta para abordar un estudio de estas características.

El afán sistematizador de la arqueología actual, demanda la producción de trabajos tipológicos cada vez más complejos; reconociendo la importancia y utilidad de esta forma de trabajo, sin la cual sería imposible la práctica científica de la arqueología, nos limitaremos a matizar algunas de las meritorias sistematizaciones existentes[2], con dos fines principales: relacionar la arquitectura sagrada con su contexto social y simbólico y vincularla a su contexto cultural (que no étnico) en el marco de los complejos protohistóricos de la cuenca mediterránea. Dentro de esta última contextualización, creemos conveniente adelantar que nos vamos a centrar en los influjos de tipo helénico, principalmente por dos motivos. Quizás el más evidente se fundamenta en nuestra propia formación, lo que significa un reconocimiento implícito de algunas carencias formativas. Pero por encima de estas circunstancias concretas, creemos que se ha producido, en los últimos diez años, un claro desequilibrio entre el amplio desarrollo del conocimiento del fenómeno orientalizante así como los estudios centrados en ámbitos regionales concretos y el influjo helénico en la cultura material de las comunidades del levante y sureste (Lám. 1). Este retroceso del helenismo como referente cultural se ha debido, en nuestro juicio, a la muerte del paradigma clásico, como modelo válido para abordar las relaciones culturales entre lo indígena y lo helénico (en sus diversas vertientes) y a la incapacidad de la arqueología clásica de emitir un nuevo modelo metodológico desde el que poder abordar esta cuestión de forma más profunda de lo que lo venía realizando. Este trabajo aspira a intentar paliar una pequeña parte de este desequilibrio, que consideramos nocivo para la arqueología ibérica, sin retomar viejos enfoques "apriorísticos" y sobre todo, sin intentar negar los sustanciales avances producidos por los estudiosos de lo oriental-orientalizante (así como los adscritos a otras ramas) sino revisando algunas conclusiones y tratando de completar, de integrar, algunos de los notables aciertos de otras líneas metodológicas, cuyos fundamentos no compartimos de forma total, pero que entendemos imprescindibles para un mayor conocimiento de nuestro pasado protohistórico.

---

[2] Entendemos que son lo suficientemente sólidas como para poder trabajar sobre ellas. A lo largo del presente volumen se hará patente la cantidad de bibliografía que esta temática ha protagonizado en los últimos 20 años de la investigación.

INTRODUCCIÓN GENERAL

EL DEBATE Y LA HISTORIOGRAFÍA: LOS ÍBEROS Y EL MEDITERRÁNEO

A principios del siglo XX, la arqueología hispana todavía se encontraba en fase de debate sobre la posible entidad cultural de lo que entonces empezaba a vislumbrarse como una manifestación de la protohistoria ibérica[3], recientemente concebida a través de algunos, todavía ambiguos, trabajos publicados en fechas cercanas[4]. Aquello que los arqueólogos definirían con el término de cultura ibérica todavía no había cobrado una identidad incontrovertible a los ojos de la comunidad científica.

Sin embargo esos mismos investigadores llevaban mucho tiempo escribiendo sobre la presencia en nuestra Península de diversos pueblos mediterráneos con anterioridad a la conquista romana (fundamentalmente griegos y fenicio-púnicos). La percepción de esa presencia ha condicionado de manera decisiva la propia concepción que de las comunidades ibéricas, y más específicamente de sus orígenes, se han tenido a lo largo de los apenas 100 años de vida de esta rama de la arqueología hispana.

En esos primeros años del siglo XX, muy poco era lo que se conocía acerca de la presencia oriental en territorio indígena, aunque en otros lugares de Europa, el paradigma orientalizante estaba empezando a surgir como una alternativa firme al modelo clásico impuesto por Winkelmann desde el siglo XVIII, en España[5] este tipo de concepciones no dejaron de ser marginales dentro de la tónica general de la bibliografía erudita hasta la segunda mitad del siglo XX[6].

En esa época el influjo mediterráneo se identificaba casi automáticamente con el mundo helenizante de raíz clásica. En ese contexto de los primeros años de la centuria dos figuras, ambos de origen alemán, destacaron sobre el resto de los arqueólogos del ámbito peninsular: Adolf Schulten y Hugo Obermaier.

Schulten era un fiel representante de la arqueología filológica, su idealismo histórico-textual queda reflejado en su producción científica donde debemos destacar sus *Fontes Hispaniae Antiquae*, una primera recopilación exhaustiva fruto de su colaboración con Bosch Gimpera, a quien conoció durante la segunda estancia del investigador catalán en Alemania[7]. El arqueólogo alemán era un conocido hispanista, de formación filológica, que al igual que otros colegas de su

---

[3] OLMOS, R. (1996). "Una aproximación historiográfica a las imágenes ibéricas. Algunos textos e ideas para su discusión". En OLMOS, R. (Eds.): *Al otro lado del espejo: aproximación a la imagen ibérica*. Colección Lynx. La arqueología de la mirada. Madrid. 41-60.
[4] Uno de cuyos principales referentes lo tenemos en la obra de P. Paris:
PARIS, P., (1897): "Buste espagnol de style gréco-asiatique trouvé à Elche (Musée du Louvre)", Monuments et Mémoires de la Fondation Piot IV, 2. 137-168.
PARIS, P., (1901): "Sculptures du Cerro de Los Santos", *Bulletin Hispanique* III, 2.113-134.
- (1901): "Bulletin Hispanique, Sculptures du Cerro de los Santos", *REA* 3, 1901. 147-168.
- (1903-4): *Essai sur l'art et l'industrie de l'Espagne primitive*, París.
- (1910): *Promenades archéologiques en Espagne*, París.

[5] Un interesante estudio de los iniciadores de estudio de la arqueología fenicia en la Península Ibérica durante el siglo XVIII ha sido recientemente publicado por MARTÍN RUIZ, J.A. (2005): "Los estudios sobre colonización fenicia en la España del S. XVIII". *Saguntum*. 37. 17-27.
[6] MEDEROS MARTÍN, A. (2004): "Fenicios evanescentes. Nacimiento, muerte y redescubrimiento de los fenicios en la Península Ibérica. II. (1936-1968).*Saguntum*. 36. 35-46.
[7] BLECH, M. (2002): "La aportación de la "Escuela Alemana" a la arqueología ibérica". *Catálogo de la exposición La cultura ibérica a través de la fotografía de principios de siglo*. Madrid.

época (como H. Schliemann) se consideraba a si mismo como un conquistador del pasado con la pala como espada, según sus propias palabras[8]. Pero confiaba ciegamente en la verosimilitud de los textos clásicos, en cierto modo otorgaba más valor a los clásicos que a la documentación arqueológica, que no venían sino a confirmar una trama histórica que estaba preestablecida de antemano.

Obermaier, experto prehistoriador[9], y director de las intervenciones arqueológicas del recién creado Instituto Municipal de Arqueología de Madrid, ganó la cátedra de Historia primitiva del hombre de la Universidad de Madrid y un asiento en la Academia de la Historia. Su aportación al tema que nos ocupa resultó tangencial pero fue un maestro influyente, sobre todo metodológicamente hablando, en la siguiente generación de arqueólogos españoles. Más cauto y escéptico en el verdadero valor de los textos, su método era eminentemente empírico. Pero Obermaier no pudo tampoco desprenderse del peso excesivo de las fuentes y asume sin atisbo de crítica cuestiones tan imprecisas como los orígenes focenses de *Hemeroskopeion* y *Mainake*[10].

También en esos años despuntaba otra de las grandes figuras de la historiografía de las influencias mediterráneas, Rhys Carpenter quien en 1925 publicaba su libro titulado *The Greeks in Spain*. En él seguía una línea muy parecida a la de Schulten, que estaba tratando de encontrar la Tartessos-ciudad en las dunas del Coto de Doñana o en la desembocadura del Guadalquivir.

Carpenter realizó un ejercicio parecido pero en el ámbito marítimo, siguiendo el supuesto periplo que acercó a los griegos hasta Tartessos, la ruta insular de los sufijos en *–oussa*. Gran parte de su libro está dedicada a la demostración, del emplazamiento de *Hemeroskopeion* junto al Peñón de Ifach, empeñado en reencontrar en los accidentes del paisaje actual el topónimo descriptivo del asentamiento antiguo.

En Carpenter, sin embargo encontramos una crítica velada al valor de los textos, ya no hay que considerarlos al pie de la letra sino que debemos dar paso a la interpretación. Realmente lo que distingue su obra es la utilización de datos arqueológicos como instrumento para confirmar una idea apriorística, para completar o confirmar la presencia griega en España. Su método es un comparativismo a ultranza que trata de acercar lo ibérico a lo griego[11].

Su escepticismo, encubierto en la obra del investigador norteamericano, se hace más plausible en la obra de su amigo y colega Pere Bosch Gimpera, quien publica en la revista *Historia* del año 1929 el artículo *Problema della colonizzazione greca in Spagna*, donde indica como *"…nuestra historia primitiva está sufriendo una revisión general. Sometiendo a los textos antiguos a una severa crítica y comparando sus datos con los obtenidos de la investigación arqueológica, se impone una reconstrucción de los hechos distinta de la que generalmente es aceptada por tradición…"*.

Pese a esta declaración de principios lo cierto es que en la obra de Gimpera no se aprecia una ruptura con lo anteriormente publicado y por

---

[8] BLECH, M. (2002): op cit. 123.
[9] OBERMAIER, H. (1925): *El hombre fósil*. Comisión de Investigaciones Paleontológicas y Prehistóricas. Memoria Nº 9. Madrid.
[10] OBERMAIER, H. Y HEISS, C. W. (1929): "Iberische Prunkeramik vom Elche-Archena Typus". *IPEK*. 56. ss.

[11] CABRERA, P. (2001): "La presencia griega en Iberia: un siglo de investigaciones". *BMAN*. 19. 55-71.

lo tanto no encontramos ningún avance significativo.

Todavía en las primeras décadas del siglo XX se reanudan las excavaciones de Ampurias. Manuel Cazurro, director del Museo de Gerona inspecciona las excavaciones. Puig i Cadalafach es director científico y el trabajo directo se confió a Emilio Gandía, conservador del Museo de Barcelona. La neápolis se delimitó desde el primer momento, iniciándose un ambicioso plan de trabajo. A partir de 1931 Bosch Gimpera tomó el relevo de la dirección científica, continuando los trabajos hasta 1937, fecha en la que Gandía se desvincula del proyecto lo que significó una paralización efectiva de los trabajos de campo.

(Fig. 1). Plano de la Neápolis de Ampurias según M. Almagro Basch (1965).

Las excavaciones en Ampurias proporcionaron una base sólida de argumentación para reconstruir la colonización griega. Adquirió su gran valor y confirmación como *polis* debido al descubrimiento de la muralla, los edificios y estructuras monumentales, pero por encima de todo por la escultura del llamado Asclepios, hallada a principios en los primeros años del siglo.

La confirmación de la presencia comercial ofrecía una sólida base para explicar el origen no solo del arte ibérico, sino también de sus manifestaciones culturales. A partir de entonces Grecia, junto con Oriente, será el gran paradigma sobre los que pivotará el origen del arte indígena, su escultura, su cerámica y por supuesto su arquitectura, aunque por aquellas fechas los logros arquitectónicos de la cultura ibérica eran considerados rudos intentos de imitación del arte clásico.

El hallazgo de importaciones griegas, cada vez más numerosas[12], y la magnífica constatación de las fuentes que ofrecía Ampurias, permitían traer hasta las puertas del mundo ibérico a los colonos y comerciantes griegos y con ellos, la transformación de las sociedades indígenas que por supuesto sucumbieron ante la superioridad innegable y la riqueza inagotable de la civilización griega.

A partir de los años 40 serán dos las figuras que den un nuevo impulso a este campo: Antonio García y Bellido y Martín Almagro Basch. Herederos de la tradición anterior, de la que no se pueden sustraer, son iniciadores de dos métodos y enfoques científicos. *Hispania Graeca* (1948) fue la obra clave en ese sentido. Escrita por García y Bellido en Ampurias, incorporaba así a nuestra arqueología a la investigación del mundo clásico que dominaba por entonces en Europa. Poco después y en virtud de un encargo del

---

[12] OLMOS, R (1991): "Historiografía de la presencia y el comercio griego en España". *BAEAA*. 30-31. 123-133.

instituto de estudios hebraicos del CSIC[13] se ocupaba también de realizar un corpus similar para la arqueología púnica peninsular. Pero a este respecto, una frase sobre la batalla de Alalia (tal como entonces se concebía) publicada en su *Hispania Graeca,* nos da certera cuenta de su punto de vista: "...*Una verdadera desgracia, pues Andalucía, que pudo ser una Magna Grecia, quedó en manos de los púnicos ya definitivamente, lo que quiere decir que el velo opaco del misterio la cubrió para el mundo culto de entonces...*".

García y Bellido fue heredero de las líneas de investigación abiertas por Schulten, pero ya incorporando el escepticismo y la crítica textual. Sostiene que los textos han de ser contrastados por medio de la arqueología (aunque, a nuestro juicio, en el fondo debía pensar que las fuentes tenían siempre razón). Su obra fue la única de conjunto que existió sobre la presencia griega en muchos años y es un hito de la investigación española en este sentido. Su interés por el análisis de los aspectos arqueológicos no será igualado hasta 20 años después de la mano de Gloria Trias.

Almagro Basch fue una figura influyente para nuestro tema de estudio como director de excavaciones en Ampurias. Su interés se centrará en cuestiones morfológicas y recopilatorias. La ejecución de repertorios tipológicos marcará su producción científica[14] y reflejan los intereses propios de un investigador que accede a la arqueología clásica desde el ámbito de la prehistoria.

Sin embargo este afán clasificatorio se convertiría en un fin más que en un medio ocultando una cierta incapacidad para trascender la lectura material y proponer interpretaciones históricas bajo nuevos modelos de lectura[15].

La llegada de M. Pellicer en 1956 como Profesor de Prehistoria y Arqueología de la Universidad de Granada va a suponer una reactivación de las actuaciones arqueológicas en todas las etapas de la prehistoria de Andalucía Oriental y específicamente para la etapa de la colonización fenicia. Sus trabajos en la antigua Sexi[16], unidos a los trabajos desarrollados por dos investigadores de origen germánico, H. Schubart y H.G. Niemeyer, en busca de la colonia griega de *Mainake* iban a revelar de manera definitiva el verdadero carácter de la presencia semita en nuestro territorio[17]. Estas investigaciones, unidas a la introducción del concepto de orientalizante[18] en nuestro país por parte de un Antonio Blanco Freijeiro, recién llegado de Oxford, donde había disfrutado de una beca postdoctoral y pudo aprender de J.D. Beazley. Varios artículos[19] junto a sus famosos *Orientalia*[20], son el reflejo de esta línea iniciada por dicho investigador.

---

[13] MEDEROS MARTÍN, A. (2004): op cit.
[14] ALMAGRO BASCH, M. (1951): *Las fuentes escritas referentes a Ampurias.* Barcelona.
-(1952): *Las inscripciones ampuritanas griegas, ibéricas y latinas referentes a Ampurias.* Barcelona.
-(1953): *Las Necrópolis de Ampurias. Vol I.* Barcelona.
-(1955): *Las Necrópolis de Ampurias. Vol II.* Barcelona.
[15] OLMOS, R (1991): op cit.
[16] PELLICER CATALÁN, M. (1963): *Excavaciones en la necrópolis púnica 'Laurita' del Cerro de San Cristóbal (Almuñécar, Granada).* Excavaciones Arqueológicas en España 17. MEC.
[17] NIEMEYER, H.G. (1962): "Feldbegehung bei Torre del Mar (Prov. Málaga)". *MM,* 3: 38-44.
SCHUBART, H. ; NIEMEYER, H.G. Y PELLICER, M. (1969): *Toscanos. La factoría paleopúnica en la desembocadura del río Vélez. Excavaciones de 1964.* Excavaciones Arqueológicas en España. 66. MEC.
SCHUBART, H. Y NIEMEYER, H.G. (1976): *Trayamar. Los hipogeos fenicios y el asentamiento en la desembocadura del río Algarrobo.* Excavaciones arqueológicas en España 90. MEC.
[18] POULSEN, F. (1912/1968): *Der Orient und die frühgriechische Kunst.* L´Erma di Breschneider. Roma.
[19] Uno de los más famosos es BLANCO FREIJEIRO, A. (1953): "El vaso de Valdegamas (Don Benito, Badajoz) y otros vasos de bronce del mediodía español". *ArEspArq,* 26 (88): 235-244.
[20] BLANCO FREIJEIRO, A. (1956): "Orientalia. Estudio de objetos fenicios y orientalizantes en la Península". *ArchEspArq,* 29 (93-94): 3-51.

Se produce, a partir de la década de los sesenta, una reacción empírica y positivista frente a la dictadura de las fuentes. Las nuevas investigaciones de campo, desacreditaban la existencia (afirmada en los autores clásicos) de otros centros coloniales griegos en la costa y en el sur, la situación cambió radicalmente ya que los nuevos núcleos fenicios descubiertos sirvieron para explicar la afluencia de los escasos objetos griegos conocidos por medio del comercio fenicio o púnico[21]. Un nuevo paradigma difusionista vino a instalarse en el centro del debate. El modelo orientalizante se alojó en el seno de la investigación y pareció ser dominante, sobre todo a raíz de los comentados descubrimientos fenicios en la costa andaluza. Se pasó de un "foceismo" radical a la negación absoluta de *Colaios* o *Argantonios*.

Sin embargo en medio de esa tesitura científica, una concepción más equilibrada de esa visión de la protohistoria hispana llevaría a Gloria Trías a publicar su catálogo de cerámicas griegas[22]. Ofrecía una atención exclusiva a los vasos con decoración figurada, siguiendo las pautas esteticistas que impuso J.D. Beazley, pero no planteaba ningún marco de relaciones entre indígenas y griegos. Pese a estas carencias es indudable que su catálogo se convirtió en obra de referencia para generaciones de investigadores de lo griego en España.

Los años setenta supondrán un avance en el estudio y clasificación de las facies materiales y de los horizontes de importaciones griegas en nuestro país: las copas áticas de Andalucía[23], los vasos tipo Saint Valentin y sobrepintados[24] o las cerámicas de Grecia del Este de Ampurias y costa levantina[25]. Los estudios de Marina Picazo sobre la cerámica de Ullastret[26] así como las primeras noticias de los hallazgos del pecio de El Sec[27] suponen notables avances en este sentido.

Otro hallazgo de importancia iba a suponer un nuevo vuelco en la concepción de lo ibérico y su relación con el Mediterráneo. El hallazgo del monumento turriforme de Pozo Moro[28] estableció un hito de doble significación: por un lado ponía rostro al horizonte formativo de la cultura ibérica o periodo ibérico antiguo, al mismo tiempo que revelaba las profundas raíces orientalizantes de la arquitectura y la plástica indígenas.

A pesar de todos estos adelantos y aunque se abandona en cierta medida el paradigma de la ortodoxia clásica, en el fondo los investigadores no se pueden desprender de la vieja visión difusionista, aunque soterrada o matizada. Así, el gran tema de estos años será el de la aculturación del mundo ibérico. Reflejo de esta concepción

---

- (1960): "Orientalia II. Estudio de objetos fenicios y orientalizantes en la Península". *ArchEspArq*, 33 (101-102): 3-43.
[21] PELLICER CATALÁN, M (1964): "Relaciones de la necrópolis púnica del Cerro de San Cristóbal, de Almuñécar, en el Mediterráneo Occidental". *VIII Congreso Nacional de Arqueología (Sevilla-Málaga 1963)*. Secretaria General de los Congresos Arqueológicos Nacionales. Zaragoza: 393-403.
[22] TRÍAS, G. (1967-68): *Cerámicas griegas de la Península Ibérica*. Vol I, Valencia. Vol. II, Valencia.

[23] ROULLIARD, P. (1975): "Les coupes attiques a figures rouges du IVème siècle en Andalousie". *Mel. Casa de Velázquez*, XI: 21-49.
[24] PICAZO, M. Y ROULLIARD, P. (1976): « Les skyphos attiques à decor reservé et sobrepeint de Catalogne et du Languedoc ». *Mel. Casa de Velázquez*, XII. 7-26.
[25] ROULLIARD, P. (1976): « Fragmentos de cerámica griega arcaica de la Antigua Contestania". *Revista de Estudios Alicantinos*. 18. 7-16.
ROULLIARD, P. (1978): « Les céramiques peintes de la Grèce de l'Est et leurs imitations dans la Péninsule Ibérique : recherches preliminaires ». *Colloque international : Les Céramiques de la Grèce de l'Est et leur diffusion en Occident (Nápoli 1976)*. Paris. 274.286.
[26] PICAZO, M. (1977): *La cerámica ática de Ullastret*. Barcelona.
[27] PALLARÉS, F. (1974): " El Pecio del Sec y su significación histórica". *Simposio Internacional de Colonizaciones*. Barcelona. 211-215.
[28] ALMAGRO GORBEA, M. (1983): " El monumento orientalizante de Pozo Moro, su contexto socio-cultural y sus paralelos en la arquitectura funeraria ibérica" *MM*. 24. 183-293.

protohistórica son dos obras muy significativas de este periodo: El *Simposio de Colonizaciones* de 1974 y el *Simposio sobre los orígenes del mundo ibérico* de 1978. M. Almagro Gorbea dice en el simposio sobre los orígenes: "...*La mayor fuerza cultural de los elementos mediterráneos es evidente, y la transformación que se realizará resulta rápida y profunda...*". Para muchos autores el comercio se identifica mecánicamente con aculturación, y ello es porque sigue latente, consciente e inconscientemente, la idea de superioridad cultural de lo foráneo y la inferioridad de lo autóctono[29].

La década de los ochenta supondrá un salto cuantitativo y cualitativo en el conocimiento de la coexistencia de agentes mediterráneos e indígenas, gracias a la multiplicación de los trabajos de campo.

Las excavaciones realizadas por M. Fernández Miranda[30], J.P. Garrido[31] y J. Fernández Jurado[32] en la ciudad de Huelva durante la década de los ochenta revolucionaron en cierta manera el panorama de la presencia focea en Tartessos. Precisamente en esos primeros años de la década, B.B. Shefton[33] publicaba un trabajo en el que valoraba la presencia forcea en el Sur con los escasos testimonios conocidos antes de las excavaciones de Huelva. Su trabajo, anticipador y perfectamente válido hoy en día, nos brindó una reconstrucción histórica que los nuevos hallazgos demostraron. Después de una década de escepticismo, duda o abierta oposición a la noticia histórica de la llegada de comerciantes griegos a Tartessos, el hallazgo de centenares de vasos griegos arcaicos, áticos, corintios, laconios, milesios, samios o quiotas y más genéricamente jonios, permitieron replantear de nuevo el viejo problema bajo una renovada perspectiva. En este sentido hemos de destacar los trabajos interpretativos de R. Olmos[34] y P. Cabrera[35] dedicados al estudio de este conjunto de importaciones. Los nuevos hallazgos cerámicos griegos en el interior y en diversas regiones del levante permitirán profundizar en le estudio de las redes comerciales, de la redistribución interior de estos productos de prestigio a través de centros costeros[36].

El otro punto geográfico donde se producen avances espectaculares es la zona catalana y concretamente Ampurias. En la colonia focea se intensifican las excavaciones bajo la dirección de E. Sanmartí. Se reinician los trabajos en la Neápolis, se establece con seguridad la fecha de las muralla hoy visibles en el siglo II a.C., y se documentan restos de la muralla del siglo IV a.C. y del complejo monumental anexo[37]. El conocimiento del hinterland emporitano hace que tengamos nuevas percepciones de la relación entre íberos y griegos. Los textos epigráficos de Emporion y de Pech Maho en Francia nos

---

[29] CABRERA, P. (2001): op cit.
[30] FENÁNDEZ MIRANDA, M. (1979): "Horizonte cultural tartésico y hallazgos griegos en el sur de la Península Ibérica". *ArchEspArq*. 52. 49-66.
[31] GARRIDO, J.P. Y ORTA, M. E. (1982): "Las cerámicas griegas en Huelva. Un informe preliminar". *Focei dell'Anatolia all'Oceano. La parola del Passato*. 407-416.
[32] FERNÁNDEZ JURADO, J. (1984): *La presencia griega arcaica en Huelva*. Huelva.
[33] SHEFTON B.B. (1982): "Greeks and Greek imports in the South of the Iberian Península". En NIEMEYER, H.G. (Ed.): *Phonizier in Western. Madrider Beiträge*. 8. 337-370.
[34] OLMOS, R. (1986): "Los griegos en Tarteso: replanteamiento arqueológico-histórico del problema". *Hom. a Luis Siret (Cuevas de Almanzora, Almería)*. Sevilla. 584-600. Por citar algún trabajo significativo.
[35] CABRERA, P. (1988-89): "El comercio foceo en Huelva: cronología y fisonomía". En FERNÁNDEZ JURADO, J.(Ed.): *Tartessos y Huelva. Huelva Arqueológica*. X-XI, 43-100.
[36] DOMÍNGUEZ MONEDERO, A. (1986): "Reinterpretación de los testimonios acerca de la presencia griega en el Sudeste peninsular y Levante en la época arcaica". *Hom. a Luis Siret (Cuevas de Almanzora, Almería)*. Sevilla. 601-611.
[37] SANMARTÍ-GRECO, E., CASTANYER, P., TREMOLEDA, J. (1988): "La secuencia historico topográfica de las murallas del sector meridional de Emporion".*MM*, 29, 191-200.
-(1992): "Nuevos datos sobre la historia y la topografía de las murallas de Emporion". *MM*, 33, 102-112.

proporcionan una documentación valiosísima para entender la relación entre ambas comunidades.

Se empieza ahora a afirmar la originalidad e independencia del proceso creador de la escultura indígena: se trata de un producto local, ibérico, creado por y para una sociedad de elite que sigue unas modas mediterráneas, pero responden a la demanda y por tanto a los parámetros de esa sociedad. El íbero posee sus propios códigos y son éstos los que, una vez desentrañados, nos darán la clave para comprender todo su complejo universo figurado[38].

La sistematización de los hallazgos fenicios en el mediodía peninsular posibilita que se tome conciencia de la importancia de la llegada de agentes semitas en la configuración cultural indígena del orientalizante tartéssico[39]. Con respecto a este modelo de interpretación dos autores serán los destacados en la década de los años ochenta. M.E. Aubet[40] propone un modelo de interacción basado en el interés comercial de los orientales, en el que los cambios culturales solo son determinantes en un fragmento social reducido, el de las elites indígenas como resultado de un comercio de bienes de prestigio. Por el contrario C. G. Wagner [41], partidario de una colonización más estable en el ámbito occidental, cree que la verdadera aculturación solo puede producirse en ambientes de coexistencia constantes, los contactos basados en el modelo de la colonización comercial, defendidos por Aubet, solo pueden producir cambios culturales de carácter difusionista. Este autor solo concibe cambios culturales en ambientes indígenas desde la óptica de un sistema organizativo de carácter integrador propio de unas comunidades establecidas en asentamientos con interesen y aprovechamientos económicos diversos.

Pese a las divergencias de estos autores los cierto es que ambos coinciden en señalar que los rasgos culturales que fueron adoptados por los indígenas tuvieron una implantación horizontal en los segmentos aristocráticos o acomodados, según muestran diversas necrópolis andaluzas como La Joya (Huelva) Las Cumbres (Cádiz) o Mesa de Setefilla (Sevilla) (Fig 2).

(Fig. 2). Mapa de Andalucía con los principales hallazgos orientalizantes según Izquierdo de Montes y Fernández Troncoso (2005).

Los años noventa iban a dar lugar al surgimiento de otros paradigmas que han revolucionado el sentido de la llegada de elementos mediterráneos a la Península Ibérica. En

---

[38] ALMAGRO GORBEA, M Y OLMOS, R. (1981): "Observations sur l'assimilation de l'iconographie classique d'epoque pré-romaine dans la península Ibèrique". *Mythologie gréco-romaine, mythologies périferiques*. Paris. 57-62.
[39] ALVAR, J. Y BLAZQUEZ J.M. (Eds.) (1999): *Los enigmas de Tarteso*. Cátedra. Madrid. Publicación realizada a raíz de la celebración de un Curso de verano de la Universidad Complutense de Madrid en el año 1991.
También vid. REMESAL, J. (1975): "Cerámicas orientalizantes andaluzas". *AEspA*. 48. 3-21.
[40] AUBET, M.E. (1987): *Tiro y las colonias fenicias de Occidente*. Crítica. Barcelona.
[41] WAGNER, C.G. (1983): *Fenicios y cartagineses en la Península Ibérica: ensayo de interpretación fundamentado en un análisis de los factores internos*. Universidad Complutense de Madrid.
- (1983): "Aproximación al proceso histórico de Tartessos". *ArEspArq*. 56. 3-36.

primer lugar, los hallazgos de cerámica submicénica, acaecidos en Montoro (Córdoba)[42] (Fig. 3), la reinterpretación efectuada por algunos autores de restos materiales como las Estelas del SO[43], así como la profundización en el conocimiento de algunos lugares emblemáticos de la provincia de Huelva, como San Bartolomé[44], donde se documentó un hábitat indígena con una cronología similar a la llegada de los primeros contingentes fenicios, provocó el surgimiento de la idea de un horizonte de contactos mediterráneos anteriores a la etapa colonial fenicia, bautizada con la denominación de "precolonial". Al mismo tiempo se desplegaba la idea de un mundo indígena desarrollado con anterioridad a la llegada de los fenicios, una línea de trabajo que ya había sido planteado en sus líneas básicas por L. Abad Casal[45] en un interesante artículo de *Archivo Español de Arqueología*.

(Fig. 3). Fragmentos cerámicos de origen micénico hallados en el municipio cordobés de Montoro. Museo Arqueológico de Córdoba.

El punto de vista indígena se reforzaba y los contactos mediterráneos, se concebían en pie de igualdad. En este sentido debemos hacer referencia al trabajo de C. Sánchez titulado *El comercio de productos griegos en Andalucía Occidental*[46], ofrecía por primera vez un estudio pormenorizado de la importaciones griegas en esta región de Andalucía desde el siglo VI al IV a.C., entendiendo la dinámica comercial desde la demanda ibérica. Es esta la que condiciona en cierta medida la llegada de determinados tipos de vajilla ática, que se integra y transforma en su uso en el contexto ibérico. Los análisis de las necrópolis ibéricas del Alta Andalucía realizados por A. Ruiz[47] y J. Blánquez[48] han puesto de relieve el valor que las importaciones griegas tuvieron no solo en las prácticas funerarias y religiosas, sino también en el proceso de configuración de estructuras políticas de las comunidades indígenas del Alta Andalucía y la Meseta.

---

[42] MARTÍN DE LA CRUZ, J.C. (1994): "Los primeros contactos entre Grecia y la Península Ibérica. La problemática planteada por los hallazgos de Montoro (Córdoba)". En VAQUERIZO GIL, D. (Ed.): *Arqueología de la Magna Grecia, Sicilia y la Península Ibérica*. Córdoba. 111-146.
[43] Fundamentalmente M. Bendala.
-(1977): "Notas sobre las estelas decoradas del Suroeste y los Orígenes de Tartesos". *Habis* 8. 177-205.
-(1983): "En torno al instrumento musical de la estela de Luna (Zaragoza)". *Homenaje al Profesor Martín Almagro Basch*. Vol II. 141-146.
-(1987): "Reflexiones sobre los escudos de las estelas tartésicsas". *Boletín de la Asociación Española de Amigos de la Arqueología*. 27. 12-17.
[44] GARCÍA SANZ, C. (1990): "El urbanismo protohistórico de Huelva". En *Tartessos y Huelva. Huelva Arqueológica*. X-XI. 3. Diputación de Huelva.
GARCÍA SANZ, C. y FERNANDEZ JURADO, J. (1999): " El yacimiento calcolítico de San Bartolomé de Almonte (Huelva)". *Huelva Arqueológica* XV. Diputación de Huelva.
Una aproximación bibliográfica actualizada la tenemos en FERNADEZ JURADO, J. (2001): "Arquitectura orientalizante en Huelva". En *Arquitectura Oriental y Orientalizante en la Península Ibérica*. CSIC.

[45] ABAD CASAL, L. (1979): "Consideraciones en torno a Tartessos y el origen de la cultura ibérica". *ArchEspArq*. 52. 175-193.

---

[46] SÁNCHEZ, C. (1992): *El comercio de productos griegos en Andalucía oriental en los siglos VI-IV a. C.: estudio tipológico e iconográfico de la cerámica*. Tesis doctoral. Universidad Complutense de Madrid.
[47] RUIZ, A. et alii (1992): "Las necrópolis ibéricas en la Alta Andalucía". En *Congreso de Arqueología ibérica: Las necrópolis*. UAM. Serie Varia.
[48] BLANQUEZ PEREZ, J. (1994): "El mundo funerario ibérico en la fachada oriental de la península ibérica y Andalucía. Los componentes indígena y foráneo".en VAQUERIZO GIL (Coor.) *Arqueología de la Magna Grecia, Sicilia y Península ibérica*. Córdoba. 321-370.

Ya en la década de los noventa, dos ciclos de reuniones científicas, van a representar la vanguardia de la nueva concepción en relación a los contactos entre indígenas y los pueblos: Los congresos de Ampurias y las Jornadas de Arqueología Fenicio-Púnica.

Los Congresos de Ampurias comenzaron en 1983. El primero se celebró en Ampurias, después en 1987 se celebró en Burdeos y por último otros dos congresos en 1991 y 1999 en la misma Ampurias. El primer encuentro *Ceramiques greques i hellenistiques a la Península Ibérica,* se formuló desde la lectura griega, algo desconectada del contexto en el que se integraban esos objetos, mientras que las lecturas ibéricas solo apuntaban tímidamente en el estudio de las imitaciones. La reunión de Burdeos, *Grecs et ibères au IVe siècle a. J. C.,* se centró más en temas de iconografía, aportó una visión más aquilatada de las relaciones con el mundo ibérico a través del estudio de imagen griega en su contexto ibérico.

El Congreso de Ampurias de 1991 *Iberos y Griegos: lecturas desde la diversidad,* supuso un gran paso adelante en ciertos aspectos. Según Paloma Cabrera[49], "*Había llegado el momento de ahondar en algunas cuestiones planteadas anteriormente, pero también el de abandonar otras. Grecia cedió definitivamente el protagonismo a los íberos, interesan ahora los vasos griegos desde la mirada ibérica, desde el interés occidental...*". La importancia de este trabajo es clave para entender el posterior desarrollo de una parte importante de la investigación de las relaciones entre el mundo indígena y los agentes griegos.

El último Congreso de Ampurias, recientemente publicado en la serie de Monografies Emporitanes del MAC, *Ceràmiques jònies d'època arcaica: centres de producció i comercializació al Mediterrani Occidental*[50], trataba de ser una sistematización de los conocimientos del comercio griego foceo, y en general de época arcaica, en la Península, uno de los grandes desconocidos de la arqueología de las colonizaciones protohistóricas.

Las Jornadas de Arqueología Fenicio-Púnica, celebradas anualmente en Ibiza desde el año 1986, han abordado, de manera monográfica, diversas temáticas en relación a las culturas semíticas de la antigüedad. Algunos de estos encuentros han versado sobre la interacción y la aculturación de fenicios y cartagineses con las poblaciones indígenas[51]. En ellos se ha resaltado la fuerte implantación oriental que experimentaron algunas regiones, sobre todo en lo que al mediodía se refiere.

En este contexto, lo cierto es que la postura indigenista, apoyada por una batería de argumentos procesuales, ha impuesto su dominio en el peso de la bibliografía actual. En algunos casos ese indigenismo se ha radicalizado, al calor de elementos ideológicos personales y circunstancias políticas específicas, lo que ha supuesto un cierto desprecio por los referentes y contactos con el mundo mediterráneo sobre todo el de raíz helénica.

---

[49] CABRERA, P. (2001): op cit.

[50] Todos los congresos de Ampurias tienen su correspondiente publicación, apuntamos aquí la última referencia donde pueden encontrarse el resto. CABRERA, P. Y SANTOS, M. (Eds.) (2001): *Ceràmiques jònies d'època arcaica: centres de producció i comercializació al Mediterrani Occidental.* Monografies Emporitanes. 11. Barcelona.

[51] En concreto las XIV Jornadas, publicadas en el año 2000, versaban sobre *Los santuarios fenicio-púnicos en la Península Ibérica y su influencia en los cultos indígenas.*

En medio de estas perspectivas se han producido una serie de descubrimientos que han supuesto verdaderos adelantos en la materia y que nos permiten hacer un avance aproximado de cuales serán las principales líneas de investigación para los próximos años.

En primer lugar, la publicación en 1998[52] de los resultados preliminares de excavación en el asentamiento alicantino de La Rábita, en la desembocadura del Segura, ha servido para testimoniar de una manera permanente la proyección fenicio-púnica hacia el levante hispano, lo que se ha puesto en relación con ciertos avances arquitectónicos y urbanísticos[53] de la zona Contestana, tradicionalmente considerada como uno de los centros helenófilos del cinturón costero. Su puesta en relación con otros asentamientos de la zona como El Oral, la Peña Negra de Crevillente[54] y el auge que en los últimos años se ha registrado en el estudio de los materiales fenicios en toda la franja levantina hasta Cataluña[55] han supuesto un auténtico espaldarazo para el estudio de las raíces orientalizantes de la cultura ibérica. El hecho de que los autores más partidarios de la dinámica indigenista, mayoritaria en la actualidad, contemplen con mejores ojos este tipo de influencias que las procedentes de ámbitos griegos, ha favorecido notablemente el establecimiento de este tipo de ensayos.

Otro de los grandes descubrimientos de los últimos tiempos, que en nuestra opinión no ha tenido ni mucho menos la repercusión que se merece, ha sido el del establecimiento, seguramente con vocación comercial que un equipo hispano-francés[56] excavó en los años noventa en el término municipal de Santa Pola (Alicante)[57]. Este pequeño fortín costero, está dominando estratégicamente el puerto natural del importante centro de *Ilici* en la Alcudia de Elche, tal vez el asentamiento más importante de la región contestana. Dicho conjunto arquitectónico, perfectamente modulado en base a una metrología helénica, el pie ático-jonio, está rodeado de un perímetro defensivo cuyos mejores referentes se encuentran en el circuito amurallado del siglo IV a.C. de la neápolis de *Emporion*[58] y en otros ámbitos de la Grecia continental. Sus calles paralelas, su parcelación y su forma ortogonal son pues plenamente helénicas. Sin embargo la facies cerámica, mayoritariamente ibérica y la dinámica indigenista, con su lógica regional exacerbada han obligado a P. Moret y a P. Roulliard a matizar con diplomacia y prudencia una interpretación que inicialmente hubiera podido conducir directamente hacia un bastión militar según el ejemplo de *Olbia*. La dependencia del cercano centro de *Ilici* les hace interpretar el asentamiento como un pequeño *emporion* ocupado por una comunidad

---

[52] La factoría fenicia conocida como la Fonteta (Guardamar de Segura). MORET, P; SALAS, F. et alii (1998): "El asentamiento orientalizante e ibérico antiguo de "La Rábita", Guardamar de Segura (Alicante). Avance de las excavaciones 1996-1998". *TP*. 55, nº2, 111-126.
[53] DIEZ CUSI, E. (1996): *La arquitectura fenica de la Península Ibérica y su influencia en as culturas indígenas*. Tesis Doctoral. Universidad de Valencia.
[54] MORET, P; SALAS, F. et alii (1998): "El asentamiento orientalizante e ibérico...". 121.
[55] Una puesta al día de estas temáticas la tenemos en el reciente congreso titulado *Contactos: fenicios e indígenas entre los siglos VIII y VI a.C.*, celebrado entre el 24 y el 26 de Noviembre del 2006 en la localidad Tarraconense de Alcanar, cuyas actas están pendientes de publicación.

[56] En el que se encontraban algunos de los que participaron en el proyecto de excavación del proyecto de La Rábita.
[57] Hemos recogido con gran interés, toda la bibliografía publicada sobre el lugar en los últimos años:
MORET, P. et alii. (1994): "The Fortified Settlement of La Picola (Santa Pola, Alicante) and the Greek Influence in Southeast Spain". *Procedings of the British Academy*, 86, 109-125.
MORET, P. Y BADIE, A. (1998): "Metrología y arquitectura modular en el puerto de La Picola (Santa Pola, Alicante) al final del siglo V a.C.". *ArchEspArq*. 71. 53-61.
BADIE, A.; GAILLEDART, E.; MORET, P. et alii (2000): *Le site antique de La Picola á Santa Pola (Alicante, Espagne)*. Madrid.
[58] SANMARTÍ-GRECO, E., CASTANYER, P., TREMOLEDA, J. (1988): "La secuencia historico topográfica de las murallas del sector meridional de Emporion".*MM*, 29,7 191-200.
-(1992): "Nuevos datos sobre la historia y la topografía de las murallas de Emporion". *MM*, 33, 102-112.

mixta de comerciantes marítimos e íberos, o bien de íberos comerciantes en un asentamiento diseñado por un arquitecto griego o de formación griega, pero siempre definiendo el lugar como un enclave ibérico dependiente de la *civitas* principal de La Alcudia.

Frente a esta interpretación regionalista del conjunto, otro tipo de lecturas de corte más helenizante se han formulado en los últimos años, en concreto ha sido J. Ruiz de Arbulo[59], quien en su interesante análisis de los mecanismos de helenización de las comunidades indígenas del norte de Cataluña, ha planteado la posibilidad de realizar una nueva relectura del conjunto en base al modelo de interacción: indígenas-griegos, que se ha propuesto para el caso de Gravisca-Tarquinia. En sus palabras: *"...Para nosotros, tanto La Picola, como el nuevo barrio de Rhode[60] responden a las mismas funciones económicas que cumplía el enclave portuario de jonios en Gravisca respecto de la etrusca Tarquinia. Pero algo importante había cambiado. Donde diversos altares, las estatuas de madera de diferentes divinidades y multitud de ofrendas apiladas bastaban para asegurar la neutralidad y el respeto en época arcaica, la "modernidad" de los siglos V y IV a.C. prefería construir en las costas centros de almacenaje fuertemente fortificados..."*.

Aparte de los establecimientos de época griega y fenicia, varias líneas de trabajo se han configurado en los últimos años como auténticos referentes a la hora de considerar las relaciones de la Península con otras culturas del Mediterráneo.

Los descubrimientos del santuario de la C/ Méndez Núñez[61] de Huelva, los ya citados hallazgos de Montoro (Córdoba), así como el avance en el conocimiento de los establecimientos peninsulares de época anterior al periodo colonial, como el de San Martí de Empuries, cuyos niveles del siglo VII a.C. se están estudiando en la actualidad por el equipo del MAC-Empuries, están abriendo nuevos campos de trabajo para la época denominada "precolonial" y el inicio de los contactos regulares con el Mediterráneo.

En el otro extremo de la franja cronológica indígena se están produciendo diversos avances en la comprensión de los elementos helenísticos que van a penetrar de una manera clara en las comunidades ibéricas a través del contacto (que se puede definir de diversas maneras atendiendo a la particularidad de cada situación) con los estados púnicos, de época bárquida fundamentalmente y con Roma.

En el primero de los casos, ya se han realizado diversos estudios que nos revelan la verdadera inserción, y sobre todo el proyecto urbanizador que los dirigentes bárquidas esbozaron en Ibérica. Buena parte de la actividad investigadora realizada en los últimos tiempos por M. Bendala y un equipo de profesores de la Universidad Autónoma de Madrid, se ha centrado en el dominio de los Barca en época inmediatamente anterior a la conquista romana. Algunas de las publicaciones que ya nos han adelantado nos indican claramente cómo a pesar del poco tiempo, apenas unas décadas, que los bárquidas tuvieron para crear una organización de

---

[59] RUIZ DE ARBULO, J. (2002-03): "Santuarios y fortalezas. Cuestiones de indigenismo, helenización y romanización en torno a Emporion y Rhode (S. VI- I a.C.)". *CuPAUAM.* 28-29. 161-202 (172).
[60] El barrio conocido como helenístico, realmente creado en el siglo IV a.C.

[61] GONZALEZ DE CANALES, F. (2004): *Del Occidente mítico griego a Tarsis-Tarteso: Fuentes escritas y documentación arqueológica.* Biblioteca Nueva. Madrid.
GONZALEZ DE CANALES, F. et alii (2004): *El emporio precolonial fenicio de Huelva (ca. 900-770 a. C.).* Biblioteca Nueva. Madrid.

tipo estatal, su implantación a nivel administrativo, arquitectónico, y en ciertos aspectos[62], cultural fue mayor de lo que tradicionalmente se ha considerado[63].

La implantación de modelos de raigambre helenística que llevó consigo la conquista romana ha sido reinterpretada de formas específicas. En nuestra opinión una de las más interesantes ha sido la protagonizada por S. Ramallo[64], quien ha repasado de manera sistemática la monumentalización de los santuarios ibéricos en época republicana, inserta en la dinámica de la llamada Baja Época de la Cultura Ibérica[65] la adopción de modelos itálicos de clara inspiración suditálica, en clara sintonía con el estudio de los santuarios republicanos del Lazio[66]. Otros autores han abordado esta temática con anterioridad[67] pero ninguno ha conseguido sistematizar de manera más precisa una propuesta que en el futuro habrá de dar numerosos frutos.

INTERFACIES LITERÁREA: LA ARQUITECTURA IBÉRICA EN LAS FUENTES LATINAS

Son muchos y muy variados los autores latinos que han dejado reflejado en sus textos diversos aspectos de la Península Ibérica, pero también es cierto que de entre toda esta información, una pequeña parte nos ilustra acerca de las formas constructivas de época prerromana. Este breve capítulo no pretende ser otra cosa que una recopilación de informaciones sobre la arquitectura protohistórica, un campo que no cuenta con tratadistas monográficos antiguos y que no nos ha transmitido nada más que algunas menciones sueltas, que me propongo recoger en un trabajo que quedará abierto a nuevas incorporaciones en un futuro. Como el objetivo principal es el de recoger noticias sobre autores latinos, se van a enumerar directamente, especificando los pasajes y las referencias de los autores que considere oportuno. De esta manera recogemos los fragmentos según las distintas ediciones utilizadas (ediciones que especificamos con nota a pie de página).

Lo que aquí publicamos es una recopilación de diversas noticias, recogidas en diversos autores de origen latino, la escasez de testimonios de este tipo que hemos adelantado, no nos va a impedir nuestro propio análisis sobre este tema, tratando de analizar las informaciones que se puedan recuperar.

---

[62] Más aun en el plano de las creencias religiosas.
[63] Una muestra de esta línea de trabajo está publicada como BENDALA, M. Y BLÁNQUEZ, J. (2002-03): "Arquitectura militar púnico-helenística en Hispania". *CuPAUAM*. 28-29. 145-159.
[64] Una reciente síntesis del estudio de esta materia la tenemos en RAMALLO ASENSIO, S. (2003): "Las ciudades de *Hispania* en época republicana". En ABAD CASAL, L. (Ed.): *De Iberia in Hispaniam: la adaptación de las sociedades ibéricas a los modelos romanos*. Universidad de Alicante. 109-123.
[65] RAMALLO ASENSIO, S.F.; NOGUERA CELDRÁN, J. M; BROTONS YAGÜE, F. (1998): «El Cerro de los Santos y la monumentalización de los santuarios ibéricos tardíos», *Revista de Estudios Ibéricos*, 3. 11-69.
RAMALLO ASENSIO, S. F., (1993): "Terracotas arquitectónicas del santuario de La Encarnación (Caravaca de la Cruz, Murcia)", *AEspA*, 66, 71-98.
BROTONS, F. y RAMALLO, S, (1994): "Un santuario suburbano: La Encarnación de Caravaca (Murcia)". *XIV Congreso Internacional de Arqueología Clásica, Tarragona, 1993, (Tarragona)*, 74-75
[66] CORAELLI, F. (1987): *I Santuari del Lazio in età republicana*. La Nuova Italia Scientifica. Roma.
[67] CASTELO RUANO, R., 1993: "El templo situado en el Cerro de los Santos, Montealegre del Castillo, Albacete", *Verdolay*, 5, 79-87.

TITO LIVIO

Este autor latino del cambio de era, fuente clásica de la historia de Roma, registra diversas menciones sobre el mundo ibérico en su *Ab urbe condita*. La mayoría de estas noticias son introducidas por las diversas actividades de importantes personajes de la historia romana a su paso por la Península Ibérica durante el periodo en que esta fue una zona de influencia de la política itálica hasta la propia época en que el autor compuso su magnífica obra.

Son bastantes las referencias a núcleos de habitación y personajes del mundo ibérico (de las que se podría deducir la existencia de algún tipo de construcción arquitectónica) pero solo nos interesan las menciones directas a tipos y técnicas constructivas, por lo que las citas que registro son menores en número de lo que en un principio pudiera esperarse.

XXII, 19, 6.

"...*En Hispania, situadas en enclaves elevados, hay muchas torres que son utilizadas como atalayas y a la vez como defensa contra los bandidos...*"

XXV, 36, 13.

"... *En cuanto a Cneo Escipión según unos relatos fue muerto en la colina durante la primera carga del enemigo y según otros escapó con unos pocos hombres hasta una torre cercana al campamento...*"

XXIX, 23, 1.

"...*Mientras en Roma se desarrollaban estos hechos, los cartagineses por su parte, habían colocado puestos de observación en todos los promontorios...*"

XXXIV, 11.

"...*Entretanto, en Hispania, el cónsul tenía su campamento cerca de Emporios. Allí acudieron tres representantes del régulo ilergete Biaistage (uno de ellos era su propio hijo) y se quejaron de que sus plazas fortificadas estaban siendo atacadas...*"

XXXIV, 19.

"...*En el momento de su llegada, los celtíberos y los turdetanos tenían campamentos separados...*"

Estas y otras citas de la obra de Livio se refieren a distintas construcciones de tipo defensivo, torres, atalayas y fortalezas (utilizando el término de *oppidum*) o de establecimientos militares (utilizando el término *castrum*), ya sea atribuyéndolas a pueblos prerromanos autóctonos o a púnicos. Aunque se podría sospechar que algunas de las construcciones defensivas que Livio atribuye a la autoría de cartagineses sean en realidad construcciones ibéricas pero bajo el control político-militar cartaginés. En cualquier caso las referencias de este autor no pasan de ser meras referencias de lugares y en ningún caso se indica información alguna relacionada con su, descripción, características constructivas ni nada relacionado con los conocimientos arquitectónicos en que se basaron estas construcciones.

Llama la atención que todas las referencias sean a elementos defensivos no citando en ningún otro momento construcciones que tengan carácter meramente civil o religioso. Esto se puede intentar explicar como producto de la intencionalidad de la propia obra que solo menciona la península en relación con la ocupación romana que hasta la época en la que escribió el autor, se vio envuelta en conflictos casi de manera endémica. Aunque esta explicación no resulte muy convincente es el único argumento de peso que se puede aducir para justificar el carácter de estas citas "arquitectónicas".

Todas estas referencias a este tipo de construcciones, incluidas las "torres de Aníbal" tienen unos claros referentes arqueológicos documentados por diversos autores a lo largo y ancho de la antigua zona de ocupación del mundo ibérico.

ESTRABÓN

Este autor, de origen minorasiático, que desarrolló su obra geográfica (aunque no fue la única que concibió) en los inicios del siglo I a. C. trató en su *Geografía*[68], más en concreto en su libro III, sobre los territorios pertenecientes a la península Ibérica. Como ya es de sobra conocido la obra de Estrabón va más allá de los simples datos de una geografía física o política y mantiene una visión mucho más amplia de los territorios sobre los que escribe en su obra.

Estrabón, pese a sus muchos viajes por todo el Mediterráneo, jamás visitó la Península, por lo que las informaciones que da sobre esta región están basadas en otros autores anteriores y es aquí donde el autor más nos interesa, no como estudioso en si (cuyo valía es probada pese al ostracismo al que le condenaron los autores inmediatamente posteriores a su tiempo) sino como transmisor de los trabajos de autores que si la visitaran, en especial de Posidonio, autor griego que se desplazó a la zona sur de la península para realizar entre otras cosas un estudio de las mareas oceánicas.

III, 1, 4.

"...Este mismo promontorio que avanza en el mar, Artemiodoro que según afirma estuvo en el lugar, lo asemeja a un navío, y dice que contribuyen a la figura los tres islotes, uno en la posición de espolón y los otros, que tienen fondeaderos adecuados, en la de ser orejeras de proa. Asegura que no se ve allí santuario ni altar de Heracles (y en esto miente Éforo) ni de ningún otro dios, sino piedras esparcidas de tres o cuatro por doquier que los que llagan hacen rodar [...] llevándolas consigo hasta una aldea cercana..."

III, 1, 7.

"...a cuarenta estadios, está la ciudad de Calpe, antigua y digna de mención, que fue en tiempos puerto marítimo de los iberos. Algunos sostienen que también ella fue fundada por Heracles, entre

---

[68] Según la versión de GARCÍA RAMÓN, J. L; GARCÍA BLANCO, J Y MEANA CUBERO, Mª J.(2001): *Geografía* (Libros II-III). Ed. Gredos. Madrid.

los cuales se cuenta Timóstenes[69], quien afirma que antiguamente incluso tenía por nombre Heraclea y que mostraba una gran muralla y dársenas..."

III, 1, 9.

"...Por allí se encuentra también el Oráculo de Menesteo[70] y se alza la torre de Cepión sobre una roca ceñida por el batir del oleaje, admirablemente dispuesta, como el faro[71], para el auxilio de los navegantes..."

"...Partiendo de allí encontramos la corriente del Betis, la ciudad de Ebura y el santuario de la diosa Fósforo[72], a la que llaman Luz incierta..."

Las citas de Estrabón suponen una gran fuente de información para ciertos temas. Respecto a la arquitectura aquí vemos como se hace referencia a las estructuras de tres puntos distintos de la zona del sur peninsular. La primera de ellas hace referencia al antiguo santuario de Hércules-Melkart que se encontraba en una de las tres islas que formaban la geografía antigua de Cádiz y que en época clásica se unieron al interior dando paso a una ampliación de este asentamiento básico en la estrategia económica que diseñaron los tirios en esta zona del Mediterráneo. Nos viene a confirma r que según sus informaciones el templo ya no existía en aquella época (S. I d. C.). Algo que a mi parecer es poco probable por razones arqueológicas e históricas que no caben en este trabajo cuyo objetivo es distinto.

La segunda cita hace referencia a Calpe>Carteya, diciendo que fue una ciudad ibérica. Las construcciones de este asentamiento debieron ser bastante considerables ya que fue la primera colonia latina que los romanos instauraron fuera de Italia, no resulta creíble que lo hicieran a partir de un núcleo que no tuviese cierta importancia. Esta zona no tiene unas referencias arqueológicas muy claras que nos la expliquen, ya que pese a las muchas excavaciones que se han realizado en al zona no es mucho lo que se sabe sobre la misma.

La tercera cita hace referencia a la antigua población de *Cepion* (actual Chipiona) cuyo nombre recoge el nombre de una torre erigida ya en época romana por Quinto Servilio Cepión en el año 140 a. C. Puede que se refiera a una construcción de origen prerromano adaptada a las necesidades de los conquistadores romanos. Más adelante nos encontramos una referencia a la ciudad de *Ebura*, a 6 Km. de la actual Sanlucar de Barrameda.

BELLUM HISPANIENSE

Este texto anónimo, refleja las operaciones militares acaecidas en Iberia durante la guerra civil entre los partidarios de César y Pompeyo. El Bellum Hispaniense constituye una fuente de información sobre la Iberia prerromana si partimos desde la hipótesis de que las pervivencias de esta época son lo bastante fuertes en el área ibérica como para perdurar de manera significativa hasta la época de Pompeyo.

---

[69] Geógrafo del siglo III a. C., redactó un catálogo de puertos.
[70] Menesteo pertenece a la familia de los Erectitas. En efecto, su padre, Péteo, es nieto del rey Erecteo.,GRIMAL, P. (1981): *Diccionario de Mitología griega y romana*. Ed. Paidos, Barcelona.
[71] De Alejandría.
[72] Es el nombre dado a veces a la estrella matutina, frecuentemente es personificado en poesía como el astro que anuncia la Aurora y trae la luz del día. GRIMAL, P. (1981): *Diccionario de Mitología griega y romana*. Ed. Paidos, Barcelona.

VIII, 3

"...También aquí a causa de las frecuentes correrías de los indígenas, todos los lugares se defienden, como en África, con torres y fortificaciones cubiertas con grava, no con tejas. Así mismo entre ellas tienen atalayas que debido a su altura miran a lo lejos en todas direcciones..."

XXXVIII.

"...En estas condiciones, al trasladarlo[73] a una torre, unos lusitanos..."

La escasez de referencias y la ambigüedad de las fuentes latinas, en relación a las formas constructivas indígenas, y su casi absoluto silencio en relación a formas monumentales dedicadas a funciones sacras, son muy indicativas acerca de la visión crítica con la que hemos de abordar su estudio.

La perspectiva etnográfica[74] (victoriana, si se me permite el símil moderno) ciertamente ideologizada, con la que los autores latinos acometen sus referencias a las poblaciones del levante hispano, queda al descubierto tras la contrastación del silencio literario, frente a la profusión, cada vez más amplia e importante, con la que se manifiestan las pruebas arqueológicas, de las que daremos cuenta a lo largo de las siguientes páginas. Restos monumentales, como los del templo de La Alcudia[75], que fueron visibles para los primeros romanos que arribaron las costas hispanas durante la segunda contienda cartaginesa, son el negativo que, a modo de *interfacies* estratigráfica, nos revelan que la ausencia de determinados elementos pueden ser, aunque pueda resultar paradójico, muy elocuentes.

ARTESANOS: ARQUITECTOS Y ESCULTORES

Las obras de arte y las construcciones que analizamos fueron producidas en unas coordenadas sociales determinadas. Los estudios de las elites que las sufragaban son variados y profundos[76]. No ocurre lo mismo en el caso de aquellos que las ejecutaban materialmente, que durante muchos años han pasado de puntillas por la bibliografía[77].

Con motivo de la gran exposición, *Los íberos: príncipes de Occidente*, se celebró en nuestro país un congreso que trataba de analizar,

---

[73] Se refiere a Pompeyo durante el asedio de las tropas cesarinas a Carteia.
[74] Para un profundo ensayo sobre la perspectiva colonial con la que los autores latinos componían sus obras vid. JIMÉNEZ DÍEZ, A. (2007): "I. "PALABRA EN EL TIEMPO": LA INFLUENCIA DE LA MENTALIDAD GRECOLATINA EN LA ARTICULACIÓN CONTEMPORÁNEA DEL CONCEPTO DE 'ROMANIZACIÓN". En *Imagines Hibridae: una aproximación postcolonialista al estudio de las necrópolis de la bética y al debate sobre la "romanización"*. Anejos de AEspA. CSIC. Madrid. 15-34.
[75] Algunos de cuyos elementos arquitetónicos fueron reutilizados en la cimentación de la basílica ilicitana del siglo IV d. C. RAMOS FERNÁNDEZ, R. (1995): *El templo ibérico de la Alcudia. La Dama de Elche*. Ayuntamiento de Elx. 144. lám. 35.
[76] Una buena muestra de ello lo tenemos en las actas del congreso *Los íberos príncipes de Occidente: las estructuras de poder en la sociedad ibérica*, ARANEGUI, C. (Ed.). (1998): *Saguntum*. Extra-1. Universidad de Valencia.
[77] SANTOS VELASCO, J. A. (1994): Reflexiones sobre la sociedad ibérica y el registro arqueológico funerario. *AespA*. 67. 63-70.

desde diversas perspectivas, las estructuras sociales de la antigua Iberia. En sus actas encontramos un estudio firmado por M. Blech y E. Ruano[78], que supone la síntesis más completa que se ha efectuado de la valoración del artesanado indígena desde el punto de vista social. Nosotros vamos a tomar esta síntesis como hilo conductor de nuestras propias conclusiones sobre este antiguo artesanado.

En primer lugar estos autores aportan una definición en la que poder englobar este concepto, según los autores el artesano ibérico es aquella persona: *"...que ejercita un arte u oficio en un espacio, que necesita una capacitación profesional a la que dedica una gran arte de su tiempo y energía. Es decir, un conjunto de conocimientos teóricos, prácticos y la utilización de unos instrumentos..."*. Después establecen varios niveles artesanales en función de su ámbito de actuación. En primer lugar habría un artesanado, polivalente y de dedicación simultánea a las actividades primarias, fundamentalmente creado para cubrir las necesidades de los diversos ámbitos domésticos. El otro nivel, el que nos interesa a nosotros, es el de los especialistas a tiempo completo, surgidos para realizar funciones de representación plástica, que van más allá de las necesidades cotidianas del *oikos* o núcleo doméstico.

Ambos niveles, que en absoluto deben ser contemplados de manera excluyente, son el reflejo de las condiciones económicas que afecten a unas comunidades o a otras. En aquellas sociedades en las que no exista una producción excedentaria, de base agropecuaria esencialmente, no podrá darse el fenómeno de la especialización en actividades no asociadas a las necesidades de subsistencia o defensivas. Una vez alcanzado ese nivel de excedentes y la adecuada redistribución de los mismos, como se produjo a principios del horizonte ibérico (aunque con algunos precedentes anteriores[79]) se pudo destinar una parte de los mismos a diversas actividades que exigen una especial dedicación por parte de aquellos que las practican, impidiendo su participación en las tareas agropecuarias normales.

Entre este grupo de actividades manifestadas en el ámbito ibérico podemos destacar la orfebrería, la pintura vascular[80], la escultura o la cantería, entre otras, requieren de la existencia de gentes formadas en diversas técnicas concretas.

En el caso de la escultura y la arquitectura, la existencia de una clase artesanal especializada nos plantea inmediatamente otro interrogante ¿existieron en el mundo ibérico talleres estables o más bien se trata de artesanos itinerantes que acuden a un lugar en función de un encargo determinado?.

La perspectiva de varios talleres estables en diversas áreas del mundo ibérico, ha sido presentada en base a creíbles argumentos estilísticos por P. León en su obra *Le sculpture des ibers*. Algunos años antes A. Domínguez

---

[78] BLECH, M. Y RUANO, E. (1998): "Los artesanos dentro de la sociedad ibérico: ensayo de valoración". En ARANEGUI, C. (Ed.): congreso *Los íberos príncipes de Occidente: las estructuras de poder en la sociedad ibérica. Saguntum.* Extra-1. Universidad de Valencia.

[79] El caso de algunas de las piezas de la orfebrería tartésica, cuyas producciones exigen un nivel de especialización realmente alto.
[80] Un interesante estudio, que destaca como un *unicum* en la bibliografía española lo tenemos en ELVIRA, M.A. (1994): "La pintura mayor en Magna Grecia ¿e Iberia?". En VAQUERIZO, D. (Coor.): *Arqueología de la Magna Grecia, Sicilia y Península Ibérica.* Córdoba. 364-382.

Monedero[81] nos indicaba cómo la concentración de hallazgos escultóricos en torno al gran centro de *Ilici* podía utilizarse como indicador de su preeminencia territorial, lo que fácilmente encajaría con la creación de un taller "estatal" que exportase piezas a su *hinterland* como elemento de prestigio socio-político.

Por otro lado, el breve pero interesante, estudio de I. Negueruela[82] sobre el instrumental y las técnicas de trabajo de los escultores-canteros ibéricos, así como el más reciente publicado por J. Blánquez y L. Roldán[83] nos indica una panoplia de herramientas equiparable a la de un escultor griego de época clásica, pero no lo suficientemente compleja como para necesitar la existencia forzosa de un taller permanente.

Nosotros concluimos que la situación debió ser más compleja que de lo que estas posturas puedan indicar. La existencia de un amplio volumen de piezas conservadas, que en el caso de la decoración arquitectónica[84], supera ampliamente el medio millar de ejemplares, prueba la verosimilitud de un mercado con una demanda suficiente como para que la creación de una serie de talleres especializados resulte viable. Asimismo la probable diversificación de la actividad de un posible taller o maestro, y la documentada continuidad de ciertas demandas artesanales (cuyas cifras nos pueden indicar una producción "pre-industrial"[85]) en época ibero-romana nos hacen reflexionar sobre las diversas situaciones que pudieron producirse.

Algunos ejemplos detectados, en otros ámbitos del Mediterráneo de una cronología similar, pueden hacernos reflexionar sobre los conceptos con los que muchos arqueólogos y prehistoriadotes abordan dichos problemas. La arqueología clásica ha documentado la existencia de unas instalaciones muy conocidas en el conjunto del Santuario de Olimpia, que encajan de manera muy precisa con la noticia histórica[86] del taller que el escultor Fidias creó en la localidad griega.

Sabemos que la actividad de Fidias en Olimpia se circunscribe a un encargo específico, la construcción de una escultura religiosa, hoy desaparecida pero que recogen las fuentes, para dedicarla al Templo de Zeus que se había construido en el lugar. En base a este conocimiento, las estructuras documentadas por los arqueólogos alemanes que las excavaron deben ser interpretadas como producto de la actividad de un maestro itinerante y su taller, pero de no ser por la noticia literaria a que nos referimos ¿qué arqueólogo se hubiera atrevido siquiera a plantear esta hipótesis a la luz de las estructuras exhumadas? Salvando las coordenadas socio-culturales, este ejemplo nos debe hacer reflexionar sobre la inutilidad de determinadas formas de plantearse la actividad artesanal de aquellos que produjeron esas manifestaciones monumentales. E. Díez Cusi[87] en un interesante trabajo nos indicaba que sólo era necesaria la actividad de un

---

[81] DOMÍNGUEZ MONEDERO, A.J. (1984): "La escultura animalística contestana como exponente del proceso de helenización del territorio". *Arqueología Espacial*. Vol. 4. 141-160.
[82] NEGUERUELA, I. (1990-91): "Aspectos técnicos de la técnica escultórica ibérica en el siglo V a.C." . *Lucentum*. IX-X. 77-83.
[83] BLÁNQUEZ, J Y ROLDÁN, L. (1994): "Estudio tecnológico de la escultura ibérica en piedra". *Reib*. 1. 61-84.
[84] Cálculo efectuado en base a nuestra propia recopilación de elementos de este tipo, publicados y a la espera de publicación.
[85] Una expresión utilizada en repetidas publicaciones por A. Blanco, para referirse a ciertas producciones artesanales antiguas, *adocenadas*, resulta en nuestra opinión más que apropiada en este contexto.

[87] DÍEZ CUSI, E. (2003): *Estudio arqueológico de estructuras:Léxico y metodología*. Colegio Oficial de Doctores y Licenciados en Filosofía y Letras y en Ciencias de Valencia. 5-9.

artesano itinerante en una determinada zona para que se introdujesen formas arquitectónicas llegadas de oriente.

Otra cuestión de vital importancia para comprender cómo se desarrollaba el trabajo de estos artesanos, radica en comprender cómo surgen y cómo introducen, escogen y producen determinadas formas ornamentales que los arqueólogos nos empeñamos en etiquetar mediante sistemas tipológicos con el fin de intentar sistematizar de alguna manera un corpus que nos permita emitir paralelos válidos con los que contextualizar de manera coherente futuros hallazgos.

Nuestra concepción actual del arte antiguo como medio de comunicación a veces nos impulsa de manera inconsciente a buscar una influencia exterior en términos relativamente simplistas, propios de la historia de la estética más que de la arqueología moderna. La imagen del escultor indígena como aprendiz de un maestro itinerante, venido de oriente en busca de las posibilidades que ofrecían los pujantes aristócratas comerciales y militares de los *oppida* levantinos y meridionales debió repetirse en algunas ocasiones. Por medio de este proceso histórico de intercambio de elementos culturales se puede explicar, a grandes rasgos, la introducción de determinadas formas y técnicas ornamentales, es decir monumentales, para las que no encontramos referentes válidos en la propia tradición endógena. Dicho en otras palabras, el concepto de escultura y decoración arquitectónica como forma de expresión de determinados estamentos sociales aristocráticos seguramente vendría de oriente pero la elección de las morfologías específicas por medio de las que se plasman esos mensajes artísticos debe contemplarse claramente desde una perspectiva interior. La elección de determinados motivos que claramente habrían de contener mensajes simbólicos-semióticos debía partir en gran medida del príncipe (o comunidad) que sufragase la erección de esos mismos monumentos.

La inclusión de determinados conceptos artesanales de monumentalidad desde ámbitos mediterráneos se inserta en ese circuito, pero la plasmación de motivos ornamentales específicos tiene más que ver con el repertorio de determinado maestro o taller que cambia de manera progresiva a medida que se van sucediendo los maestros y aprendices, pero en ningún caso de forma acelerada o excluyente, nunca rompiendo de manera definitiva con lo anterior.

Para concluir con esta caracterización general del artesano, arquitecto-escultor dentro de nuestra horquilla cronológica, hemos de realizar una aproximación al análisis del proceso productivo de piezas de estereotomía y decoración arquitectónica, que son las que en nuestra opinión mejor definen el tipo de arquitectura monumental que tratamos de vislumbrar en este estudio.

El citado artículo de I. Negueruela sobre el instrumental utilizado por los escultores indígenas[88] ha supuesto la única aportación monográfica sobre este tema tan importante en la sistematización de la arquitectura y la escultura ibérica. Algunos otros trabajos, con motivo de la publicación de otras piezas han abordado este tema de manera más o menos extensa, como un apartado más dentro del estudio específico de dichas piezas. Tal es el caso de un fragmento de capitel procedente del magnífico yacimiento

---

[88] NEGUERUELA, I. (1990-91): op cit.

Jienense de los Villares de Andujar[89], que posee una secuencia de ocupación ininterrumpida desde la Edad del Bronce hasta época medieval. A través del análisis de las escasas huellas dejadas por el manejo de los instrumentos del artesano, el autor de este artículo propone tres fases de trabajo básicas mediante la analogía con otros procesos productivos de piezas de decoración escultórica y arquitectónica analizados en el Mediterráneo antiguo. Estas fases comprenden un desbastado previo con objeto de moldear los diversos volúmenes que debiera tener la pieza, un posterior trabajo de talla, sobre esos volúmenes, en el que el artesano plasma los variados motivos ornamentales que se han documentado en la tradición monumental indígena y por último un proceso de cuidadoso pulido de la pieza con el fin de dotarla del acabado preciso, más importante aún si tenemos en cuenta que muchas de estas piezas, al igual que algunas de las famosas damas ibéricas, fueron rematadas mediante la aplicación de colores vivos[90].

Habría que completar este proceso con una fase previa de extracción del bloque en la cantera, que seguramente debía incluir una preparación mínima de los mismos. Este apartado, junto al análisis petrológico de los diversos fragmentos arquitectónicos documentados en contexto ibéricos, es una de las grandes carencias que sigue teniendo este campo de estudio. Conociendo la procedencia específica de las diversas piezas del cada vez más amplio corpus de decoración arquitectónica-escultórica ibérica, estaremos en disposición de conocer con mayor precisión el trabajo de estos artesanos y los circuitos de distribución y producción de estas piezas en la época en la que se manufacturaron, pero eso debe ser objeto de otro estudio específico.

---

[89] MORENO ALMENARA, M. (1994): "Un fragmento de capitel ibérico procedente del yacimiento de los Villares de Andújar (Jaén)". *AArCor*. 5. 99-117.
[90] MORENO ALMENARA op cit. pg. 101.

ARQUITECTURA FUNERARIA

INTRODUCCIÓN

De todas las tipologías arquitectónicas que ha analizado la arqueología en el campo de los estudios ibéricos, sin duda alguna las manifestaciones funerarias, son las que más atención han recibido en los últimos años. Esta tendencia que se está equilibrando en la actualidad, puede crear una imagen tópica de la cultura ibérica como cultura volcada hacia el mundo de la muerte.

El estudio profundo de un gran número de necrópolis nos ha permitido obtener un gran caudal de datos sobre el mundo ibérico, tanto es así que hemos podido realizar un avance muy significativo a la hora de caracterizar a la sociedad ibérica en su conjunto. El aumento del número de necrópolis estudiadas exhaustivamente ha supuesto que sean un importante referente en el que se apoyan los arqueólogos para realizar su trabajo. Desde finales de los años setenta se han venido realizando un gran número de publicaciones, que nos han permitido emitir juicios con una base mucho más fiable que en el resto de ámbitos de los ibérico. Yacimientos como El Cigarralejo[91], Cabezo Lucero[92] (Lám. 3), Pozo Moro[93] o Castellones de Ceal[94] (Lám. 5) por citar tan solo algunos ejemplos, nos permiten tener una base documental, lo suficientemente amplia como para establecer patrones rituales, características comunes y diferencias o peculiaridades regionales.

Debido a todo este esfuerzo investigador, así como a la cantidad de trabajos publicados sobre la materia, podemos afirmar que el estudio de las necrópolis ha sido el principal motor de la investigación sobre la cultura ibérica en nuestro pasado reciente. Por lo tanto, esta parte de nuestro análisis juega con la ventaja y el inconveniente de contar con mayor cantidad de información que cualquier otro ámbito de la arqueología ibérica; la ventaja que supone el tener muchos referentes válidos en los que apoyarnos y el inconveniente de tener que realizar análisis mucho más profundos y ambiciosos, tratándose de un campo que habría superado la fase inicial que podemos considerar de investigación descriptiva.

Los avances innegables producidos por el flujo de estudios sobre yacimientos funerarios, la mayoría de ellos inspirados en una depurada metodología de origen anglosajón denominada *arqueología de la muerte*[95], tienen su punto culminante en la celebración y posterior publicación de un encuentro monográfico sobre este tipo de yacimientos en la cultura ibérica celebrado en la Universidad Autónoma de Madrid[96].

---

[91] CUADRADO. E, (1987): *La necrópolis ibérica de El Cigarralejo (Mula, Murcia).* Biblioteca Praehistorica Hispana. Vol XXIII. Madrid.
[92] ARANEGUI, C. et Alii (1993): *La nécropole ibérique de Cabezo Lucero (Guardamar del Segura, Alicante).* Collection de la Casa de Velásquez 41. Madrid-Alicante.
[93] Esta me parece la mejor publicación de las que se han hecho sobre el monumento
ALMAGRO GORBEA, M. (1983a): op cit.. ALCALÁ-ZAMORA, L. (2004): *La necrópolis ibérica de Pozo Moro.* Real Academia de la Historia. Madrid. (Addenda: Recientemente El profesor F. López Pardo ha publicado una interesante monografía, sobre la intepretación del monumento albaceteño en los anejos de Gerión. LÓPEZ PARDO, F. (2006): *La Torre de las Almas: un recorrido por los mitos y creencias del mundo fenicio y orientalizante a través del monumento de Pozo Moro.* Anejos de la Revista Gerión. Nº 10. Madrid.
[94] CHAPA, T Y PEREIRA SIESO, J (1992): *La necrópolis de Castellones de Ceal (Hinojares, Jaén)* en
V.V.A.A. (1992): *Congreso de Arqueología ibérica: Las Necrópolis.* Madrid. Serie Arqueología varia. UAM.
[95] Un repaso a la aplicación de estos fundamentos en la península ibérica lo encontramos en las actas de una reunión celebrada en Córdoba. VAQUERIZO GIL, D. (1991): *Arqueología de la muerte: metodología y perspectivas actuales.* Diputación provincial de Córdoba. Córdoba.
[96] V.V.A.A. (1992): *Congreso de Arqueología ibérica: Las Necrópolis.* Madrid. Serie Arqueología varia. UAM.

Pero pese a lo que esto pueda parecernos, y pese a que sea ciertamente tentador para el arqueólogo, hacer una caracterización del mundo ibérico como un trasunto de las grandes tradiciones funerarias venidas de Oriente, donde el referente más romántico se encontraría en el Egipto faraónico, hemos de tener mucho cuidado al valorar este tipo de manifestaciones en el contexto cultural adecuado. Así, hemos de concebir a las necrópolis ibéricas, insertadas en la propia construcción del territorio que realizaron las aristocracias ibéricas. Hace algunos años, T. Chapa[97] hizo una serie de lúcidas reflexiones sobre el territorio funerario en lo ibérico con motivo del catálogo de la magna exposición titulada *Los íberos: príncipes de occidente*, en esa síntesis (breve pero tremendamente interesante) afirmaba que las necrópolis ibéricas suelen estar siempre en relación directa con los hábitats, principalmente en caminos estratégicos o en accesos a asentamientos, es decir, en una predeterminada relación con las ciudades de los vivos. Este binomio ciudad de los vivos-ciudad de los muertos, seguramente estaría contextualizado con una semántica metafórica de la articulación del paisaje controlado por las aristocracias, hemos de pensar por lo tanto, que las necrópolis tendrían su propio valor simbólico dentro de la percepción del paisaje antropizado. De la misma manera que cualquier habitante del mundo occidental cristiano reconoce una serie de concepciones arquitectónicas o urbanísticas (como por ejemplo un espacio público abierto que sirva de lugar de encuentro social y que seguramente alberga un monumento, es decir, una plaza) propias de ese horizonte cultural, un nativo de la Bastetania o de la Contestania que viajase por estas regiones del horizonte ibérico, reconocería el significado de la disposición de las necrópolis en su contexto cultural.

En todas estas necrópolis se han desarrollado una serie de construcciones arquitectónicas que podemos calificar como monumentales, agrupadas por lo expertos en una serie de tipologías cuya dispersión funeraria puede cubrir casi todo el territorio que la investigación denomina como ibérico y que, con algunas especificidades regionales, suponen uno de los elementos comunes más claros entre las diversas regiones que estudiamos. Tal vez la dispersión de estos monumentos, que incluyen toda la Alta Andalucía, el sureste de la Meseta y casi todo el Levante[98] (Lám. 1), deban hacernos reflexionar sobre la correcta regionalización de la cultura ibérica. En todo caso, es cierto que no es sino un elemento de la cultura material, que puede servir como ayuda para argumentar otra posible regionalización del mundo ibérico pero nunca como fundamento único de la misma.

Son muy pocos los casos en los que la arqueología dispone de contextos estratigráficos fiables para datar estos monumentos, la mayoría de ellos, producto de descubrimientos fortuitos o en fragmentos reutilizados en monumentos posteriores, cuando ya habían perdido todo su valor sagrado. Este es el caso de los conjuntos de Porcuna[99], los de Cabezo Lucero[100](Lám. 3) o de los fragmentos de tipo monumental encontrados

---

[97] CHAPA, T. (1998): "Los iberos y su espacio funerario". *Los íberos: príncipes de occidente*. Catálogo de la exposición de la fundación La Caixa. Barcelona-Paris-Bonn.

[98] Sobre este respecto encontramos una reflexión profunda en BLANQUEZ PEREZ, J. (1994): "El mundo funerario ibérico en la fachada oriental de la península ibérica y Andalucía. Los componentes indígena y foráneo".en VAQUERIZO GIL (Coor.) *Arqueología de la Magna Grecia, Sicilia y Península ibérica*. Córdoba. 321-370.
[99] GONZALEZ NAVARRETE, J.A. (1987): *Escultura ibérica de Cerrillo Blanco. Porcuna. Jaén*. Diputación Provincial, Jaén, 1987.
NEGUERUELA MARTINEZ, I. (1990): *Los monumentos escultóricos ibéricos del Cerrillo Blanco de Porcuna (Jaén)*.Ministerio de Cutura.
[100] ARANEGUI, C. et alii (1993): op cit.

en El Cigarralejo[101] (Lám. 11), donde la utilización de restos escultóricos fechables en torno al siglo V a. C. se produce en los túmulos de sepultura fechadas a partir de la segunda mitad del siglo IV a. C. en adelante. Para este tipo de monumentos las cronologías se establecen pura y simplemente por medio de criterios estilísticos. De aquí se puede deducir la importancia de la correcta y sistemática catalogación de cualquier tipo de influencia o rasgo cultural importado que podamos advertir en las construcciones que analizamos, como medio de poder ir acotando significativamente las fechas que manejamos.

No podemos hacer menoscabo alguno de los criterios estratigráficos como forma de contextualización cronológica, la investigación moderna ha depurado metodologías en las que un arqueólogo se tiene que basar de manera ineludible en sus trabajos de campo. Pero eso no debe significar el desprecio de otros criterios como forma adecuada para realizar dicha contextualización. La historiografía reciente sobre este tipo de manifestaciones materiales nos indica cómo, los criterios aplicados en la adscripción cronológica de los mismos, varían notablemente de unos autores a otros. La propia experiencia nos indica que, en algunos casos en los que los contextos estratigráficos parecen ser documentables, como en el caso de Pozo Moro (Albacete), fechado por su ajuar[102] a principios del siglo V a. C., surge una divergencia en cuanto a su interpretación cronológica debido fundamentalmente a criterios estilísticos, sobre todo en cuanto a la factura de la talla de los leones que circundan el monumento, que se ha querido vincular a las formas propias de artistas neohititas, que realizaron obras a partir del siglo IX-VIII a. C. en la península de Anatolia y el norte de Siria[103]. Según esta posición defendida por autores de la solvencia de M. Bendala, el monumento de Pozo Moro sería anterior a las fechas propuestas por su excavador, M. Almagro Gorbea, y su ajuar se podría explicar como producto de una reutilización posterior del monumento, práctica que no es extraña en muchos otros ámbitos funerarios de la antigüedad. Sirva este debate tan interesante como ejemplo del valor estilístico o iconográfico en la arqueología actual.

Dentro de este marco, la investigación española ha estado impulsada en los últimos tiempos por algunos descubrimientos que han ampliado sustancialmente los márgenes de la interpretación del mundo funerario de la cultura ibérica. El ya citado ejemplo de Pozo Moro supuso un revulsivo tremendo que vino acompañado de posteriores ejemplo de importancia, como los hallazgos de Porcuna[104], tal vez el más importante conjunto escultórico (también con un fuerte componente arquitectónico) de la protohistoria peninsular conservado actualmente. Estos descubrimientos han acrecentado nuestra propia concepción de lo ibérico, haciéndonos verdaderamente conscientes de la gran importancia y singularidad que su cultura material tuvo en el Mediterráneo occidental.

---

[101] CUADRADO, E. (1984): "Restos monumentales funerarios de El Cigarralejo". *Trabajos de Prehistoria* 41. 252-270.
[102] Actualmente expuesto en el Museo Arqueológico Nacional, del que forman parte un aplique de bronce y una Kylix de cerámica ática decorada con una figura de claro carácter agónico.

[103] Quizas un reflejo del estado del debate lo podamos tener en ALMAGRO GORBEA, MARTÍN (1998): "Pozo Moro 25 años después". *Revista de Estudios ibéricos 2*. UAM.
[104] Sobre este grupo de fragmentos escultóricos hemos de adelantar que creemos que deben ser interpretados desde una funcionalidad funeraria o de manera más amplia si se prefiere, desde una perpectiva conmemorativa.

PRINCIPALES TIPOLOGÍAS FUNERARIAS

El estudio de estos monumentos funerarios ha girado en los últimos tiempos en torno del establecimiento de lo que se ha venido denominando "el paisaje de las necrópolis ibéricas[105]", expresión que haría referencia a las diversas tipologías monumentales que se han reflejado en las monografías y memorias de excavación de las distintas necrópolis del mundo ibérico.

La primera tipología a la que vamos a hacer referencia en este repaso son los sepulcros de tipo turrifome. No son muchos los monumentos de este tipo documentados de manera integrada en secuencias estratigráficas concretas. Los pocos ejemplos que nos remiten a estas construcciones de manera indudable son el ya comentado Pozo Moro (Pozo Moro)[106], el de Alcoy (Alicante) y el del Parque infantil de tráfico de Elche (Alicante)[107], por lo que su dispersión en un principio pudiera hacernos pensar en un fenómeno muy concentrado en torno al sureste. El campo de desarrollo se amplía un poco más si nos atenemos a los múltiples fragmentos que de manera más o menos plausible, podrían formar parte de este tipo de monumentos, molduras, frisos decorados o esculturas con forma de sillar de remate que pueden ser atribuidos con acierto a monumentos turriformes, así tenemos ejemplos en Pino Hermoso[108], Balazote[109], o el Llano de la Consolación[110] (Lám. 10). Algunos trabajos sobre el tema han compendiado recientemente[111], de manera sectorial, algunas piezas de decoración arquitectónica adscribibles a época ibérica, de manera que tenemos al menos una treintena de piezas que pueden ser atribuibles a monumentos de este tipo[112]. Eso amplía su dispersión a una zona aun mayor que incluye la Alta Andalucía, aunque de manera muy poco fiable, y a otras zonas del sureste más amplias de las anteriormente citadas, incluyendo seguramente el territorio de la provincia de Valencia.

Podemos realizar una caracterización somera de este tipo de construcciones por medio de la documentación arqueológica que acabamos de enumerar. En primer lugar estos monumentos de planta cuadrangular se constituyen a base de sillares paralelepípedos trabajados con estereotomía. Estos sillares a menudo se encuentran unidos por medio de grapas metálicas en forma de T, documentadas bien por las propias piezas de metal o por el hueco que dejan en los sillares en los que fueron depositadas, documentados en algunos yacimientos como El Lobo (Lezuza), El Llano de la Consolación (Lám. 10) (Montealegre del Castillo), Pozo Moro (Albacete), Los Villares de Hoya Gonzalo (Albacete) (Lám. 9.2), El Cigarralejo (Mula,

---

[105] El primer trabajo que propuso esta terminología fue ALMAGRO GORBEA, M. (1978): "El paisaje de las necrópolis ibéricas y su interpretación sociocultural"*RevStLig* 44. 199-218. Luego esa terminología ha tenido eco en otros autores. CASTELO RUANO, R. (1990): "Nueva aportación al paisaje de las necrópolis ibéricas. Paramentos con nicho ornamental y posibles altares en la necrópolis del El Cigarralejo (Mula, Murcia)" *CuPAUAM*.17. Universidad Autónoma de Madrid. 35-43.
[106] Aunque en algunos trabajos se está empezando a apuntar la idea de revisar la cronología tradicional del monumento y sustituirla por otra más moderna.
[107] RAMOS FERNÁNDEZ, R. Y RAMOS MOLINA, A. (1992): *El monumento y el témenos ibéricos del Parque de Elche*. Ayuntamiento de Elche.

[108] ALMAGRO-GORBEA. MARTÍN & RUBIO, FEDERICO (1980). "El monumento ibérico de "Pino hermoso". Orihuela (Murcia). Trabajos de Prehistoria. 37.pp 345-362
[109] Nos referimos a la famosa bicha expuestan en el Museo Arqueológico Nacional.
[110] VALENCIANO PRIETO, Mª C. (1999): *El Llano de la Consolación (Montealegre del Castillo, Albacete): Revisión crítica de una necrópolis ibérica del Sureste de la Meseta*. Instituto de Estudios Albaceteños "Don Juan Manuel". Dipt. De Albacete.
[111] Sin duda la obra más interesante desde este punto de vista es CASTELO RUANO, R. (1995): *Monumentos funerarios del sureste peninsular: elementos y técnicas costructivas*. Ed. Universidad autónoma, Monografías de Arquitectura ibérica.
[112] Almagro Gorbea en su celebérrimo articulo sobre el monumento de Pozo Moro y los orígenes orientalizantes del arte ibérico (ver nota 3) apunta más o menos una veintena de piezas.

Murcia) (Lám. 11) o la Alcudia de Elche (Alicante)[113]. Estructuras de este tipo suelen llevar algún tipo de decoración consistente en relieves que constituyen a veces auténticos frisos ya bien sea como simple decoración figurativa, como las metopas del monumento de Alcoy[114] o con auténticas escenas con valor narrativo cuyo mejor referente encontramos en Pozo Moro[115]. Asimismo también es frecuente la utilización de figuras animales en forma de remate[116], seguramente con valor apotropaico o psicopompo, la propia Bicha de Balazote (Albacete) podría ser un ejemplo de esto. La utilización de molduras decoradas, y sobre todo de molduras con forma de gola quizás sea uno de los rasgos definitorios no solo de los monumentos turriformes sino de la propia arquitectura monumental funeraria en el ámbito de la arqueología ibérica. Este tipo de moldura está documentada en muchos yacimientos y constituye uno de los rasgos más característicos de la decoración arquitectónica ibérica en toda su extensión. Por último, para finalizar esta descripción somera, nos gustaría hacer referencia a la forma en que estos monumentos se encuentran coronados con un remate en forma piramidal. Este tipo de remarte es propuesto en la reconstrucción de este tipo de monumentos de forma generalizada[117].

En definitiva se trata de la especie arquitectónica más monumental del ámbito funerario ibérico, una tipología que empezamos a documentar de manera plena gracias al descubrimiento a finales de los años setenta del monumento de Pozo Moro, único en su género y que supuso en su época una auténtica toma de conciencia de las posibilidades de expresión del arte ibérico. Su reconstrucción, que fue posible gracias a la posición en que fueron encontrados un gran número de sillares que lo integraban, introdujo una noción arquitectónica hasta entonces negada para el Hierro reciente mediterráneo.

Las propuestas de adscripción cronológica recogen una serie de ligeras variantes, mientras que para Pozo Moro se suscita la polémica entre los inicios del siglo V a. C. y una época más arcaica que podemos enmarcar en torno al siglo VI a. C. para otros ejemplos como el monumento del Parque de Elche se propone una fecha aproximada del siglo V a. C. o para el de Alcoy el propio Almagro Gorbea propone una fecha del siglo IV a. C. (seguramente por su decoración de inspiración griega). Siguiendo estas referencias cronológicas, que me parecen aceptables en base a la documentación estratigráfica aducida, podríamos decir que la mayoría de estos monumentos (salvo que aceptemos las cronologías propuestas por aquellos que piensan que Pozo Moro se trata de un monumento anterior reutilizado) pueden agruparse al principio del periodo de plenitud de la cultura ibérica en el sudeste en torno al siglo V a. C. Sobre este respecto habremos de profundizar más adelante en el transcurso de esta presentación tipológica.

Pero además de su función funeraria, también tiene un marcado carácter social, con una

---

[113] Todos publicados y recogidos en la obra de CASTELO RUANO (1995). Fotos Nº 22,23,24. 361-379.
[114] Recogido en el trabajo de ALMAGRO GORBEA (1983) anteriormente citado.
[115] Una propuesta de interpretación muy sugerente de estos relieves se encuentra recogida en OLMOS ROMERA, R. (1996): "Pozo Moro: Ensayos de lectura de un programa escultórico en el temprano mundo ibérico". OLMOS et Alii, *Al otro lado del espejo: aproximaciones a la imagen ibérica*. Colección Lynx. Madrid.
[116] Esto no debe ser tomado como una ecuación segura, no debemos olvidas que la utilización de animales en la escultura ibérica no se realiza solo en contextos funerarios como recientetemente han venido ha demostrar los hallazgos escultóricos del santuario de El Pajarillo en Huelma. MOLINOS, M, et Alii (1998): *El santuario heroico de El Pajarillo, Hulema, Jaén*, Universidad de Jaen.
[117] Este tipo de remate es propuesto para Pozo Moro (ALMAGRO GORBEA 1983) así como para el monumento del Parque de Elche (RAMOS FERNÁNDEZ y RAMOS MOLINA 1992 –FIG 2-).

serie de elementos iconográficos de propaganda política que nos indican una adscripción a los más altos estamentos de la sociedad ibérica, e incluso mostrando rasgos de vinculación con personajes divinos, me refiero a la hierogamia representada en uno de los relieves de Pozo Moro[118] así como al marcado carácter sagrado del relieve que contiene el monumento del *temenos* del parque de Elche[119].

También nos parece acertado destacar el carácter territorial de este tipo de construcciones, su erección se produce como norma general cerca vías de comunicación de primer orden[120], este sentido de necrópolis vinculada a un determinado núcleo y su territorio creo que está claramente implícito en la concepción de este tipo de construcciones y vienen a constituir un elemento más en la construcción territorial simbólica de esta cultura.

A continuación vamos a pasar a analizar los llamados pilares-estela. Estos fueron definidos por M. Almagro Gorbea[121] "*...no tan espectacular como el anterior (monumento turriforme), se caracteriza por una estela o pilar cuadrado rematada por una gola a modo de capitel sobre la que se disponía una figura de animal mítico, como esfinges y sirenas o bien real, toro o león y tal vez jinetes, piezas todas ellas muy características de la escultura ibérica, cuya disposición original queda en gran medida aclarada, así como su segura significado funerario...*". Esta descripción es lo suficientemente explícita sobre la disposición morfológica de este tipo de construcciones.

Monumentos como los de Monforte del Cid[122] (Fig. 4) o Los Nietos[123], se consideran la tumba por excelencia de las aristocracias ibéricas, símbolo y expresión de su poder y su prestigio en la sociedad así como en el deseo de trascender en la muerte[124]. Entre ejemplares más o menos completos y piezas que pueden atribuirse a este tipo de construcciones podemos afirmar la posible existencia unos 200 pilares-estela documentados aunque sea tan solo parcialmente.

(Fig. 4) Pilar-estela de Monforte del Cid (Alicante). Según Almagro Gorbea y Ramos (1981).

La dispersión geográfica de este tipo de monumentos aumenta con respecto a la de los monumentos anteriores, extendiéndose sus

---

[118] OLMOS ROMERA, R. (1996): "Pozo Moro: Ensayos de lectura de un programa escultórico en el temprano mundo ibérico". OLMOS et Alii, *Al otro lado del espejo: aproximaciones a la imagen ibérica*. Colección Lynx. Madrid. Fig. 38.
[119] RAMOS FERNÁNDEZ y RAMOS MOLINA (1992): fig. 2.
[120] CHAPA, T. (1998): "Los iberos y su espacio funerario". *Los íberos: príncipes de occidente*. op cit.
[121] ALMAGRO GORBEA, M. (1983): MM. Op cit. 13.

[122] ALMAGRO GORBEA, M. Y RAMOS R. (1981): "El monumento de Monforte del Cid (Alicante). Alicante". *Lucentum*. V. 45-63.
[123] ALMAGRO GORBEA. M & CRUZ PEREZ, M.L. (1981) "Los monumentos funerarios ibéricos de Los Nietos (Murcia)".*Saguntum*. 16.1981. Valencia
LINAREJOS CRUZ PEREZ, M (1990): *Necrópolis ibérica de Los Nietos (Cartagena, Murcia): Metodología aplicada y estudio del yacimiento*. Ministerio de Cultura.
[124] El reciente trabajo de IZQUIERDO PERAILE, I. (2000): *Monumentos funerarios ibéricos: los pilares estela*. Trabajos varios del SIP. Dipt. de Valencia. Trata de ser un compendio de este tipo de monumentos en nuestra península.

hallazgos por Andalucía y regiones más septentrionales de la Comunidad Valenciana. Con respecto a sus cronologías estás pueden variar entre unas fechas que irían desde principios del siglo V a. C. (Corral del Saus[125], El Cigarralejo[126] (Lám. 11) o El Llano de la Consolación[127]) segunda mitad del siglo V a. C. (Monforte del Cid[128] o Los Nietos[129]) y el comienzo del siglo IV a. C. (posibles pilares estelas de fragmentos de golas procedentes de *Castulo*[130] (Lám. 6) o una gola decorada íntegramente con relieves perteneciente al yacimiento de Coimbra del Barranco Ancho). Como en el caso de las sepulturas turriformes, estas cronologías vienen dadas por criterios puramente estilísticos dándose una cronología más cercana en función de la complicación de sus decoraciones, siempre en comparación con las cerámicas de importación ática que figuraban entre los ajuares de algunos difuntos.

Con una cronología un poco más moderna (en torno al siglo IV a. C.) encontramos otro tipo de monumentos compuestos por bloques de piedras en forma de pilar con decoración en relieve. Ejemplos de este tipo de monumentos los tenemos en el monumento funerario de Jumilla (Murcia)[131] que puede reconstruirse como un pilar-estela[132] así como en el discutido caso del monumento funeraria de Sant Vicent de Malla[133]. Pese a que no pueda afirmarse categóricamente una tipología diferenciada, sí que estos ejemplos me parecen de una entidad suficiente como para aplicarles distinciones en su nomenclatura.

Este tipo de monumento funerario se caracteriza por los relieves alusivos a cultos funerarios o heroizantes de los que están provistos. Los relieves son una prueba clara de la existencia de unos programas iconográficos alusivos a la conmemoración de los difuntos (o de su linaje) para los que se construyeron estos monumentos. Dichas representaciones constituyen una de las principales fuentes de conocimiento de las que disponemos para reconstruir la sociedad ibérica (y más en concreto la aristocracia[134]) una plausible mitología ibérica, reflejada en otros materiales de la plástica ibérica y seguramente enriquecida con la relectura de los programas iconográficos de las cerámicas áticas[135].

Un tipo de monumento que la investigación ha terminado por configurar definitivamente como integrante del "paisaje de las necrópolis ibéricas", es el de los llamados

---

[125] IZQUIERDO, I. (2000): op cit.
[126] CUADRADO, E. (1989): op cit.
[127] VALENCIANO PRIETO, Mª C. (1999): *El Llano de la Consolación (Montealegre del Castillo, Albacete): Revisión crítica de una necrópolis ibérica del Sureste de la Meseta*. Instituto de Estudios Albaceteños "Don Juan Manuel". Dipt. De Albacete.
[128] ALMAGRO GORBEA, M. Y RAMOS R. (1981): "El monumento de Monforte del Cid (Alicante). Alicante". *Lucentum*. V. 45-63.
[129] LINAREJOS CRUZ PEREZ, M (1990): *Necrópolis ibérica de Los Nietos (Cartagena, Murcia): Metodología aplicada y estudio del yacimiento*. Ministerio de Cultura.
[130] Se trata de dos filetes lisos con nacelas decorados con motivos vegetales ovas y palmetas expuestas en el Museo arqueológico de Linares.
[131] BLÁZQUEZ, J.M, (1988) "Iberian art and greek influence: The funerary monument of Jumilla (Murcia, Spain)". *American Journal of Archaeology* 92. nº 4.503-508.

[132] Y así lo indica por ejemplo J.GARCIA CANO en su propuesta de reconstrucción. (1994) *Las necrópolis ibéricas en Murcia. Un ejemplo paradigmático: Coimbra del Barranco Ancho*. Tesis doctoral Universidad de Murcia.
[133] En torno a este monumento se ha dispuesto un debate en torno a su cronología, mientras unos autores abogan por una cronología en torno al siglo IV a. C. por sus afinidades iconográficas griegas LÓPEZ, J. et alii (1986): *Monument funerari iberic de Malla*. Osona, Barcelona. Otra postura ha argumentado a favor de su adscripción a una época posterior con influencias romanas en torno al siglo II a. C. RODÁ, I. (1992): "Art roma republica: el monument fuenerari de Malla". *I Jornades Internacionals de arqueologia Romana*.
[134] SANTOS VELASCO. J.A. (1996): "Sociedad ibérica y cultura aristocrática a través de la imagen".*Al otro lado del espejo: aproximación a la imagen ibérica*.Colección LYNX. Madrid.
[135] Sobre este tema tendremos la oportunidad de profundizar más adelante. Una reflexión muy acertada sobre este tema lo encontramos en SÁNCHEZ, C. (1996): "Códigos de lectura en iconografía griega hallada en la península ibérica". *Al otro lado del espejo: aproximación a la imagen ibérica*.Colección LYNX. Madrid.

encachados o plataformas tumulares que sirven de soporte para esculturas. Los hallazgos escultóricos de necrópolis como El Cigarralejo[136] (Lám. 11) o Cabezo Lucero[137] (Lám. 3) han puesto de manifiesto la existencia de este tipo de monumentos que vendrían a componer una de las tipologías funerarias ibéricas más interesantes. El sentido de este tipo de monumentos no sería otro que el de establecer un soporte tumular, seguramente escalonado que sirviera de base para un conjunto escultórico que rematase la estructura de manera monumental. Aunque aun no hayamos documentado un ejemplo íntegro de uno de estos monumentos, nos parece más que probable su existencia por los múltiples ejemplos escultóricos hallados en numerosas necrópolis ibéricas. Su escasa conservación, concuerda con el estado fragmentario que suelen tener los ejemplos escultóricos ibéricos y antiguos por lo general, debido a un continuo proceso de reutilizaciones que también podemos detectar en otros horizontes arqueológicos mediterráneos como el mundo griego[138].

La aceptación de este tipo de monumentos debe llevarnos a la revisión de la interpretación de muchas piezas. En primer lugar debido al componente arquitectónico de estos monumentos, algunas de las molduras que han sido caracterizadas como partes integrantes de monumentos turriformes o pilares-estela, podrían ser reinterpretadas como integrantes de este tipo de monumentos. En segundo lugar porque un gran número de piezas escultóricas que están carentes de contexto arqueológico propio (lo que suele ser norma general tratándose de escultura ibérica) podrían de esta manera adscribirse a monumentos de este tipo. Así pensamos que ocurre con la mayoría de fragmentos escultóricos de lugares como El Cigarralejo (Lám. 11) o el Llano de la Consolación.

En nuestra opinión, esta es una hipótesis válida para la mayoría de las piezas que integran el conjunto de Porcuna[139], fechados estilísticamente por P. León[140] en la segunda mitad del siglo V a. C.. Muchas de las esculturas se encuentran realizadas sobre bloques de piedra que bien pudieran haber servido como remate de este tipo de monumentos. Creemos que el conjunto escultórico que actualmente se expone en el Museo Provincial de Jaén, pudiera ser el testigo de un numero variable de monumentos de este tipo si bien hemos de precisar que consideramos muy válida la lectura que de todo el conjunto ha realizado recientemente el Dr. Olmos Romera[141], coincidimos en realizar una lectura unitaria de todo el conjunto pero sin que esto suponga que todo el conjunto estuvo integrado en un mismo monumento. La clara vocación edilicia de algunas de las piezas que lo integran, como los tres relieves interpretados como ritos de iniciación[142] o el fragmento de capitel protoeólico[143] que se encontró en el conjunto, unido a las variaciones

---

[136] CASTELO RUANO, R. (1990) *De arquitectura ibérica, elementos arquitectónicos y escultóricos de El cigarralero (Mula, Murcia)*. Madrid.
[137] ARANEGUI, C.; JODIN, A.; LLOBREGAT, E.; ROULLIARD, P. y UROZ, J., (1993): *La nécropole ibérique de Cabezo Lucero (Guardamar del Segura, Alicante)*, Madrid. En la que el Prof. Llobregat se encargó de analizar las piezas escultóricas y arquitectónicas que nos interesan.
[138] BOARDMANN, J & KURTZ, D (1971): *Greek burial customs*. Londres.

[139] GONZALEZ NAVARRETE, J.A. (1987): *Escultura ibérica de Cerrillo Blanco. Porcuna. Jaén.* Diputación Provincial, Jaén, 1987.
NEGUERUELA MARTINEZ, I. (1990): *Los monumentos escultóricos ibéricos del Cerrillo Blanco de Porcuna (Jaén).*Ministerio de Cutura.
[140] LEÓN, P. (1998): *Le sculpture des ibers*. París.
[141] OLMOS ROMERA, R (2002): " Los grupos escultóricos del Cerrillo Blanco de Porcuna (Jaén). Un ensayo de lectura iconográfica convergente". *ArcEspArq.* 75, 107-122.
[142] NEGUERUELA MARTINEZ, I. (1990): *Los monumentos escultóricos ibéricos del Cerrillo Blanco de Porcuna (Jaén).*Ministerio de Cutura. LÁMINAS. XLVI y XLI.
[143] NEGUERUELA MARTINEZ, I. (1990): *Los monumentos escultóricos ibéricos del Cerrillo Blanco de Porcuna (Jaén).*Ministerio de Cutura. LÁMINA. LII (A).

cronológicas que indican algunas piezas[144], nos hacen pensar más bien en un grupo de diversos monumentos funerarios, aunque su temática fuera diseñada pesando en una posible interpretación conjunta como la que apunta Olmos Romera en su interesante trabajo.

Otra de las tipologías más interesantes de la arquitectura funeraria ibérica ha servido para caracterizar a la Bastetania[145] dentro de las diversas regiones de lo que los arqueólogos llamamos cultura ibérica. Las tumbas de cámara suponen uno de los mayores logros arquitectónicos de la protohistoria peninsular. La concentración específica de este tipo de sepulcros en la Andalucía oriental, ha supuesto que se hayan tomado como referente arqueológico bastetano, buscando diferenciarles por medio del registro arqueológico del otro gran grupo ibérico (o de cultura material ibérica para ser más exactos) de Andalucía, los Turdetanos. Sin entrar, de momento, en ese debate es importante resaltar su dispersión geográfica para luego poder buscar una mejor interpretación sobre su origen.

(Fig. 5) Vista general de la zona de la necrópolis de Galera (antigua Tutugi).

Las tumbas de cámara, a su vez tienen una serie de variantes que se pueden analizar en torno a una serie de criterios diferenciadores. En primer lugar, podemos citar las que simplemente se construyen en base a un orificio en el terreno, ya bien sea roca, tierra arcillosa o margas yesíferas[146]. Después de esto se acondicionan por medio de un revestimiento especial, como puedan ser las paredes de adobes[147], maderas[148] o incluso cistas de piedra. En esta estructura se depositaría la urna con los restos cremados del difunto y se cubriría formando un túmulo. Tumbas de este tipo se han documentado en Baza[149] (Lám 9.1), en Galera[150] (Fig. 5) y el Mirador de Rolando[151] (Granada), pero también encontramos tumbas de

---

[144] Como el toro con la flor en el testud que claramente se puede remitir al siglo VI a. C. así como el fragmento de capitel protoeólico, más propio de cronologías orientalizantes. Aunque debido a la nula validez del criterio estratigráfico cualquier conclusión en este sentido no deja de ser momentánea.
[145] ALMAGRO GORBEA, M. (1982): "Tumbas de cámara y cajas funerarias. Su interpretación sociocultural y la delimitación del área cultural de los Bastetanos". *En homenaje a Conchita Fernández Chicarro*. 249-257. Madrid.

[146] Como en el caso de la necrópolis de Tútugi (Galera, Granada). RODRÍGUEZ-ARIZA, O. (1999): "La necrópolis de Galera. Un patrimonio arqueológico reparable" en *La cultura ibérica a través de la fotografía de principios de siglo. Un homenaje a la memoria*. 143-152. Madrid.
[147] PRESEDO VELO, F.J. (1982): *La necrópolis de Baza*. ExcArqEsp. Ministerio de Cultura.
[148] Lo que se ha documentado en Galera. SÁNCHEZ, J. (2004): "La arquitectura de Galera". *La necrópolis ibérica de Galera (Granada): La colección del museo arqueológico nacional*. M.A.N. Madrid.
[149] PRESEDO VELO, F.J, (1982): op cit.
[150] CABRÉ, J. y DE MOTOS, F., (1920): "La necrópolis Ibérica de Tutugi (Galera, provincia de Granada)", *Memoria de la Junta Superior de Excavaciones y Antigüedades*, nº 25, Madrid.
V.V.A.A.(2004). *La necrópolis ibérica de Galera (Granada): La colección del museo arqueológico nacional*. M.A.N. Madrid.
[151] ARRIBAS PALAU, A. (1967): "La necrópolis bastitana del mirador de Rolando (Granada)" *PYRENAE*. 3. 67-105.

este tipo en otras necrópolis del horizonte ibérico como El Cigarralejo[152] o en la recientemente excavada necrópolis tumular de la Punta del Barrionuevo en Iniesta (Cuenca[153]). El abundante material cerámico griego y campaniense, encontrado normalmente en las necrópolis ibéricas, permite fechar muy bien la cronología de este tipo de yacimientos. Observando las fechas de datación de este tipo de sepulturas tenemos que concluir que su desarrollo dentro de las culturas funerarias ibéricas se produjo en una amplia horquilla comprendida entre finales del siglo V a. C. y el siglo II a.C., como indican por ejemplo las cerámicas campanienses halladas en la necrópolis de Iniesta. Hemos de suponer una evolución interna en este tipo de enterramientos a lo largo de un periodo tan dilatado. Queda pendiente un estudio de estas características que ayude a precisar, de una manera más definitiva, nuestro conocimiento sobre este tipo de enterramientos en toda la vertiente mediterránea de la Península.

Otra tipología mucho más compleja de sepultura de cámara se define por la existencia de elementos arquitectónicos más complejos como tabiques, puertas y columnas. Una pequeña introducción a este tipo de sepulturas tal vez pueda hacerse con dos de los ejemplos mejor conocidos en nuestra península. La cámara sepulcral de Toya[154], la antigua Tugia (Jaén) así como las sepulturas n°2 y n° 75[155] de la necrópolis de Galera.

En el caso de la sepultura de Toya, se trata de un yacimiento ampliamente documentado y que ha atraído la atención de numerosos investigadores. Se encuentra erigida sobre una necrópolis más antigua, donde se han encontrado restos de ruedas de carros, similares a los encontrados por J. Cabré en la primera excavación de la cámara sepulcral[156]. La cámara hipogea fue descubierta por casualidad y excavada dando a conocer uno de los conjuntos funerarios más importantes de nuestra protohistoria. Su método de construcción consistió en excavar el terreno donde se asentaba la anterior necrópolis y elevar sobre el espacio creado una estructura por medio de sillares de gran tamaño. Todo el edifico resultante se cubrió con tierra formando un túmulo. Su planta es un rectángulo ligeramente irregular y dividido en tres compartimentos, en los que se entra por sendas puertas de jambas curvas, que García y Bellido comparó con arcos ojivales[157].

La estructura del sepulcro se completa con un banco corrido que se adosa a la mayor parte de los muros del edificio y nichos de forma rectangular y alargada, donde se depositaron las ofrendas y los ajuares encontrados. La secuencia estratigráfica que se deduce del corte practicado en la entrada a la cámara (que se acondicionó para su visita turística) a raíz del hallazgo de la segunda

---

[152] CUADRADO. E, (1987): *La necrópolis ibérica de El Cigarralejo (Mula, Murcia)*.Biblioteca Praehistorica Hispana. Vol XXIII. Madrid.
[153] Nos referimos singularmente a sepulturas n° 1008, 4005 y 5004. VALERO TÉVAR, M.A. (1999): "La necrópolis tumular de la Punta del Barrionuevo. Iniesta-Cuenca." *I Jornadas de Arqueología ibérica en Castilla-La Mancha*. .pp 181-208. Iniesta.
[154] CABRÉ AGUILÓ, J., 1920: "Arquitectura Hispánica: El sepulcro de Toya", *Archivo Español de Arte y Arqueología I*, 73-101, Madrid.
GARCÍA Y BELLIDO, A., 1935b: "La Cámara sepulcral de Toya y sus paralelos mediterráneos", *Actas y Memorias de la Sociedad Española de Antropología, Etnología y Prehistoria* 14, 67 ss.
BLÁZQUEZ, J. M., 1960: "La cámara sepulcral de Toya y sus paralelos etruscos", *Oretania*, año 2, n° 5, 233 y ss.

[155] PEREIRA, J. et alii Ed. (2004): *La necrópolis ibérica de Galera (Granada): La colección del museo arqueológico nacional*. M.A.N. Madrid.
[156] FERNÁNDEZ MIRANDA, M. Y OLMOS, R. (1986): *Las ruedas de Toya y el origen del carro en la península ibérica*. Min. Cultura.
[157] GARCÍA Y BELLIDO, A. (1979) *Arte ibérico en España*. Edición ampliada por A. Blanco Freijeiro. Espasa-Calpe.

rueda de carro[158], nos daría una fecha de inicio de ocupación de la necrópolis de fines del siglo VI, principios del V a. C. Posteriormente los hallazgos de cerámica importada en la cámara, más veinte vasos griegos entre los que destacan diez cráteras áticas pintadas, nos llevan a unas fechas en torno al siglo IV a. C. y el siglo III a. C., con lo que tendríamos una secuencia de ocupación más o menos completa durante el inicio y la plenitud de la época ibérica.

A partir de su estructura y sobre todo de los ajuares encontrados es fácil deducir el carácter aristocrático de la cámara de Toya, sobre todo si tenemos en cuenta los hallazgos de ruedas de carros militares (o de parada) acaecidos en su espacio. La estructuración de la cámara, dividida en una serie de compartimentos nos indica claramente su carácter familiar. Las dimensiones del sepulcro (18,26 m2[159] de espacio útil) permiten la circulación interior de un ser humano, y las cronologías de los hallazgos cerámicos, que son lo suficientemente amplias como para abarcar la vida de dos generaciones[160], nos indican que seguramente se reutilizó sucesivamente para varios miembros del mismo núcleo familiar. Esa misma compartimentación, vista desde la perspectiva de la visibilidad ha servido a Julia Sánchez[161] para realizar un análisis pormenorizado de las sepulturas de Galera y Castellones de Ceal[162] (Lám. 5), concluyendo que existen niveles de privacidad en las distintas zonas y por lo tanto jerarquía de los espacios.

La forma de su planta y las técnicas empleadas en su construcción convierten a este sepulcro en un caso único dentro de la arqueología ibérica de nuestro país. Sus características arquitectónicas han llevado a muchos autores (García y Bellido, Blázquez, Fernández de Avilés[163]) a buscar sus paralelos en otros puntos del mediterráneo antiguo, Etruria, Grecia y el mundo púnico han sido siempre los principales referentes de un monumento cuya vinculación con otros tipos de construcciones mediterráneas, resulta en nuestra opinión indiscutible.

Una última tipología, cuya hipotética configuración supondría un auténtico *unicum* en la arquitectura funeraria ibérica, la tenemos en la reconstrucción de la fachada monumental que Mª del Rosario Lucas Pellicer y Encarnación Ruano Ruiz[164] realizaron a partir de dos fragmentos[165] encontrados en el yacimiento de *Castulo* (Linares)[166](Fig. 6).

Se trata, según las autoras, de la reconstrucción de dos bloques de piedras roca sienitas, caracterizadas por su coloración rojiza.

---

[158] Se trata de un corte modesto porque sus dimensiones no podían sobrepasar las dimensiones de la entrada moderna, las conclusiones extraídas de este corte deben ser pues parciales.
[159] SÁNCHEZ, J. (1998): "La arqueología de la arquitectura: aplicación de nuevos modelos de análisis a estructuras de la alta Andalucía en época ibérica". *TP*. 55. nº 2. 89-100. Un estudio muy valioso que introduce el análisis semiótico y la sintaxis de los espacios que genera este tipo de arquitectura. Vid. HILLIER, B. Y HANDSON, J. (1984): *The social logic of space*. Cambridge.
[160] Teniendo en cuenta que la estimación media de vida en aquella época no superaba los 40 años. RUIZ BREMÓN, M. Y SAN NICOLÁS PEDRÁZ, MªP. (2000): *Arqueología y antropología ibéricas*. UNED. Madrid.
[161] SÁNCHEZ, J. (2004): op cit.

[162] CHAPA, T. PEREIRA, J. MADRIGAL, A. LÓPEZ, T. (1991): "La sepultura 11/145 de la necrópolis ibérica de los Castellones de Ceal (Hinojares, Jaén). *TP*. 48. 333-348.
[163] FERNÁNDEZ DE AVILÉS, A. (1942) "El aparejo irregular de algunos monumentos marroquíes y su relación con el de Toya". *ArcEspArq*. 15. 344-347. Estudio donde se indagan las posibles relaciones del sepulcro de Toya con el mundo púnico.
[164] LUCAS PELLICER Y RUANO RUIZ (1990): "Sobre la arquitectura ibérica de Cástulo (Jaen): reconstrucción de una fachada monumental". *ArchEspArq*. 63. 43-64.
[165] Los dos fragmentos se encuentran actualmente expuestos en el Museo Arqueológico de Linares.
[166] BLÁZQUEZ, J.M. Y GARCÍA-GELABERT, M.P. (1987): "La necrópolis de El Estacar de Robarinas. Cástulo: tipología funeraria de los enterramientos". *Arch Pre Levantina*. XVII. 177-193. Más recientemente una revisión general del yacimiento en ORTEGA CABEZUDO, Mª, C. (2006): "Recuperación y sistematización de un registro arqueológico: Las necrópolis iberas e ibero-romanas de Cástulo", en *Saguntum*, Nº 37, 59-71.

Uno de ellos con forma de L, está achaflanado por sus extremos y tiene una banda de decoración de 20 cm. flanqueada por listeles en cuyo interior discurre una cenefa fitomorfa formada por la repetición de rítmica de un complejo motivo: un haz curvo o semipalmeta dibujada con cinco junquillos foliados, abiertos en abanico y enlazados por una doble cinta. Un doble junquillo rematado con roleo flanquea la curva más cerrada y los huecos creados entre los listeles y esta decoración albergan una hoja trífida con nervio marcado (tipo acanto). En la parte inferior se aprecia el hueco dejado a una estructura de remate de una columna siguiendo la misma banda decorativa compuesta por dos listeles que enmarcan un motivo de semicírculos.

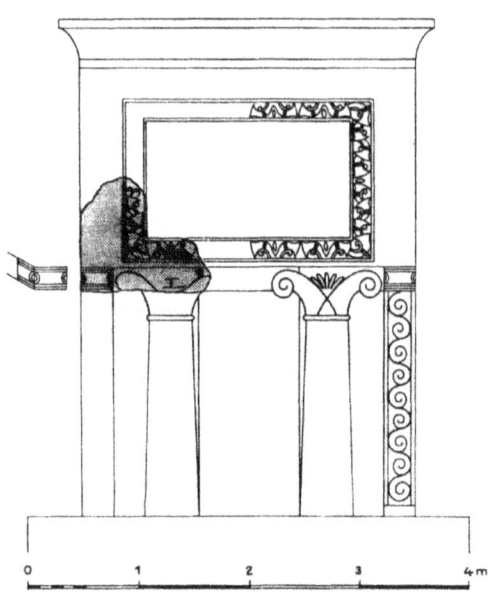

(Fig. 6) Reconstrucción de la fachada del supuesto monumento funerario de *Castulo* (Jaén) según Lucas Pellicer y Ruano (1989).

La propuesta de las autoras da dos posibles interpretaciones a la funcionalidad de este edificio. La primera es la de tipo funerario, argumentando a su favor que la mayoría de los hallazgos monumentales ibéricos producidos hasta la fecha de composición del artículo pertenecían a esa funcionalidad[167]. Por el contrario proponían otra interpretación que en mi opinión dotaron de más peso argumental, la interpretación de la fachada como parte de un edificio de tipo religioso. Esta lectura se basa en la mayoría de los paralelos mediterráneos propuestos por las autoras, sobre todo las de tipo púnico, que nos transfieren a una concepción la del templo-tumba integrado en la necrópolis para el que encontramos un referente lejano en otra región ibérica, la levantina, si bien es cronológicamente posterior y ya integrado en usos culturales de tipo romano, el monumento funerario templiforme de la Plaza de San Nicolás (Valencia)[168].

ANÁLISIS MORFOLÓGICO

Pese a lo variado y complejo del registro funerario ibérico, hemos de decir que el principio en el que se basan se podría simplificar en la necesidad de realización de algún tipo de construcción que perpetúe de manera visible la identidad del difunto por medio de un lenguaje simbólico comprensible en el contexto de su comunidad cultural. Además la erección de monumentos funerarios se suele poner en relación con la ejecución de rituales o exequias fúnebres, para cuya realización se cuenta con el soporte arquitectónico como un elemento más, la mayoría de las veces como soporte escénico de cierta entidad. Esta necesidad de erección de monumentos funerarios es común a la mayoría de las culturas del mundo antiguo y sin entrar en

---

[167] Actualmente la investigación sobre la utilización de elementos monumentales en edificios ibéricos de tipo no funerario está produciendo avances que comentaremos más adelante.
[168] ARNAU DAVÓ, B.; GARCÍA VILLANUEVA, Mª I. Et Alii. (2003): "El monumento funerario templiforme de la Plaza de San Nicolás, Valencia". *Saguntum*. 35. 177-195.

precedentes prehistóricos tenemos una tradición paralela, que no precedente (ni en cronología, ni en marco geográfico) el cual nos hace remontarnos hasta la época del Bronce Final en la que surgen unas manifestaciones tan controvertidas como los llamadas Estelas Decoradas del Suroeste[169]. Pese a que existan lecturas divergentes a la hora de relacionar este tipo de piezas con contextos funerarios[170], lo cierto es que debido al contenido simbólico que se puede percibir de los signos y representaciones con que están decoradas, la posibilidad más plausible es que se trate de elementos con algún tipo de función funeraria, si bien no de tipo cubierta física del difunto[171], sí de conmemoración monumental de éste.

Este contenido simbólico de las estelas decoradas ha sido puesto en relación en repetidas ocasiones con elementos mediterráneos llegados a la Península desde una época anterior a las colonizaciones, sobre todo en base a muchos de los motivos representados en sus relieves[172]. Sin embargo una contextualización más precisa de estas piezas ha de realizarse teniendo también en cuenta un criterio estrictamente geográfico, muy bien apuntado por E. Galán Domingo, pero con cuyas conclusiones no coincidimos ampliamente[173]. La relación de las llamadas Estelas decoradas del Suroeste con los cursos, fluviales y terrestres de los grandes ríos de las vertientes atlánticas deben ser revisadas de manera profunda para entender de manera más completa las relaciones de este tipo de piezas con ambientes mediterráneos.

Pese a que su interpretación integral como objeto cultual debe contener elementos propios de las culturas mediterráneas, cuyos significados de momento no podemos comprender en profundidad, lo cierto es que la propia morfología de este tipo de piezas puede ser presentada de manera lógica con funciones de hito territorial, que debieron de tener un carácter simbólico en la percepción geográfica de los pueblos protohistóricos en cuyos dominios se originaron este tipo de monumentos.

Las referencias culturales a Estelas y monumentos, que sirven como elemento simbólico de construcción de una percepción geográfica, tienen varios referentes en la costumbre de muchos gobernantes orientales de marcar simbólicamente sus dominios por medio de estelas situadas en los confines de sus posesiones, así como en mitos que tienen orígenes claros en la Edad del Bronce como las Columnas de Hércules[174] como hito de los confines del mundo

---

[169] El trabajo más completo publicado hasta la fecha es el realizado por CELESTINO PEREZ, S. (2001): *Estelas de guerrero y estelas diademadas: la precolonización y formación del mundo tartésico.*

[170] El caso más significativo y argumentado de una lectura divergente a la funeraria la encontramos en GALÁN DOMINGO, EDUARDO (1993) : *Estelas, paisaje y territorio en el bronce final del suroeste de la península ibérica. Complutum Extra.*

[171] Según GALÁN los únicos casos en los que se ha podido comprobar la función de soporte del difunto son los de Solana de Cabañas, Granja de Céspedes y Setefilla en ALMAGRO BASCH, M. (1966) . *Las estelas decoradas del suroeste peninsular.* Biblioteca Praehistórica Hispana, VIII.

[172] Sobre el origen egeo de las Estelas ha incidido M. Bendala en varios trabajos:
(1977): "Notas sobre las estelas decoradas del Suroeste y los Orígenes de Tartesos. *Habis* 8. 177-205.
(1983): "En torno al instrumento musical de la estela de Luna (Zaragoza)". *Homenaje al Profesor Martín Almagro Basch.* Vol II. 141-146.
(1987): "Reflexiones sobre los escudos de las estelas tartésicsas". *Boletín de la Asociación Española de Amigos de la Arqueología.* 27. 12-17.
Sobre su vinculación a contextos semíticos tenemos un trabajo del Prof. Blázquez (1985-1986): "Los escudos de escotadura en V y la presencia fenicia en la costa atlántica y en el interior de la Península Ibérica". *Stvdia Paleohispanica. IV Coloquio sobre lenguas y culturas paleohispánicas. Veleia* 2-3: 469-497.

[173] Una muestra de estas interpretaciones en base a un criterio geográfico las tenemos en dos artículos muy interesantes como replanteo de los criterios metodológicos con los que se han abordado este tipo de estudios anteriormente. GALÁN DOMINGO, E. Y MARTÍN BRAVO, A. (1991-1992): "Megalitismo y zonas de paso en la cuenca de extremeña del Tajo". *Zephyrus* 44-45: 193-205. ; RUIZ-GALVEZ PRIEGO, Mª L. Y GALÁN DOMINGO, E. (1991): "Las estelas del Suroeste como hitos de vías ganaderas y rutas comerciales". *Trabajos de prehistoria.* 48: 257-273.

[174] A una escala geográfica mucho mayor, el mito de las columnas de Hércules también se puede interpretar de manera

conocido. A menor escala seguramente las estelas decoradas del suroeste tendrían una función en el proceso mental de construcción territorial durante el Bronce Final.

Una morfología que se puede interpretar en la misma línea es la de los monumentos turriformes, enclavados en lugares geográficos de gran interés, seguramente su forma estaba preconcebida como una forma de realizar una señalización simbólica del territorio dominado por una dinastía. El carácter funerario de estos monumentos unidos a una morfología tan claramente determinada a servir como referencia territorial nos sirven para interpretar estas construcciones dentro del proceso de construcción territorial del mundo ibérico, este fenómeno ejemplificado en monumentos como el de Pozo Moro. Ese proceso de apropiación territorial tendrá en el siglo V a. C. a su primer protagonista en la construcción simbólica del *oppidum* como centro de referencia, pero hasta entonces monumentos como los de tipo turriforme servirían como forma de establecer una relación simbólica entre un territorio y un linaje que lo domina.

Los principales referentes en la morfología de los monumentos funerarios turriformes la encontramos en ámbitos orientales donde la construcción de este tipo de monumentos cuenta con multitud de referencias que nos indican una extensión de este tipo de construcciones funerarias con significado simbólico desde oriente. Dos de sus elementos constructivos más característicos, la gola de tipo egipcio y el remate en forma piramidal cuentan con una serie de referentes a lo largo de todo el mediterráneo,

simbólica como un referente en la percepción mental del territorio en la antigüedad, seguramente tendría su origen en los derroteros y coordenadas que los marineros y los santuarios transmitirían de manera oral durante la Edad del Bronce.

desde los monumentos funerarios de la región de Lidia, a los monumentos turriformes registrados en algunos *lekitoi* funerarios del ámbito ateniense[175] y sobre todo en una serie de monumentos turriformes del ámbito púnico que recientemente se han puesto en relación con los del ámbito ibérico[176].

En el Próximo Oriente la construcción de monumentos con una disposición similar tiene varios referentes en el Líbano fenicio donde encontramos unas estructuras funerarias de similares características, los *Meghazil*. Uno de los ejemplos más representativos los tenemos en Amrit (Líbano)[177], dotados de una estructura turriforme muy similar a la de los monumentos ibéricos y con cuatro figuras de grandes felinos dispuestas en sus extremos con función apotropaica. Sin embargo su moldurración no se produce por medio de gola, sino con elementos que entroncan con la tradición ornamental sirio-palestina. Además de esto los monumentos de Amrit están construidos como marcadores de cámaras funerarias de cierta importancia, en el ámbito orientalizante, tenemos construcciones de filiación púnica en la necrópolis de Puente de Noy (Granada)[178] donde se hallaron restos de un monumento exterior en la sepultura de cámara num. 4 de la zona C, fechada en el siglo VII a. C. o inicios del VI a. C. Únicamente se sabe que aparecieron dos leones labrados en piedra, uno de los cuales, fragmentado, se perdió, mientras que el

---

[175] KURTZ, D. Y BOARDMAN, J. (1971): *Greek burial customs*. Fig. 27.
[176] PRADOS MARTINEZ, F. (2002-2003). "Memoria del poder. Los monumentos funerarios ibéricos en el contexto de la arquitectura-púnico helenística".*Cu PAUAM*. 203-226. El mundo púnico nos ofrece referentes en su plástica como en las pinturas de una de las tumbas de Gebel Mlezza (Túnez) en las cercanías de Kerkouane, en MOSCATI, S. (1983): *Cartagineses*. Madrid. pg. 229.
[177] Recogidos en RENAN, E. N. (1884): *Misión de Phènicie*. Paris.
[178] ALMAGRO GORBEA, M (1983): "Los leones de Puente de Noy. Un monumento turriforme funerario en la península ibérica" En *Almuñecar Arqueología e Historia*. Granada. 89-106.

otro fue recogido y se guarda actualmente en un domicilio particular. La escultura conservada está realizada en piedra arenisca local, del mismo tipo que la utilizada en la cámara sepulcral a la que sirve de marcador. De esta figura solo se conserva la parte posterior del cuerpo, con la cabeza y toda la superficie inferior muy deteriorada. El animal aparece levantado en posición rígida con las patas delanteras rectas, y la cabeza dirigida al frente. La parte posterior del león, ofrece un plano vertical en el que acaba la figura, por lo que bien puede pensarse que la escultura formase parte de un monumento al que se adosaría por esta cara. Para M. Almagro Gorbea el interés principal de este hallazgo reside " ...*en confirmar la existencia en el ámbito fenicio-colonial, de un tipo de monumento turriforme con elementos zoomorfos con papel sustentante y apotropaico, que constituye el eslabón intermedio entre monumentos como Amrit en Fenicia y los monumentos de Pozo Moro en el ámbito ibérico del Mediterráneo Occidental, cuyo origen queda así perfectamente explicado.*".

Los pilares-estelas, el monumento funerario más característico de las aristocracias ibéricas, son en parte, herederos de una gran tradición de monumentos con forma de estela que proliferaron en el Mediterráneo durante la antigüedad. Para su caracterización morfológica y sus paralelos mediterráneos nos remitimos al estudio realizado por I. Izquierdo. Tan solo vamos a analizar de manera somera las dos grandes tradiciones de estelas que circularon por el mediterráneo. La primera de ellas es la griega, surgida de los ambientes jonios, seguramente nacida del contacto con ámbitos orientales, durante el periodo arcaico y que tuvo en la Atenas del surgimiento de la *poleis* un desarrollo fundamental. Dicho desarrollo de los marcadores funerarios arcaicos que, G. Richter estudió en su famoso trabajo *Archaic Attic Gravestones*[179], tuvo en las famosas *stelai* a sus principales referentes. De este tipo de monumentos, construidos algunos de una sola pieza, es desde donde podemos rastrear el origen de la forma rematada por una escultura de un animal, recogida por Richter en sus tipos -I a-, -I b- y -I c- todos ellos comprendidos en el siglo VI a. C. Algunos ejemplares ibéricos rematados con una esfinge, como los ejemplares conservados de Agost (Alicante) y otros centros cercanos de la Contestania están directamente influidos por este tipo de modelos griegos de finales de la época arcaica (finales del siglo VI a.C.).

También dentro de las tipologías de *Stelai* arcaicas, tenemos algunos tipos con remate vegetal con forma de palmeta y algunos sin remate escultórico de ningún tipo. Un caso paradigmático de este tipo de monumentos lo tenemos en el famoso capitel decorado de Lamptrai (Ática) cuyo programa ornamental analizaremos más adelante. A finales del siglo VI a. C. nos encontramos las últimas series de estelas realmente monumentales en el ámbito ático, a partir de este momento los cambios sociales producidos en la Atenas anterior a Clístenes explican que las necesidades del ritual funerario ya no exijan soportes funerarios de tan marcado carácter aristocrático[180].

Otro tipo de monumentos compuestos simplemente por un bloque de piedra con relieves sin remate escultórico han sido documentados de manera más o menos regular a lo largo de todo el mundo ibérico. Algunas de estas estelas ibéricas son lo suficientemente importantes como para ser

---

[179] RICHTER, G. (1988): *Archaic Attic Gravestones*. Londres.
[180] Sobre este asunto tenemos varias menciones en las fuentes clásicas tal vez la más ilustrtiva sea la del texto de Ciceron en *De legibus* (II 26.64).

consideradas como monumentales (Coimbra del Barranco Ancho, Sant Vicente de Malla...) pero es interesante destacar que existen diversas series de estelas de época ibérica muy interesantes desde el punto de vista funerario[181]. Muchas de estas estelas (sobre todo las del tipo antropomorfo) parecen estar muy implantadas en las zonas septentrionales del iberismo, sobre todo en Teruel, el valle del Ebro y Cataluña, zonas en las que se han documentado la mayor parte de los ejemplares documentados. Su morfología y su iconografía podría ponerse en relación con influencias de tipo indoeuropeo, pero la contrastación de esta hipótesis necesita un estudio monográfico que excede con mucho la intención y la temática de este trabajo.

Con respecto a los ejemplos de tipo monumental, que hemos comentado morfológicamente hemos de resaltar una cualidad fundamental que la hacen diferenciarse, además de la falta de remate escultórico, de los pilares-estela: Un esquema compositivo cercado por un campo delimitado escultóricamente, una especie de representación arquitectónica figurada que enmarca la decoración del monumento[182]. Morfológicamente este tipo de configuración se puede explicar como una forma de estructuración del trabajo de ornamentación escultórica de este tipo de monumentos. Este tipo de marcos compositivos, que se utilizan como medio de dar una mayor estructuración de los programas decorativos también se pueden explicar como una forma de buscar la ergonomía escultórica del bloque, de tal manera que enclaustrando los relieves en estas cajas se consigue un efecto decorativo muy grande con un menor número de superficie labrada.

La referencia simbólica a una especie de abstracción arquitectónica, tuvo que estar presente en este tipo de monumentos, en los que los contemporáneos apreciaban un marco de referencia conceptual que remite claramente al terreno de los espacios simbólicos. La utilización iconográfica de la arquitectura está muy presente en el ámbito funerario ibérico por lo que será objeto de un apartado propio cuando realicemos el análisis ornamental-estilístico dentro del ámbito funerario. La referencia a esta especie de arquitectura figurada cuenta con una gran tradición de tipo helenizante cuyos ejemplos más destacados los tenemos en muchos de los relieves funerarios áticos de época clásica[183]. Más cercana al mundo ibérico encontramos otra manifestación muy interesante y muy bien estudiada de la que se pueden extraer esquemas compositivos muy similares, las estelas púnicas. Este tipo de manifestación funeraria cuenta con millares de ejemplos que han sido agrupados en una serie de tipologías[184], aunque sus principales referentes hayan sido localizados en algunos escasos ejemplos documentados en el contexto orientalizante fenicio de los siglos IX-VI a. C.[185] los ejemplos que a nosotros nos interesan se pueden fechar entre el siglo IV y el II a. C. en unos ambientes claramente helenizados. La mayoría de las estelas a las que nos referimos

---

[181] IZQUIERDO, I Y ARASA, F. (1999): "La imagen de la memoria. Antecedentes, tipología e iconografía de las estelas de época ibérica". *Archivo de prehistoria levantina.*
-(1998): "Estela antropomorfa con inscripción ibérica del Mas de Barberán (Nogueruelas, Teruel)". *ArEspArq. 71.* 79-102.
[182] Se aprecia muy bien en el monumento de Coimbra del Barranco Ancho y en el de Sant Viçent de Malla, donde la decoración escultórica se encuentra encajonada por una especie de caja construida mediante el relieve.

[183] Pese a que ciertamente se ha avanzado mucho en la investigación de este tipo de piezas quizás la obra fundamental para su conocimiento moderno fuese la realizada por JOHANSEN K. F. (1951): *The Attic Gravereliefs of the classical period.*
[184] FERRON, J. (1975): *Mort-dieu de Carthage: ou les steles funerarires de Carthage.* 2 Vols.
BIS, A.M. (1967): *Le stele púniche.* Paris.
BERTRANDY, F. (1987): *Les steles púniques de Constantine.* Lyon.
[185] MOSCATI, S. (1982): *Cartagineses.* Barcelona. En el capítulo monográfico a las estelas. 144-190.

tienen entre su ornamentación la referencia a la arquitectura, en forma de un *naiskos* muchas veces solo sugerido por una serie de relieves muy simples como en el caso de los monumentos ibéricos. En los ejemplos más tardíos de este tipo de estelas incluso tenemos una referencia escultórica clara a modelos helenísticos y el resto de la escena se encuentra inscrita mediante una ornamentación representación pictórica que en algunos casos hemos podido conservar[186]. Aunque se trate de piezas relacionadas en su mayoría con un contexto tan característico como es el de los *Tofets* (y sus implicaciones culturales) lo cierto es que esta ordenación espacial de sus elementos ornamentales está muy presente en todo una serie de monumentos funerarios del mundo ibérico, aunque iconográficamente entroncan con mundos diferentes.

La decoración barroca de este tipo de monumentos y sobre todo el claro carácter narrativo de sus relieves, que llenan todas las caras de estos monumentos sin que podamos distinguir en algunos caso cuales eran las partes principales y cuales las secundarías, nos indican la elaboración propia de este tipo de manifestaciones monumentales, las más originales y elaboradas de las plástica ibérica.

Dentro de la arquitectura funeraria ibérica, una de las tipologías de más interés es la de las tumbas de cámara. Su morfología ha sido documentada ampliamente por diversos yacimientos, y en algunos casos como en Galera, ha sido objeto de reciente revisión[187]. En este caso, las cámaras funerarias no son concebidas como marcadores espaciales que han de formar parte de un paisaje interpretable por la comunidad que lo habita, esa funcionalidad explica la morfología de otras tipologías funerarias. La configuración de estas tumbas de cámara debe ser puesta en relación, principalmente con la manera en que se vaya a realizar el ritual de enterramiento y la significación que pueda tenerse de la vida en el más allá. Es decir la configuración arquitectónica de estos espacios puede explicarse en base al carácter que puedan tener las creencias funerarias y simbólicas de ámbito sepulcral y también el tipo de ritual que se vaya a realizar en su interior.

Los estudios de J. Sánchez[188] para las cámaras sepulcrales de Galera (Lám. 7 y 8) nos ponen de relieve que el hecho de la construcción y disposición de estos monumentos, su planta, puede interpretarse en base a criterios de accesibilidad a la misma. Su trabajo inspirado en los nuevos modelos de análisis espacial, propugnados por autores como I. Hodder o B. Hillier y J. Hanson[189], han abierto una nueva forma de leer la arquitectura protohistórica indígena. Los análisis de visibilidad, en base a criterios de posición, le llevan a concluir que parte de los espacios puede considerarse como pública y que parte se podía considerar como privada. La práctica de rituales funerarios también puede ser un criterio mediante el cual podamos dar una mayor amplitud a la interpretación de los espacios arquitectónicos, así por ejemplo, en determinadas cámaras funerarias de las necrópolis bastetanas apenas hay espacio suficiente para que circule una persona agachada. Es por tanto fácilmente interpretable que estos lugares no se construyeron para la realización de

---

[186] FERRON, J. (1975): op cit. Vol. 2. 155 ss.
[187] SÁNCHEZ, J. (2004): "La arquitectura de Galera". *La necrópolis ibérica de Galera (Granada): La colección del museo arqueológico nacional*. M.A.N. Madrid.

[188] SÁNCHEZ, J. (2004): op cit.
[189] HILLIER, B. Y HANDSON, J. (1984): *The social logic of space*. Cambridge.
HODDER, I. (1998): "Architecture and meaning: the example of Neolithic houses and tombs". En PEARSON, M. P. y RICHARDS, C. (Eds.): *Architecture and order*. New York. 73-86.

un ritual de enterramiento muy ceremonioso, que incluyese un cortejo de personas y un gran número de ofrendas. Siguiendo esta línea teórica, cámaras sepulcrales como la de Toya, serían fácilmente interpretables como lugares destinados a la realización de cultos funerarios más elaborados y que incluirían la consagración de numerosos objetos, la realización de ceremonias de rememoración de los difuntos de manera periódica y la concepción de la cámara como receptáculo de las almas de diversos difuntos pertenecientes a un mismo linaje o que mantengan algún tipo de relación social o política.

Creencias similares a estas, explicarían la riqueza con la que se han elaborado algunas de las decoraciones en algunas de estas tumbas de cámara como los pavimentos decorados de algunas cámaras de Galera, parte de la decoración arquitectónica que pudieran tener algunos de estos grandes túmulos así como la pintura parietal que pudiera conservarse en su interior. La arquitectura elaborada que se ha documentado en Toya también debe ser puesta en relación con creencias similares, ya García y Bellido en su estudio sobre el arte ibérico[190] apuntaba algunas de estas consideraciones, sin bien en parámetros más propios de la época en la que desarrolló su actividad científica:

"...A la necrópolis de Tútugi no debió cederle importancia la de Tugia, la actual Toya, en la provincia de Jaén, por tanto en la misma región que aquella. Su suntuosa cámara sepulcral hipogea, en efecto, lo prueba. Es de planta rectangular y está dividida en tres compartimentos, en los que se entra por sendas puertas de jambas curvas, como tendiendo al arco ojival. Esto y su aparejo, muy semejantes al que vimos en el artemision de Sagunto, atan esta construcción a otras coetáneas del resto del mediterráneo. En el interior de las tres naves de la cámara hay poyetes de piedra a lo largo de los muros, unas repisas como lejas o vasares y, finalmente, nichos rectangulares labrados en las mismas paredes laterales, en los sillares que las forman. En ellos se colocarían las urnas cinerarias y los ajuares mortuorios. En planta y alzado, pues, es totalmente diversa de las cámaras de la vecina Tútugi y obedece, sin duda, a corrientes distintas que parecen proceder del mediterráneo oriental, donde hallan paralelos tanto la forma del aparejo como la tendencia del arco en las puertas. De esta necrópolis pudieron salvarse unos veinte vasos griegos, de ellos diez cráteras pintadas áticas. Era pues coetánea a la anterior, y por tanto, de los siglo IV y III a. C. Es indudable que, en cámaras como esta, debieron ser enterradas familias enteras de nobles y magnates del comercio. La suntuosidad y riqueza del ajuar indican a ello..."

Este ambiente de suntuosidad y riqueza de los ajuares funerarios contenidos en las cámaras funerarias de época ibérica debe leerse en un contexto aristocrático. Una buena muestra de esta ambientación la tenemos en la excavación de la necrópolis de Los Villares de Hoya Gonzalo[191] (Lám. 9.2), donde asociado a dos túmulos coronados con dos esculturas de jinetes ibéricos, se han encontrado restos suntuarios relacionados con la práctica de *silicernia* o banquetes funerarios en honor del difunto. Los restos consistentes en dos grupos de cerámicas griegas en un estado de conservación más que aceptable (lo que nos indica

---

[190] GARCÍA Y BELLIDO, A. (1979) *Arte ibérico en España*. Edición ampliada por A. Blanco Freijeiro. Espasa-Calpe.

[191] BLANQUEZ PEREZ, J. (1996): "Caballeros y aristócratas del siglo V a. C. en el mundo ibérico" en *Coloquio internacional; Iconografía ibérica, iconografía itálica: propuestas de interpretación y lecturas*. Universidad Autónoma de Madrid. Serie Varia 3. 211-234.

que tuvieron una vida útil muy corta en el tiempo) seguramente se adquirieron ex profeso para la ceremonia, y selladas por un estrato muy uniforme de adobes nos indican claramente su carácter ritual. A estos conjuntos cerámicos, fechados sobre el 490 a. C. por la presencia de cántaros tipo Saint Valentin, se le asocian una serie de marfiles etruscos, utilizados según la reconstrucción del autor, como ornamento de cajas de lujo, uno de los cuales contiene una escena que representa a un symposiasta, lo que suele ser frecuente en los ambientes funerarios del mundo etrusco[192].

La arquitectura y decoración de este tipo de ambientes funerarios responde por tanto a esquemas de tipo aristocrático, comunes en todo el mediterráneo que sin embargo son asumidos por el mundo ibérico dotándoles de un componente específico. En palabras del Prof. Blánquez *"...Desde aquel momento, a lo largo de todo el siglo V a. C. y en las primeras décadas del siglo IV a. C., a través de la interpretación cultural de sus restos materiales contextualizados, podemos definir aquella sociedad, definitivamente configurada. Frente a la monarquía sacra, propia del periodo orientalizante, se define ahora con total claridad una aristocracia de rango caballeresco (tumbas tumulares, esculturas ecuestres) que, en su propio modo de vestir y adornarse (peinado, anchas placas de cinturón, joyeros, posesión de armas) y en la realización de actos sociales ritualizados (bebida en común, banquete regalo) expresaban la posesión del citado rango caballeresco. Una sociedad con plena personalidad, la ibérica, pero encuadrable, sin ser ello contradictorio, en el esquema aristocrático mediterráneo."[193]*

Las grandes sepulturas tumulares de las necrópolis ibéricas sobre todo las de Galera, con sus grandes ajuares formados por importaciones cerámicas griegas así como de otros objetos de prestigio, con sus grandes decoraciones como la zapata con voluta jónica del famoso sepulcro Nº 75 de Galera o los pavimentos decorados de la sepultura Nº 2 tienen un claro referente en el riquísimo repertorio de cámaras funerarias que encontramos en Etruria[194]. Las decoraciones de las necrópolis de Cerveteri o Tarquinia, nos dan una imagen mucho mejor conservada y compleja de lo que pudo ser el despliegue realizado en el funeral de un aristócrata ecuestre del ámbito ibérico.

El reciente descubrimiento de un *pebble mosaic*[195] en uno de los sepulcros de la necrópolis conquense de Iniesta[196], seguramente el primer mosaico figurado de territorio peninsular, nos proporciona uno de los mayores documentos arqueológicos y nos permite, en espera de una publicación más profunda al respecto, ampliar el repertorio ornamental de los espacios funerarios indígenas. Este tipo de formas de pavimentación cuyos orígenes se encuentran en regiones orientales y microasiáticas como Siria y Gordion, tendrán en algunas zonas de los yacimientos castulonenses[197] otro de los focos de desarrollo.

Todas las morfologías de los monumentos funerarios, como marcadores espaciales (exceptuando las cámaras funerarias que son contenedores más que marcadores) de los

---

[192] TORELLI, M (1985): *L'arte degli etruschi*. Roma.
[193] BLÁNQUEZ, J. (1996): op cit. pg. 230.
[194] Un profundo estudio sobre la decoración figurada en esta clase de construcciones etruscas lo tenemos en el reciente estudio publicado por NASSO, A. (2004): *Architecture dipinte*. L'Herma de Scheider. Roma
[195] DUNBABIN, K.M.D. (1999): "Origins and pebble mosaic". En *Mosaic of the greek and roman world*. Cambridge University Press. 5-17.
[196] VALERO TÉVAR, M.A. (2005): op cit. En CELESTINO PÉREZ, S. Y JIMÉNEZ ÁVILA, J. (Eds.): *El Periodo Orientalizante*. Vol. 1. Anejos de ArEspAr. XXXV. 619-635.
[197] ORTEGA CABEZUDO, M. C. (2005): op cit. BLÁZQUEZ, J.M. Y GARCÍA-GELABERT, M. P. LÓPEZ PARDO, F. *Cástulo* V. 237 ss.

enterramientos que fueron poseen, además de su significado simbólico, un marcado carácter litúrgico como elemento clave en la realización de rituales de enterramiento exequias y seguramente también rituales de conmemoración. El carácter narrativo y monumental de muchas de estas tipologías también se explica por su uso como escenario físico de los celebrantes del rito, las escenas muchas de ellas con un alto contenido dramático estaban destinadas a perpetuar la memoria seguramente con rituales del tipo de recreación de acontecimientos míticos. El sentido dramático de muchos de los conjuntos funerarios, nos induce a pensar en que eran parte integrante del rito, una especie de escenario donde representar los rituales destinados a rememorar algún acontecimiento relacionado con la fundación o el establecimiento mítico de una dinastía en un núcleo. La representación de tradiciones míticas por medio de los rituales funerarios, ya bien sean de enterramiento o celebración, están ampliamente documentados en el ámbito griego[198] y púnico[199]. El hallazgo de un conjunto escultórico tan expresivo como el del Pajarillo, nos indica las más que probable existencia de cultos heroicos, cuya representación en santuarios extra-urbanos y también en monumentos funerarios como los turriformes o los pilares-estelas, mediante la realización de rituales periódicos, serviría como forma de identificación ideológica entre la comunidad de individuos que habitaron un territorio y determinado episodio épico o mitológico. Sería lógico pensar en que estos monumentos tendrían una función metafórica, como escenario para la recreación de rituales que sirvieran para la cohesión de una determinada comunidad, por medio de la celebración de determinados episodios recogidos en la tradición popular. El llamado "paisaje de las necrópolis ibéricas" puede ser interpretado como un espacio sagrado, un escenario para el contacto con las divinidades y los antepasados heroicos con los que una determinada comunidad se identifica por medio de una liturgia preestablecida[200].

Por último nos gustaría incluir, en este episodio, referente a cuestiones morfológicas, un apartado referido a las técnicas de tallado y ensamblado de los diferentes elementos constructivos de algunos monumentos funerarios ibéricos. La isonomía[201] en los bloques constructivos, que a partir de algunos ejemplos del siglo VI a. C. como Pozo Moro podemos denominar plenamente como sillares. Este tipo de bloques paralelepípedos supone uno de los adelantos técnicos en la arquitectura de la península ibérica en la antigüedad. Seguramente su introducción se deba a la acción de las comunidades fenicias occidentales en algunos de cuyos sepulcros podemos apreciar la utilización de este tipo de paramentos. En cámaras sepulcrales como las de Trayamar (Málaga)[202], fechadas a lo largo del siglo VII a. C. es donde tenemos documentadas por primera vez la utilización de sillares de este tipo en nuestro territorio. Sin querer entrar en debates más profundos sobre la generalización de esta técnica en el Mediterráneo,

---

[198] Por citar algún estudio clásico al respecto GARLAND, R (1985) *The Greek way of death.* Londres.
[199] GSELL; St. (1920): *Hisioire Ancienne de l'Afrique du Nord.* Vol IV. Paris. En él se realiza una interpretación simbólica de los monumentos funerarios del área púnica norteafricana.

[200] Para cuestiones relacionadas con los rituales funerarios ibéricos MONEO, T. (2003): *Religio ibérica. Santuarios, ritos y divinidades.* RAH. Madrid. 402-422.
[201] Un reciente trabajo ha introducido algunas cuestiones sobre la sillería ibérica cordobesa, que pueden servir como punto de partida para otros ámbitos. PRADOS, F. (2004): "Análisis de la presencia de técnicas arquitectónicas mediterráneas en contextos ibéricos de la provincia de Córdoba: los sillares almohadillados". *AnArCordobesa.* 15. 131-143.
[202] Sobre esta famosa necrópolis fenicia de la costa malagueña: COSTA, B & FERNÁNDEZ, J.H. (Eds.) (2001): *La colonización fenicia en Occidente: estado de la investigación a comienzos del siglo XXI.* XVI Jornadas de arqueología fenicio-púnica. Ibiza.
RAMOS SANZ M. L. (1990): *Estudio sobre el ritual funerario en las necrópolis fenicias y púnicas ene la península ibérica.* Universidad Autónoma de Madrid.

lo que si resulta cierto es que según las pruebas arqueológicas la utilización de estas técnicas constructivas en el contexto de los monumentos funerarios ibéricos se debe fundamentalmente a la introducción de modelos fenicio occidentales[203].

Sobre las técnicas de extracción y preparación de los bloques constructivos y el trabajo general de cantería en el mundo ibérico existe un único trabajo firmado por R. Castelo[204], a él nos remitimos para cuestiones relacionadas sobre este tema específico. Una mayor atención merecen las cuestiones relativas al instrumental y las técnicas empleadas para la talla de los bloques arquitectónicos. La reconstrucción de los materiales e instrumentos utilizados por los artesanos ibéricos tiene un hito en los trabajos de Negueruela sobre el conjunto escultórico de Porcuna[205]. A partir de marcas inscritas en los diferentes bloques de piedra, Negueruela reconstruye un tipo de instrumental compuesto fundamentalmente por cinceles, martillos, taladros y herramientas de abrasión y pulido. Así mismo nos indica una serie de técnicas como el lijado o pulimentado, la perforación con taladro o el retoque final por medio de una capa de color, muy parecidas a las que por esas mismas fechas (S V a.C.) se utilizaban en los talleres escultóricos de Grecia[206].

Un problema también complejo es el referente a la utilización de grapas constructivas, realizadas en diversos metales fundamentalmente hierro, en algunos de los monumentos funerarios de ámbito ibérico. Tenemos documentados una serie de elementos arquitectónicos, restos de grapas o sillares o elementos de decoración arquitectónica que nos indican la utilización de esta técnica para fijar elementos constructivos.

En Lobo (Lezuza)[207] se han documentado tres ejemplos de grapas constructivas, en El Llano de la Consolación (Albacete)[208] (Lám. 10) tenemos documentados varios ejemplos de grapas de por lo menos cinco tipologías distintas, lo que nos indica un desarrollo muy amplio en la utilización de esta técnica. Para la construcción del monumento turriforme de Pozo Moro se emplearon sillares con mortajas para grapas constructivas en forma de (Y). En los Villares de Hoya Gonzalo uno de los sillares que forma el arranque con la forma de un casco de caballo lleva una mortaja de grapa en forma de (Y). En el Cigarralejo (Mula, Murcia) tenemos perfectamente documentados una serie de sillares con mortajas y grapas constructivas[209]. De Osuna proceden varios sillares con decoración escultórica con mortajas de grapas constructivas (de los tipos de "cola de milano", en forma de (Y) y en forma de (T)) y en Pino Hermoso también se han documentado restos de grapas constructivas[210].

---

[203] Sobre la introducción de técnicas de construcción procedentes del mundo semita occidental en la península ibérica de DÍEZ CUSI, E. (1996): *La influencia fenicia en la arquitectura ibérica*. Univ. Valencia. Tesis Doctoral depositada en la Universidad de Valencia.

[204] CASTELO RUANO, R. (1995): "Técnicas y materiales constructivos". En *El mundo ibérico: una nueva imagen en los albores del año 2000*. Catálogo de la exposición. Servicio de Publicaciones de la Junta de Comunidades de Castilla-La Mancha. 133-143.

[205] Un primer avance de estudio sobre la materia lo tenemos en NEGUERUELA, I. (1990-91): "Aspectos técnicos de la técnica escultórica ibérica en el siglo V a.C.". *Lucentum*. IX-X. 77-83.

[206] Para una visión general sobre las técnicas de escultura en el mundo griego:
ADAMS, S. (1967): *The Tecnique of Greek Sculpture*. London.
BLÜMEL, C. (1927): *Griechische Bildhauerarbeit*. Berlin. Edición inglesa en 1955. Londres.

CASSON, S. (1970*)*: *The Tecnique of early greek scuplture*. New York.

[207] Datos extracto de CASTELO RUANO, R. (1995): *Monumentos funerarios del sureste peninsular: elementos y técnicas costructivas*. Ed. Universidad autónoma, Monografias de Arquitectura ibérica.

[208] VALENCIANO PRIETO, Mª C. (2000): *El Llano de la Consolación (Montealegre del Castillo, Albacete): Revisión crítica de una necrópolis ibérica del Sureste de la Meseta*. Instituto de Estudios Albacetenses "Don Juan Manuel". Dipt. de Albacete.

[209] CUADRADO, E. (1984): "Restos monumentales funerarios de El Cigarralejo". *Trabajos de Prehistoria*. 41. Madrid.

[210] Estos últimos ejemplos fueron analizados por M. Almagro Gorbea en su trabajo sobre el monumento de Pino Hermoso.

Así mismo en una de las molduras arquitectónicas del supuesto monumento funerario de *Castulo*[211] (Lám. 6) también se documenta el hueco de una grapa con forma de (T) pero de brazos curvos, seguramente el hueco de unión entre la moldura y una pieza con forma de capitel de volutas cuyo negativo se conserva en la pieza.

La historiografía tradicional sobre la arquitectura en la antigüedad[212] suele apuntar al mundo griego arcaico como el iniciador de este tipo de método de técnica constructiva mediante el empleo de grapas metálicas. Las tres tipologías principales de grapa arquitectónica que se dan en el mundo ibérico son las mismas que aparecen con más frecuencia en la Grecia clásica a partir del siglo V a. C. es decir la grapa tipo cola de milano y las de forma en (T) e (Y). Martín Almagro Gorbea, en su trabajo sobre el monumento de Pino Hermoso[213] (Orihuela), propone una cronología para las grapas constructivas en forma de (T) de entre el siglo V a. C. y el siglo III a. C. ; en clara contraposición con la posible fecha de erección de los fragmentos monumentales de Osuna que suele situarse entre los siglos III y I a. C. dependiendo del fragmento[214], uno de cuyos sillares conservado en el Museo del Louvre sirve de referencia para dicho autor. Aceptando esa cronología, que nos parece correcta ya que en ninguno de los supuestos sillares con mortaja o grapa se puede dudar de una cronología posterior al primer cuarto del siglo V a. C., podríamos teorizar a favor de una influencia técnica del mundo griego en la arquitectura ibérica.

Más polémica resulta la interpretación de algunos casos particulares como el de las grapas constructivas en forma de (Y) que se han documentado en algunos sillares perteneciente al monumento turriforme de Pozo Moro. La discusión acerca de la cronología de la construcción del famoso sepulcro ya ha sido tratada con anterioridad en este mismo trabajo por lo que no vamos ha hacer otra vez hincapié en la misma. Lo que sí queremos hacer resaltar es que si aceptamos una cronología antigua para Pozo Moro, con todo lo que eso conlleva tanto en fechas de erección como en el origen del diseño, resulta del todo imposible pensar en la posibilidad de que la introducción de la técnica de ensamblado de bloques mediante grapas constructivas en forma de (Y), las documentadas en el caso de Pozo Moro, se deba a la influencia de ideas arquitectónicas griegas. Incluso si tomamos una cronología más moderna, a principios del siglo V a. C., acorde con el ajuar funerario asociado al monumento, resulta muy difícil no pensar en la utilización paralela de procedimientos constructivos similares en otros ámbitos del Mediterráneo al mismo tiempo que se desarrollaba en el mundo griego arcaico y clásico. En cualquier caso queda esta cuestión abierta para futuros debates que puedan documentar los orígenes de estas y otras técnicas constructivas.

Las grapas en forma de "cola de milano" tienen su origen en el mundo oriental, probablemente en Egipto y su uso está probado desde el II milenio a.C.[215] en numerosas culturas.

ALMAGRO-GORBEA. MARTÍN & RUBIO, FEDERICO (1980). "El monumento ibérico de "Pino hermoso". Orihuela (Murcia). Trabajos de Prehistoria. 37.pp 345-362
[211] LUCAS PELLICER Y RUANO RUIZ (1990): "Sobre la arquitectura ibérica de Cástulo (Jaen): reconstrucción de una fachada monumental". *ArchEspArq*. 63. 43-64.
[212] MARTIN, R. (1965): *Manuel d'architecture greque, I: Materiaux et techniques*. Paris.
[213] ALMAGRO-GORBEA. MARTÍN & RUBIO, FEDERICO (1980). "El monumento ibérico de "Pino hermoso". Orihuela (Murcia).*TP*. 37. 345-362.
[214] BELTRÁN, J. Y SALAS, J. (2002): "Los relieves de Osuna". En CHAVES TRISTÁN F. (Ed.): *Urso: a la búsqueda de su pasado*. Osuna. 238 ss.

[215] CASTELO RUANO, R. (1995): "Técnicas y materiales constructivos". En *El mundo ibérico: una nueva imagen en los albores del año 2000*. Catálogo de la exposición. Servicio de Publicaciones de la Junta de Comunidades de Castilla-La Mancha. 133-143.

En Grecia este tipo de técnica de construcción presenta una cronología muy amplia que va desde el siglo VII a.C. hasta el II a.C. introduciéndose en la tradición arquitectónica romana donde se utilizó hasta época augustea[216].

La utilización de uniones verticales, denominadas clavijas o espigas, está documentada en algunas piezas procedentes del Llano de la Consolación[217], la utilización de este tipo de ligazones para los sillares de gran tamaño está documentada en el ámbito griego desde época arcaica.

ANÁLISIS DE LOS INFLUJOS ORNAMENTALES

Independientemente de la forma constructiva que pueda tener determinado edificio o monumento, existen una serie de tipos decorativos que sirven como ornamentación de los mismos. Estos pueden ser figurados o no, tener asociados un significado iconográfico concreto, o simplemente tener vagas connotaciones que apenas podríamos percibir cuando ya han transcurrido tantas centurias desde su abandono. En este breve apartado vamos a hacer referencia a aquellas ornamentaciones, que procedentes de intervenciones documentadas, pueden interpretarse como elementos arquitectónicos dedicados a la decoración de las tipologías funerarias arriba analizadas. Esto significa que deliberadamente vamos a dejar fuera del corpus seleccionado, una importante cantidad de piezas que, como resulta norma general al tratar este tipo de objetos en el mundo ibérico, carecen de la contextualización estratigráfica o morfológica necesaria como para ser asignada de manera probable a un monumento funerario, esto se traduce en una reducción sensible del cupo de piezas que vamos a utilizar en nuestro análisis. Esta merma voluntaria en nuestro campo de estudio se explica más fácilmente si tenemos en cuenta la tendencia generalizada, en la investigación ibérica actual a tildar de funerario a todo resto arquitectónico de cierta monumentalidad sin un contexto arqueológico claro. Esa tendencia, basada en la interpretación apriorística de muchas piezas, ha sido motivo de algunas discusiones sobre algunos de los conjuntos monumentales más destacados del mundo ibérico, sobre todo a raíz de la publicación del Santuario del Pajarillo (Huelma, Jaén) [218] descubrimiento por el que los investigadores hemos tomado verdadera conciencia que muchas de las piezas que tradicionalmente se consideraban como de tipo funerario podrían pertenecer a otra clase de ámbitos no relacionados con una necrópolis o un enterramiento monumental. Además de todo esto debemos de tener en cuenta que otros motivos decorativos presentes en la plástica arquitectónica ibérica tampoco van a ser utilizados en este trabajo por considerarlos lo suficientemente originales como para ser considerados como surgidos de la propia tradición local de los talleres nativos. Tal pudiera ser el caso del famoso Capitel de las damitas de Corral del Saus (Valencia)[219](Fig. 7), un tipo de decoración que me parece original del ámbito local y para la que me parece demasiado forzado el referente del

---

[216] DURÁN CABELLO, R. (1990): "Sobre el *opus quadratum* del teatro romano de Mérida y las grapas constructivas de sujeción". *Cuadernos de Arqueología y Prehistoria de la Universidad Autónoma de Madrid*. N° 17. 91-120.
[217] VALENCINO PRIETO, M.C. (1999): op cit. pg 135.

[218] MOLINOS, M, et Alii (1994): *El santuario heroico de El Pajarllo, Hulema*, Jaén, Universidad de Jaen.
[219] IZQUIERDO PERAILE, I. (2000): *Monumentos funerarios ibéricos: los pilares estela*. Trabajos varios del SIP. Dipt. de Valencia.

Templo A de Prinias (Creta)[220]. La originalidad del arte ibérico en este sentido, hace que tengamos problemas a la hora de encajar términos que proceden del estudio de los elementos de decoración clásica en una cultura protohistórica como la ibérica. Esta terminología esta diseñada como respuesta a una tradición plástica eminentemente canónica, como lo es la griega clásica (y por extensión la romana) pero en el caso de la cultura ibérica, hemos de ser lo suficientemente flexibles como para prever cierta ambigüedad en la aplicación de los términos que se suelen utilizar a la hora de analizar la decoración arquitectónica de otras culturas mediterráneas. Los elementos compositivos de las molduras o los capiteles clásicos, que se suelen enmarcar en modelos perfectamente distribuidos según los cánones de la arquitectura griega y romana, serán arbitrariamente adaptados por los artesanos y escultores ibéricos incluyendo, repitiendo o coartando las distintas tipologías sin responder a los estrictos patrones que posee la arquitectura clásica.

(Fig. 7) El llamado capitel de las damitas (Corral del Saus). Museo de Prehistoria de Valencia dibujo del autor.

En este apartado vamos a hacer referencia a aquellas decoraciones figuradas, que sin representar escenas narradas o iconografías más o menos complejas, sirvieron para ornamentar los monumentos funerarios para los que fueron producidos. Son en su mayoría motivos basados en la combinación de diversos elementos geométricos, pero su composición puede ser muy compleja e incluir varios elementos.

Ya hemos hecho referencia en la introducción de este trabajo a la manera en que los talleres de los artesanos trabajaban en la antigüedad y a la forma en la que se introducen las variaciones en los diversos programas decorativos de las manufacturas producidas por estos. Siguiendo este esquema de comportamiento, al iniciar este análisis nos encontramos con la necesidad de dar una primera interpretación al fenómeno de la introducción de formas ornamentales de tradición mediterránea en los monumentos producidos para las aristocracias ibéricas. ¿Cómo podemos explicar la introducción de decoraciones foráneas si el artesanado funciona en base a un esquema tan conservador y en un ámbito tan poco susceptible a cambiar las tradiciones como el funerario? la clave de esta cuestión podría estar en los comitentes de dichos monumentos, los aristócratas y príncipes ibéricos que actuaban como receptores de la inmensa mayoría de los productos y de todos los beneficios de las redes comerciales establecidas con los navegantes mediterráneos[221]. Poco a poco el contacto con estas gentes hizo que al igual que se importasen una serie de costumbres o usos culturales, asociados a determinados productos de importación que encontramos en esos mismos

---

[220] Recogido en IZQUERDO PERAILE, I. (2000): op cit. 219.

[221] Encontramos una hipótesis de interpretación general en OLMOS, R. (1991): "Apuntes ibéricos. Relaciones de la elite ibérica y el Mediterráneo en los siglos V y IV a.C. TP 48. 299-309.

enterramientos[222], se importasen también algunas de las formas artesanales que reflejadas en los productos del comercio se expandieron por todo el mediterráneo antiguo desde los principales centros del mediterráneo oriental.

Aquellos que solicitaban este tipo de innovaciones ornamentales pudieron seguramente lo hicieron como vía de expresión de diversas connotaciones, como por ejemplo la de ser el principal redistribuidor de los productos de importación en una determinada zona, o el prestigio de copiar a un artesano foráneo que trabaje para un potentado nativo como parte de los acuerdos de intercambio comercial que se establecían entre los dirigentes políticos de la antigüedad. Además, la utilización de determinados elementos ornamentales al gusto de un determinado aristócrata condicionará al resto de su linaje que seguramente tratará de imitarlo como medio de prestigiar y validar su preeminencia en un núcleo o región, objetivo que muchas veces se logra a través de la imitación de formas artísticas utilizadas por sus antepasados. El mundo antiguo está salpicado de ejemplos que vienen a confirmarnos este respecto[223].

La interpretación semiótica de este tipo de elementos ornamentales debe ser uno de los referentes ineludibles para entender de una manera más completa (o lo que es lo mismo más compleja) el auténtico sentido de la utilización de unas formas ornamentales u otras. De otra manera, y como se ha producido de manera generalizada en las investigaciones iniciadas por aquellos arqueólogos que desde una formación clásica han abordado la influencia de las culturas clásicas mediterráneas[224], estamos cometiendo el error de extrapolar metodologías que parten de presupuestos directamente traídos de la Teoría de la Estética. Tratar de entender estas manifestaciones ornamentales en el mundo ibérico como simples productos estéticos sería similar a afirmar que el artesanado dependiente de un príncipe levantino, ejecutaba sus producciones en base a criterios puramente decorativos, lo cual supone algo absolutamente indemostrable, por lo menos con los datos arqueológicos y filológicos de los que disponemos. La estética ornamental que se da en la arquitectura funeraria ibérica tiene una función eminentemente comunicativa, y por lo tanto su contenido es semántico. Pero las connotaciones que tuviera asociada determinada forma decorativa no pueden ser interpretadas de manera muy concreta, hemos de ir acotando su significado en base a afirmaciones que puedan sustentarse desde una argumentación basada en criterios arqueológicos adecuados. Una línea parecida a la aquí planteada ha sido iniciada por Ricardo Olmos en la interpretación de una iconografía figurada ibérica[225], con excelentes

---

[222] El caso más interesante lo tenemos documentado en los silicernia detectados en la Necrópolis de Los Villares de Hoya Gonzalo (Albacete) BLANQUEZ PEREZ, J. (1996): "Caballeros y aristócratas del siglo V a. C. en el mundo ibérico" en *Coloquio internacional; Iconografía ibérica, iconografía itálica: propuestas de interpretación y lecturas.* Universidad Autónoma de Madrid. Serie Varia 3. 211-234.

[223] Muy recientemente se ha publicado un pequeño pero interesantísimo trabajo donde se reflexiona acerca de esta búsqueda de legitimación política mediante la imitación del pasado. BENDALA, M. (2003-2004): "Memoria histórica, tradición y legitimación del poder: un aspecto relevante". *Boletín de la asociación de amigos de la arqueología.* 46. Madrid.

[224] Por citar algunos de los estudios clásicos en esta línea de investigación:
BLANCO, A (1960): Die Klassischen Wurzeln der iberischen Kunst. *MM.* 110-121.
LANGLOTZ, E. (1966) : *Die Kulturelle und künstleriche Hellenisierung del Küsten der Mittelmeers durch die Stadt Phokaia.* Colonia.
TRILLMICH, W (1975): "Ein Kopffragment aus Verdolay bei Murcia. Zur Problematik iberischer Grossplastik auf Gruñid griechischer Vorhilder". *MM.* 15. 208-245.

[225] OLMOS, R. (1990): Nuevos enfoques y propuestas de lectura en el estudio de la iconografía ibérica", En VILA, A. (Ed.): *Nuevos enfoques en Arqueología,* Madrid, 209-230.
- (1996): Metáforas de la eclosión y del cultivo, *Archivo Español Arqueología,* 69, 3-16.
- (1998): Naturaleza y poder en la imagen ibérica, C. Aranegui (ed.), *Los Iberos, príncipes de Occidente,* Barcelona, 147-157.
- (2000): El vaso del "Ciclo de la Vida" de Valencia: una reflexión sobre la imagen metamórfica en época iberohelenística, *AEspA,* 73. 59-85.

resultados a la hora de obtener un modelo propio de interpretación de la iconografía cerámica y escultórica ibérica desde un punto de vista de la propia significación autóctona de los contenidos representados, aunque muchas veces bajo formas conceptuales identificables con otros ámbitos del Mediterráneo antiguo.

Siguiendo estas pautas interpretativas, a través de la plausible vinculación de valores, conceptos y connotaciones a piezas ornamentadas con un contexto arqueológico determinado podemos intentar realizar ensayos de lectura semántica de la decoración arquitectónica y lograr extraer aquellos elementos que realmente se han transmitido desde ámbitos mediterráneos, griegos, orientales, helenísticos o púnicos; de aquellos otros que simplemente suponen un paralelo morfológico, del que solo podremos extraer conclusiones puramente estéticas, que serían muy interesantes desde el punto de vista de la teoría de la estética moderna, pero no así en el marco de los arquitectos y artesanos protohistóricos que no elaboraban conceptualmente los motivos con los que decoraban sus estructuras más que en su capacidad comunicativa, en su contenido semántico.

Un punto de arranque de nuestro análisis debe partir de los marcos espaciales donde se van a desarrollar esos motivos ornamentales. La molduración[226] es una tipología ornamental que sirve para distinguir unos elementos de otros dentro de la superficie arquitectónica, sería pues la forma de enmarcar diversos elementos o de distinguir entre elementos, que tienen una connotación remarcable, de otros que no la tienen. De esta manera la moldura es una especie de elemento de estructuración, una especie de matriz sobre la que se distribuyen los diversos componentes de una construcción. La molduración, como forma del lenguaje arquitectónico aparece en la arquitectura oriental en Egipto aproximadamente en el tercer milenio a. C. para extenderse de manera progresiva por todo el mediterráneo.

En el ámbito local serán los arquitectos, al servicio de los príncipes ibéricos para la construcción de monumentos funerarios, los que aplicarán de forma sistemática este tipo de estructura arquitectónica. La absoluta falta de referentes válidos en las tradiciones arquitectónicas indígenas debería servirnos como argumento válido para considerar la introducción de este tipo de técnica ornamental desde focos exógenos, fundamentalmente orientalizantes como fuente de origen de la moldura en la arquitectura funeraria ibérica. Pero será con la influencia decisiva del arte procedente de las costas de la Jonia, cuando la molduración alcance su verdadero significado en el arte ibérico.

Una posible interpretación de la molduración sería la de dotar al conjunto arquitectónico de una armonía geométrica, la *euritmia*, vitrubiana proporcionando un "*...bello y grato aspecto que resulta de la disposición de todas las partes de la obra...*"[227]. Pero esta interpretación sería aplicable al modelo clásico, en el que la proporción y la simetría, suelen guiar el diseño de los arquitectos. La arquitectura monumental ibérica, en sus contextos funerarios y

---

- (2002): Los grupos escultóricos del Cerrillo Blanco de Porcuna (Jaén). Un ensayo de lectura iconográfica convergente, *Archivo Español de Arqueología*, nº 75, 107-122.

[226] Sobre la tipología y sistematización de la molduración en el mundo antiguo podemos consultar:
SHOE, L.T. (1936): *Profiles of Greek mouldings*. Paris.
- (1952): *Profiles of Western Greek mouldings*.

[227] *Los diez libros de la arquitectura*. M.L. Vitrubio. (Capítulo I, Libro II). Traducción y notas de BLANQUEZ, A. (2000). Ed. Iberia. Obras Maestras.

en otros ámbitos no se preocupa por conseguir esa simetría más que por la propia lógica de la estructura y su sustentación. El ojo del diseñador ibérico no está tan preocupado en la adecuada simetría del diseño como el del arquitecto de tradición clásica. No podemos afirmar que el fenómeno de la molduración en el mundo ibérico responda a otra función que la de distribuir el espacio arquitectónico en varios planos.

En la "tradición edilicia" ibérica, si existe algún tipo de moldura relacionada con esta clase de monumentos esa es sin duda la gola. La gola, como forma de crear una cornisa que sirva de plataforma o marco a otros elementos del monumento, cuenta con variados ejemplos dentro del mundo ibérico[228]. Ya Almagro Gorbea ha estudiado en varias ocasiones el origen y el desarrollo de este tipo de moldura, así como su desarrollo en el ámbito mediterráneo, a través del mundo orientalizante, griego y etrusco, hasta su aparición en la Península Ibérica[229]. Más precisión en este análisis, muestra I. Izquierdo Peraile, quien en su reciente síntesis sobre los monumentos funerarios tipo pilar-estela[230] realiza, una profunda revisión de los paralelos mediterráneos de la gola ibérica. Esta autora, que reitera la idea de un origen egipcio, precisa más su análisis incluyendo una revisión de las diferentes versiones de la gola establecidas en el Mediterráneo dando los referentes griegos, magnogriegos, etruscos y púnicos que mas se adaptan a los modelos ibéricos. Pero puntualiza de

manera, muy interesante y acertada en nuestra opinión, que los referentes más próximos a este tipo de golas se encuentran en los altares de inspiración semita, excavados en centros de filiación fenicio-púnica como Villaricos (Almería)[231], Trayamar (Málaga) o Rio Tinto (Huelva)[232].

Parece clara la filiación de este tipo de motivos a la acción de artesanos y escultores relacionados con la actividad de colonos y comerciantes fenicios y cartagineses y sus relaciones con los príncipes ibéricos de la etapa inicial (siglos VI y V a. C.). A favor de esta interpretación hemos de decir que todas las molduras de gola que se han catalogado en los diversos repertorios establecidos hasta la fecha tienen una función funeraria similar a la de los altares funerarios detectados en yacimientos como Villaricos (Almería). Además su cronología, a rasgos generales no parece sobrepasar los principios del siglo IV a. C., fecha en la que se produce un descenso significativo de los pilares-estela como marcador funerarios de las elites ibéricas, tipología arquitectónica a la que se asocian preferentemente este tipo de molduras[233].

El otro gran referente mediterráneo para las molduras o cornisas con forma de gola lo tenemos en algunos monumentos funerarios del Ática en época arcaica, en concreto el monumento de Lamptrai, coronado por un capitel en forma de caveto con filete de gola, con relieves decorativos

---

[228] Una primera aproximación a de elementos de este tipo la tenemos En ALMAGRO GORBEA, M. (1983): "Arquitectura y sociedad en la cultura ibérica". En *Architecture et société*. Paris. 387-414. Nos da un primer catálogo de este tipo de elementos a los que obviamente hay que añadir algunos otros publicados en fechas posteriores a la publicación del trabajo, como por ejemplo los ejemplares procedentes de la necrópolis del Cerrillo Blanco de Porcuna (Negueruela 1990).
[229] ALMAGRO GORBRA, M. (1987): "Los pilares-estela ibéricos". *Homenaje al Prof. Martín Almagro Basch*. Madrid.
[230] IZQUIERDO PERAILE, I. (2000): *Monumentos funerarios ibéricos: los pilares estela*. Trabajos varios del SIP. Dipt. de Valencia.

[231] En la exposición permanente del Museo Arqueológico Nacional se encuentran expuestos algunos de los ejemplos más significativos de este tipo de altares.
[232] Una visión de conjunto de este tipo de representaciones monumentales los tenemos en RAMOS SANZ, Mª L. (1990): *Estudio sobre el ritual funerario de las necrópolis fenicias y púnicas de la península ibérica*. Universidad Autónoma. Madrid. Entre sus figuras podemos ver representaciones de algunos de estos altares. Lams. 65-71-124.
[233] Almagro Gorbea piensa que la longitud de lado de las golas de pilares-estelas no suele sobrepasar los 100 cm. cuando estas sobrepasas esta longitud se las suele citar como procedentes de monumentoas turriformes.

con formas de ovas geométricas y rosetas de puntas estrelladas. Se trata de un conjunto fechado en 530 a. C.[234] que representaría una evolución muy elaborada de este tipo de molduras con decoraciones geométricas de filiación jónica, reelaboradas en el contexto de los últimos monumentos funerarios del Ática arcaica.

El influjo jonio arcaico, que se dejará sentir con mayor amplitud en otros tipos de decoraciones arquitectónicas, también alcanza a las cornisas en forma de gola, añadiendo un nuevo elemento de decoración, de clara raigambre jonia, la voluta. Este tipo de volutas de golas, interpretadas de esta manera desde la publicación de uno de estos elementos pertenecientes al pilar-estela de Coy (Murcia)[235] han sido documentadas en algunas necrópolis del sureste y supone una adaptación de formas decorativas grecorientales al soporte arquitectónico de la gola ibérica. Ejemplares como el de La Albufereta (Alicante)[236] o los cuatro ejemplares documentados en El Cigarralejo (Mula, Murcia)[237] (Lám. 14.1 y 18.4), prueban la adaptación de los escultores y arquitectos ibéricos a los influjos llegados desde las costas de Asia Menor. Un motivo de tanta raigambre oriental como es la gola evoluciona tipológicamente hacía formas más alargadas que puedan servir de soporte para este tipo de piezas de decoración arquitectónica. Esta evolución se puede observar en los perfiles de las golas de diversas cronologías, como por ejemplo el perfil vertical de la nacela de la gola de Pozo Moro fechable en el siglo VI a. C. (Lám. 14.4) pasando por la nacela de los ejemplares de Porcuna, databables en la primera mitad del siglo V a. C. hasta llegar a los citados ejemplares de Coy o Los Nietos (Murcia)[238] (Lám. 4 y Lám. 14.3) fechables entre finales del siglo V y finales del IV a. C. donde encontramos un alargamiento de la punta que conecta la nacela y el filete seguramente con el fin de dar soporte a las volutas (Lám. 18) que adornaron estos últimos ejemplos de gola en los momentos finales de la evolución de estilística de estos monumentos funerarios. En este último caso, en la necrópolis de Los Nietos se ha documentado un fragmento de voluta jonia (Lám. 18.2) que corresponde en nuestra opinión a una voluta de gola[239], de las del tipo que estamos analizando. Esta hibridación de formas constructivas, adaptadas al código local constituye uno de los rasgos característicos de la decoración arquitectónica ibérica.

El influjo jonio en las molduras y cornisas de los monumentos funerarios ibéricos tiene otro paso evolutivo en el pilar-estela de Monforte del Cid (Alicante)[240] (Lám. 14.2), donde encontramos una cornisa en forma de gola con un filete decorado con un pequeño friso de ovas. Aunque ya hablaremos en profundidad de los diversos motivos decorativos que utiliza la plástica arquitectónica, sí que hemos de mencionar que este tipo de cornisas nos están anticipando un tipo

---

[234] RICHTER, G.M.A. (1988): *Archaic Gravestones of Attica*. Bristol. Fig. 15.

[235] ALMAGRO GORBEA, M. (1983): "Arquitectura y sociedad en la cultura ibérica". En *Architecture et société*. Paris. 387-414. Fig. 2.

-(1983): "Pozo Moro. El monumento orientalizante, su contexto socio-cultural y sus paralelos en la arquitectura funeraria ibérica". *MM* 24, 177-293.

[236] En CASTELO RUANO, R. (1995): *Monumentos funerarios del sureste peninsular: elementos y técnicas costructivas*. Ed. Universidad autónoma, Monografías de Arquitectura ibérica.

[237] IZQUIERDO PERAILE, I. (2005): "¿Arquitectura? y escultura. *El Museo de Arte Ibérico El Cigarralejo de Mula: La colección permanente*. Región de Murcia. 135-162. Donde se especifica la posibilidad de interpretar otros 6 fragmentos de esta manera.

---

[238] LINAREJOS CRUZ PEREZ, M. (1990): *Necrópolis ibérica de Los Nietos (Murcia): Metodología aplicada y estudio del yacimiento*. Excavaciones Arqueológicas en España. 158. Ministerio de Cultura. pg 206.

[239] LINAREJOS CRUZ PEREZ, M. (1990): op cit. Fragmento arquitectónico núm. 10. fig. 199-200.

[240] ALMAGRO GORBEA, M. Y RAMOS R. (1981): "El monumento de Monforte del Cid (Alicante). Alicante". *Lucentum. V.* 45-63. (fig. 2).

de moldura directamente importando de otra de las formas estilísticas mediterráneas, el cimacio.

Pero antes de proseguir nuestro análisis y para recalcar uno de los conceptos enunciados al comienzo del presente capítulo hemos de definir brevemente que es lo que nosotros entendemos como cimacio (Lám. 13) en el mundo ibérico. Una definición canónica del cimacio, como forma de estructurar la moldura arquitectónica no nos será útil si la queremos aplicar tal cual al ámbito indígena peninsular. Tomando como punto de partida la estructuración que I. Izquierdo realiza de la gola ibérica presente en los pilares-estela[241], compuesta por tres elementos compositivos: baquetón, nacela y filete[242]. De estos tres elementos, obviamente el que más vinculado está al concepto de gola es la nacela, el que obligatoriamente debe estar presente en la moldura para ser considerada como tal. La ausencia de ese elemento por tanto será el único criterio que nosotros utilizaremos para realizar la distinción entre la gola y el cimacio. La solución más común será la sustitución de la nacela por un doble baquetón, que habitualmente irá surcado por algún tipo de decoración en relieve (fundamentalmente ovas), pero también aceptaremos como cimacios a aquellas piezas que no tengan una diferenciación tan clara entre estos elementos o que los tengan dispuestos de otra manera. Esta apreciación redunda en la idea de lo inapropiado que resulta el aplicar una terminología tan canónica a contextos tan eclécticos como el que nos ocupa. En lugar de intentar adaptar las piezas a la terminología, que a fin de cuentas no es más que una herramientas epistemológica, deberíamos procurar adaptar la terminología a las piezas, sobre todo teniendo en cuanta las coordenadas de la ornamentación ibérica.

Pese a las varias y meritorias (pero también insuficientes) recopilaciones de elementos arquitectónicos dentro de diversas áreas de la cultura ibérica[243] no existe ninguna recopilación de esta clase de elementos dentro del mundo ibérico por lo que vamos a realizar una enumeración de ejemplos de cimacios que podamos asignar con seguridad a contextos funerarios ibéricos[244]:

LLANO DE LA CONSOLACIÓN 1 fragmento de cornisa de este tipo y 5 fragmentos pertenecientes a piezas con decoración de ovas. [245]

EL CIGARRALEJO 2 fragmentos de cimacio[246] (Lám. 13.1).

---

[241] IZQUIERDO PERAILE, I. (2000): *Monumentos funerarios ibéricos: los pilares estela.* Trabajos varios del SIP. Dipt. de Valencia. pg 68. Fig 15. La autora denomina con el término capitel aquello que nosotros estamos denominando como moldura o cornisa, por parecernos un término más apropiado.
[242] Sobre este último elemento se dispone el remate escultórico en el esquema de la I. Izquierdo.

[243] ALMAGRO GORBEA, M. (1983): "Arquitectura y sociedad en la cultura ibérica". En *Architecture et société*. Paris. 387-414.
- (1983): "Pozo Moro. El monumento orientalizante, su contexto socio-cultural y sus paralelos en la arquitectura funeraria ibérica". *MM* 24. 177-293.

CASTELO RUANO, R. (1990): "Nueva aportación al paisaje de las necrópolis ibéricas. Paramentos con nicho ornamental y posibles altares en la necrópolis del El Cigarralejo (Mula, Murcia)" *CuPAUAM* 17. Universidad Autónoma de Madrid. 35-43.
- (1995): *Monumentos funerarios del sureste peninsular: elementos y técnicas costructivas*. Ed. Universidad autónoma, Monografías de Arquitectura ibérica.

IZQUIERDO PERAILE, I. (2000): *Monumentos funerarios ibéricos: los pilares estela*. Trabajos varios del SIP. Dipt. de Valencia

[244] El objetivo de este listado no es el de ser exhaustivo, pues la base documental es exclusivamente bibliográfica, pero si puede ser utilizado como plataforma desde la que iniciar una investigación monográfica en la materia.
[245] Mención aparte merece la gran moldura interpretada como basamento de un posible monumento turriforme. VALENCIANO PRIETO, Mª C. (1999): *El Llano de la Consolación (Montealegre del Castillo, Albacete): Revisión crítica de una necrópolis ibérica del Sureste de la Meseta*. Instituto de Estudios Albaceteños "Don Juan Manuel". Dipt. De Albacete. 171-200.
[246] .V.V.A.A. (2006): *El Museo de Arte Ibérico El Cigarralejo de Mula: La colección permanente*. Región de Murcia. Catálogo de la exposición permanente. 457. El otro fragmento figura en la enumeración de CASTELO RUANO (1995) Cuadro 26. 369.

LOS NIETOS 2 fragmentos de cimacio[247] (Lám. 13.2).

POZO MORO 1 cimacio[248]

LOS VILLARES DE HOYA GONZALO 1 fragmento de cornisa con forma de cimacio[249].

JUMILLA 2 fragmentos de cimacio[250]

CORRAL DEL SAUS 5 fragmentos de cimacio[251]

LA ALBUFERETA 1 fragmento de baquetón decorado con ovas[252].

Una interpretación ligera del cimacio como una evolución de las molduras con forma de gola me parece, desacertada tanto para el contexto ibérico como para el resto del Mediterráneo. Este tipo de cornisas y molduras, pese a contar con numerosos referentes en la arquitectura griega de época arcaica también tiene un origen oriental como demuestran algunos paralelos documentados como los capiteles de piedra del Templo 1 de la ciudad chipriota de Kition en sus niveles prefenicios (tardochipriota IIIA 1200-1050 a.C.)[253]. En realidad, aunque la moldura con forma de gola, suela ser documentada desde más antiguo, ambas tuvieron un desarrollo conjunto, hasta que el mundo griego introdujo el cimacio en su tradición ornamental arquitectónica pasando al mundo clásico donde se desarrolló con notable éxito.

Más bien la diferencia fundamental entre ambas tipologías arquitectónicas reside en los motivos con los que suele ir decorado. Uno de los que se suelen asociar a cronologías más antiguas es el de los relieves con forma de soga o cilindros de surcos helicoidales. Este motivo de marcado carácter orientalizante, tiene un claro referente en las columnas de fuste torsionado o salomónico de los templos de tradición fenicio-cananea como pudo ser el templo de Salomón, citado en las fuentes bíblicas. Ejemplos de la utilización de este motivo ornamental en la plástica funeraria ibérica, son los varios fustes de columnas de surcos helicoidales documentadas en El Cigarralejo[254] (Lám. 16.3), El Llano de la Consolación[255] (Lám. 16.4,5) y Cabezo Lucero[256] (Lám. 3 y Lám. 16.1,2). Una de las mejores referencias a este tipo de motivos la conservamos en la Biblia en referencia a la decoración del Templo de Salomón (I Reyes, 7, 16-18)[257], en concreto cuando se hace

---

[247] LINAREJOS CRUZ PEREZ, M. (1990): *Necrópolis ibérica de Los Nietos (Murcia): Metodología aplicada y estudio del yacimiento*. Excavaciones Arqueológicas en España. 158. Ministerio de Cultura. fragmentos 1,2 y 5. 206-207. fig 194.

[248] Aunque en este caso el cimacio se encuentra decorado por un baquetón con forma de soga, del que hablaremos más extensamente a continuación.
[249] Mencionado en CASTELO RUANO (1995). Cuadro 23. 368.
[250] GARCÍA CANO, J.M., (1997): Las necrópolis ibéricas de Coimbra del Barranco Ancho (Jumilla. Murcia). I. Las excavaciones y estudio analítico de los materiales. Murcia.
[251] IZQUIERDO PERAILE, I. (2000): *Monumentos funerarios ibéricos: los pilares estela*. Trabajos varios del SIP. Dipt. de Valencia. Incluye un estudio monográfico muy valioso sobre la necrópolis valenciana.
[252] Pese a que Almagro Gorbea lo considera como integrante de una gola ALMAGRO GORBEA, M. (1983): "Arquitectura y sociedad en la cultura ibérica". En *Architecture et société*. Paris. Nº 4. pag 408 del apéndice. Yo lo considero del tipo cimacio para diferenciarlo de la gola.

[253] KARAGEORGHIS, V. & DEMAS, M. (1985): *Excavations at Kition V. The Pre-Phoenicians Levels*. Nicosia.
[254] Siete fragmentos. Mencionado en CASTELO RUANO (1995). Cuadros 26 y 27. 369.
[255] VALENCIANO PRIETO, Mª C. (1999): *El Llano de la Consolación (Montealegre del Castillo, Albacete): Revisión crítica de una necrópolis ibérica del Sureste de la Meseta*. Instituto de Estudios Albaceteños "Don Juan Manuel". Dipt. De Albacete. 171-200. 4 fragmentos en el Museo de Albacete. Nºs Inventario: 3490, 3491, 3596, 3597. Mencionado en CASTELO RUANO (1995). Pag. 47.
[256] ARANEGUI, C. et Alii (1993): *La nécropole ibérique de Cabezo Lucero (Guardamar del Segura, Alicante)*. Collection de la Casa de Velásquez 41. Madrid-Alicante. CASTELO RUANO (1995). Cuadro 52. 376.
[257] Ya García y Bellido en su clásico estudio sobre el "Hercules Gaditanus" publicado en *Archivo Español de Arqueología* (1963) ponían en relación este supuesto templo con el supuesto templo de Melkart en Gadir.

referencia a la erección de columnas con capiteles para decorar el nuevo templo donde se consagraría el Arca de la Alianza:

"...Fundió dos columnas de bronce. Tenía cada una dieciocho codos de alto, y un hilo de doce codos era el que podía rodear a cada una de las columnas. No eran macizas sino huecas; el grueso de sus paredes era de cuatro dedos. Fundió capiteles de bronce para encima de las columnas, de cinco codos de alto el otro. Hizo para los capiteles de encima de las columnas reticulados y trenzados, trenzas a modo de cadenas, uno para cada capitel...[258]*"*

El texto bíblico nos indica que el artífice de esta decoración es un artesano de Tiro, Hiram, hijo de una viuda de la tribu de Neftalí y de padre natural de Tiro (I Reyes, 13). No es casual que ese tipo de decoración provenga de un ámbito como el tirio, vinculado a divinidades de tipo oriental. La simbología oriental de este tipo de ornamentación arquitectónica será irradiada por personajes como Hiram, arquitectos y artesanos desplazados desde la metrópolis fenicia hacia otros puntos del Mediterráneo, en este caso se trata de la corte del rey Salomón, pero no es muy difícil imaginar que personajes similares a Hiram llegasen a los asentamientos tirios del mediodía ibérico, introduciendo de esta manera estas formas arquitectónicas en los ambientes indígenas a los que fueron llevados.

La existencia de un santuario de Heracles-Melkart en tierras gaditanas pudo ser seguramente la forma de contacto de esta arquitectura en el ambiente hispano. El hecho de que el templo de Salomón fuese diseñado por un tirio, según las fuentes podría indicarnos que el aspecto arquitectónico de ambos templos debía de ser similar, y por lo tanto este sería uno de los principales centros de entrada de formas ornamentales semíticas en el occidente mediterráneo[259].

La más importante referencia a este motivo decorativo la tenemos en uno de los relieves que decoran el friso del monumento turriforme de Pozo Moro. En una de las escenas, se representa la hierogamia, del antepasado fundador de la dinastía con una divinidad femenina, pero en la esquina inferior izquierda de la escena, aunque el relieve se encuentre seccionado en esa zona, se aprecia el arranque de una columna con fuste de surcos helicoidales (Fig. 8). Su utilización como motivo decorativo en el mismo monumento (Fig. 9) no responde a una simple preferencia estilística del arquitecto o el escultor. En este caso el monumento se encuentra fuertemente vinculado a una divinidad de origen orientalizante, anterior a los panteones clásicos y de marcado carácter ctónico. Esa connotación seguramente la tuvo en todos los ejemplos de monumentos funerarios en los que fue utilizada, la referencia a un lugar de conexión, de comunicación con las divinidades primigenias, relacionadas con los cultos agrarios y de fecundidad. Enmarca lugares que sirven como conexión entre el mundo subterráneo y arcano de las divinidades ctónicas y el mundo de los mortales, seguramente con la misma simbología con la que se representa en otros lugares a la serpiente[260].

---

[258] Traducción de NACAR FUSTER Y COLUNGA CUETO, revisada por GARCÍA CORDERO, M (1969): *Sagrada Biblia*. Biblioteca de Autores Cristianos. Ed. Católica.

[259] GARCÍA Y BELLIDO, A. (1963): "Hércules Gaditanus", *Archivo español de arqueología*, 36. 70-156. Más reciente vid. MIERSE, W. E. (2004): "The Architecture of the Lost Temple of Hercules Gaditanus and Its Levantine Associations". *AJA*. 108. 4. 545-576.

[260] Un caso cercano lo tenemos en la escultura portadora de una serpiente que pertenece al conjunto de Porcuna. OLMOS

Como puede apreciarse en lo expuesto hasta ahora este tipo de decoraciones tienen una vinculación muy profunda en el mundo simbólico que se exporta desde el otro extremo del Mediterráneo hacia nuestras costas desde el Bronce Final eclosionando en el período orientalizante ibérico (S. VII-VI a.C.) e injertándose en la plástica ibérica que la reproducirá de acuerdo a su propio código iconográfico.

(Fig. 8) Relieve decorativo del Monumento de Pozo Moro con hierogamia MAN. Foto autor.

Otro motivo que suele aparecer con frecuencia en las molduras arquitectónicas de diversos monumentos funerarios son los frisos de ovas, representado en diversas piezas de Osuna[261], *Castulo*[262] (Lám. 6), Llano de la Consolación[263] (Lám. 12.3,6), Cabecico del Tesoro[264] (Lám. 12.1,2), El Cigarralejo[265], El Prado (Jumilla)[266] (Lám. 12.4), Los Nietos[267] (Lám. 4), La Albufereta[268] (Lám. 12.5), Cabezo Lucero[269]

(Fig. 9) Detalle de la ornamentación de una moldura en forma de cimacio del Monumento de Pozo Moro con surcos helicoidales MAN. Foto autor.

ROMERA, R (2002): " Los grupos escultóricos del Cerrillo Blanco de Porcuna (Jaén). Un ensayo de lectura iconográfica convergente". *AespA* 75, pp 107-122.

[261] Dos fragmentos de friso que decoran las molduras inferiores de dos metopas. BELTRÁN, J. Y SALAS, J. (2002): "Los relieves de Osuna". En CHAVES TRISTÁN F. (Ed.): *Urso: a la búsqueda de su pasado*. Osuna. 235-272. Figuras 7 y 8. Donde tenemos una puesta al día de la bibliografía así como nuevos datos sobre su contexto arqueológico.
[262] Un capitel de sección rectangular expuesto en el Museo Arqueológico de Linares. Su procedencia se atribuye a la necrópolis del Estacar de Robarinas y se fecha en el siglo IV a.C.
[263] Cinco fragmentos de friso. VALENCIANO PRIETO, Mª C. (1999): *El Llano de la Consolación*...Nº Inv. 1907/ 32/9-10-11 (MAN); 3439 y 3441 (M. de Albacete).
[264] CASTELO (1995). Fig. 21 (c, d, g) y Fig. 22 (g).
[265] Un friso que decora un cimacio contenido en el Museo de Arte Ibérico de Mula. V.V.A.A. (2005): *El Museo de Arte Ibérico El Cigarralejo de Mula: La colección permanente*. Región de Murcia. Catálogo de la exposición permanente. 457-459.
[266] Dos frisos que decoran un cimacio y la parte superior de un pilar. LILLO CARPIO, P.A. (1990): "Los restos del monumento funerario ibérico de El Prado (Jumilla, Murcia)". *Homenaje a Jerónimo Molina García*.134-161. Madrid. LILLO CARPIO, P.A. Y WALKER, M (1990): "The iberian monument of Prado (Jumilla, Murcia, Spain)". *Ancient Hellenism Greek Colonist and Native Populations*. 613-619. Sydney.
[267] Un friso que decora el cimacio LINAREJOS CRUZ PEREZ, M. (1990): *Necrópolis ibérica de Los Nietos (Murcia): Metodología aplicada y estudio del yacimiento*. Excavaciones Arqueológicas en España. 158. Ministerio de Cultura. 206-207. fig 194
[268] op cit. 149.
[269] Un fragmento de friso que decora un cimacio muy similar al de El Cigarralejo. ARANEGUI, C. et Alii (1993): *La nécropole ibérique de Cabezo Lucero (Guardamar del Segura, Alicante)*. Collection de la Casa de Velásquez 41. Madrid-Alicante.

Arenero del Vinalopó[270] y Corral del Saus[271]. Una conclusión muy clara puede hacerse de este pequeño corpus que acabamos de citar, la vinculación de este tipo de decoraciones a un tipo concreto de monumento funerario, el pilar-estela. Exceptuando los casos de Osuna y *Castulo* (Lám. 6), el resto de los ejemplos citados (aquellos que cuentan con unas mínimas garantías que permiten dotarles de un contexto arqueológico determinado) pertenecen a la decoración de sendos pilares-estela. I. Izquierdo[272], en su monografía sobre estos monumentos, recalca su vinculación a las aristocracias surgidas en el proceso de surgimiento de los *oppida* como centros del poder político de los diferentes territorios de las antiguas comunidades ibéricas. Sobre esta asociación incide el hecho de que hasta el momento, ninguno de los fragmentos atribuibles a posibles monumentos turriformes[273], contenga decoraciones con frisos de ovas o similares.

Las elites que adoptan el pilar-estela, deciden así mismo asumir la decoración de ovas como forma de adornar los marcadores funerarios en los que habrán de enterrarse. Los fragmentos de Osuna, pese a que no se pueden asociar en ningún caso a monumentos tipo pilar-estela, y aun admitiendo que pertenezcan a un momento posterior al desarrollo de estas elites aristocráticas (s. III-I a.C.) cuando la dominación romana de la península se estaba iniciando[274], también concuerdan con esta connotación aristocrática indígena que achacamos a los frisos de ovas. El relieve del llamado *tubicen* (Fig. 10), que representa a una figura masculina tocando un instrumento musical que se puede relacionar claramente con su utilización con fines militares como forma de emitir comandos a las tropas[275]. Esta referencia, puramente iconográfica de temas bélicos, unida a la interpretación general del resto de las imágenes que se representan en otros relieves nos indica claramente su filiación aristocrática, que concuerda con la lectura semántica que nosotros realizamos de esta tipología ornamental.

(Fig. 10) El relieve del *tubicen* procedente de Osuna (Sevilla). MAN.

ISABEL IZQUIERDO (2000): *Monumentos funerarios: los pilares estela.*(Lámina 43).
[270] Un friso que decora el filete de la gola que sirve de base para el remate escultórico de dicho monumento. ALMAGRO GORBEA, M. Y RAMOS R. (1981): "El monumento de Monforte del Cid (Alicante). Alicante". *Lucentum. V.* 45-63. Fig. 2.
[271] Cuatro frisos que decoran otros tantos fragmentos de baquetones. ISABEL IZQUIERDO (2000): *Monumentos funerarios: los pilares estela.*(Láminas 69 a 74). Trabajos varios del SIP. Valencia. CASTELO (1995). Pg. 261 Fig (d).
[272] Los hace en un apartado cuyo título no deja lugar a la duda *El monumento por excelencia de las aristocracias ibéricas.* 429-430. op cit 165.
[273] Tradicionalmente asociados a otro tipo de concepciones sociopolíticas de marcadas raíces orientalizantes.

[274] BELTRÁN, J. Y SALAS, J. (2002): "Los relieves de Osuna". En CHAVES TRISTÁN F. (Ed.): *Urso: a la búsqueda de su pasado.* Osuna. 243-244.
[275] GRACIA ALONSO, F. (2003): *La guerra en la protohistoria: héroes, nobles, mercenarios y campesinos.* Barcelona. Ariel.

Una referencia iconográfica que nos permite fundamentar de manera más profunda la vinculación de este tipo de decoraciones con el ámbito de las elites, la tenemos en una escena representada en un relieve hallado en el año 1985 en el entorno del santuario suburbano de Torreparedones[276]. Aunque debido a su contexto no se puede afirmar que perteneciese a la decoración de un monumento funerario, la escena que representa en la que aparecen dos individuos que parecen femeninos vestidas de túnicas, junto a una estructura con forma de columna acanalada y remate escultórico zoomorfo, es a nuestro juicio un motivo funerario que representa el cortejo fúnebre de un difunto cuyo marcador funerario es una estructura tipo pilar-estela. Las figuras humanas, vestidas con túnicas largas nos remiten a un contexto de clara vinculación a las aristocracias indígenas, nexo que aumenta si interpretamos que la estructura representada es un pilar-estela. En la esquina superior derecha arranca un friso de motivos vegetales que se inspiran claramente en una composición de ovas, aunque en este caso se acentúa su carácter vegetal esculpiendo los nervios de cada hoja.

Un motivo ornamental que aparece representado en otro tipo de moldura es el de las espirales vegetales o roleos, basados en la expansión de motivos relativos al concepto de palmeta. El corpus de este tipo de piezas en la plástica funeraria ibérica estaría compuesta representada en yacimientos como Osuna[277], *Cástulo*[278] (aunque no tienen un contexto arqueológico preciso) Cabezico del Tesoro[279], Los Villares de Hoya Gonzalo[280], El Cigarralejo[281] y Corral del Saus[282]. Rosario Lucas Pellicer y Encarnación Ruano Ruiz[283] en su reconstrucción de los dos famosos fragmentos arquitectónicos del Museo Arqueológico de Linares nos indicaron una serie de valoraciones sobre el origen de este tipo de decoraciones. Según las autoras: "*...Las palmetas, los lotos-lirios con roleos y tallos en capullo cuentan con una gran tradición desde la etapa orientalizante, especialmente en joyería y marfiles...No obstante, estas alusiones de analogía formal tienen solo el valor de antecedentes y prueban la personalidad y la distancia artística respecto al fragmento arquitectónico del Museo de Linares, a nuestro entender más próximo al estilo púnico helenizado que al fenicio u oriental en sentido estricto.*". Las autoras plantean una serie de referentes púnicos que ya hemos comentado en la línea de su interpretación de una nueva tipología funeraria monumental de raigambre púnica (Fig. 13).

---

[276] FERNÁDEZ CASTRO, Mª C. Y CUNLIFFE, B. (2002): *El yacimiento y el santuario de Torreparedones: Un lugar arqueológico preferente en la campiña de Córdoba*. BAR Intenational Series 1030. pg. 98, figura 7.

[277] Varios bloques de piedra con decoración tomados de la publicación de las excavaciones de Paris y Engel en Osuna (Engel, A. & Paris, P. (1999): *Una fortaleza ibérica en Osuna (Excavaciones 1903)*, Edición facsímil y traducción castellana, Estudio preliminar y traducción por Pachón Romero, J.A. & Pastor Muñoz, M. & Roulliard, P.)también en BELTRÁN, J. Y SALAS, J. (2002): "Los relieves de Osuna". En CHAVES TRISTÁN F. (Ed.): *Urso: a la búsqueda de su pasado*. Osuna. Figura 10.

[278] Dos fragmentos arquitectónicos expuestos en el Museo Arqueológico de Linares y publicados por LUCAS PELLICER Y RUANO RUIZ (1990): "Sobre la arquitectura ibérica de Cástulo (Jaen): reconstrucción de una fachada monumental". *ArchEspArq*. 63. 43-64.

[279] Varios fragmentos CASTELO (1995). Fig. 21 (e-j). Fig 22 (e-f).

[280] Un fragmento CASTELO (1995). Fig. 20 (a).

[281] Un capitel decorado. IZQUIERDO PERAILE, I. (2005): "¿Arquitectura? y escultura". *El Museo de Arte Ibérico El Cigarralejo de Mula: La colección permanente*. Región de Murcia. 135-162. Figura 17.

[282] Un cimacio decorado con motivos similares aunque más esquemáticos. IZQUIERDO (2000). Figuras 75 y 76.

[283] Op cir 173.

(Fig.11) Dibujo y fotografía de uno de los fragmentos perteneciente al posible *naiskos* de *Castulo*. Museo Arqueológico de Linares. Foto DAI-Madrid, dibujo según Ruano y Lucas (1990).

Un motivo que aparece relacionado con el que anteriormente hemos analizado es el de las grecas, motivo que se documenta en algunos casos en otras zonas de algunas de las piezas que acabamos de citar como el capitel decorado de El Cigarralejo[284] (Lám. 13.3) o en una pieza de la necrópolis del Cabecico del Tesoro[285] (Lám. 13.4). Un referente de primer orden para este tipo de motivos dentro de las concepciones funerarias ibéricas lo tenemos en los pavimentos de guijarros que representan estos motivos en algunas de las tumbas de las necrópolis ibero-romanas de *Castulo*[286], lugar donde también se documentan piezas que contienen decoraciones con espirales vegetales. Esta coincidencia física en varias piezas nos indica a pensar que en realidad estaban asociadas a connotaciones similares, tal vez esta diferenciación se deba a que las grecas son la geometrización, o si se prefiere, la abstracción sintética de motivos de clara vinculación vegetal como forma de expresar una idea similar por medio de formas más simples. Esta síntesis de motivos vegetales sería una copia más simple de los roleos o espirales vegetales, lo que facilitaría su talla por parte de los artesanos abaratando los costes al comitente de manera significativa por lo que obtenemos un recurso ornamental más ergonómico y que permite cumplir una función comunicativa similar a la de los motivos arriba comentados. La mezcla de ambos motivos pudo tener un significado propio que hoy se nos escapa, pero lo cierto es que resulta más que justificado argumentar a favor de la similitud de las connotaciones de ambos motivos.

El significado de esta clase de motivos es de claro origen orientalizante, su vinculación a conceptos como fecundidad, manifestación divina del origen de la vida[287], a la que claramente quisieron vincularse las aristocracias ibéricas como forma de dar un respaldo ideológico a su preeminencia social en las antiguas comunidades del mediodía y el sureste peninsular. Aceptando este origen conceptual entendemos que su representación plástica en los monumentos ibéricos está más en la línea de interpretación expuesta por Lucas y Ruano en el caso de los fragmentos castulonenses, entendemos que los contextos indígenas y los referentes mediterráneos nos indican que se trata de una reconstrucción de un modelo helenizante, similar al realizado en el arte púnico o en el arte etrusco.

---

[284] CUADRADO, E. (1989): op cit.
[285] En concreto la representada por CASTELO (1995). En la figura 21 (e).
[286] ORTEGA CABEZUDO, Mª, C. (2006): "Recuperación y sistematización de un registro arqueológico: Las necrópolis iberas e ibero-romanas de Cástulo", en *Saguntum*, Nº 37, 59-71.

[287] Un referente ideológico claro a este tipo de motivos lo tenemos en el árbol de la vida de origen orientalizante, referencia que conocemos en el mundo ibérico a través de la interpretación de uno de los relieves del monumento turriforme de Pozo Moro, que refleja una escena de claro carácter fundacional. OLMOS ROMERA, R. (1996): "Pozo Moro: Ensayos de lectura de un programa escultórico en el temprano mundo ibérico". OLMOS et Alii, *Al otro lado del espejo: aproximaciones a la imagen ibérica*. Colección Lynx. Madrid.

Pero no todos los tipos de molturación responden a paradigmas, mediterráneo-orientales, existen algunos casos en los que el influjo griego peloponesio resulta evidente. Nos referimos concretamente a uno de los bloques con relieves pertenecientes al monumento funerario de Alcoy[288]. Este monumento está dotado de un friso figurado en el que los restos de diversas escenas se encuentran divididos en metopas separados por pseudotriglifos. Este tipo de ornamentación, que concuerda claramente con las concepciones decorativas de la arquitectura dórica, es uno de los principales elementos que nos permiten rastrear una posible influencia de la arquitectura realizada en la Grecia del periodo severo. Seguramente el principal referente circummediterráneo que pudieron tener los artesanos ibéricos que introdujeron este tipo de molduración en el monumento funerario contestano es el friso de metopas arcaicas del templo de Hera en la Foce del Sele (Paestum)[289](Fig. 12). No podemos más que apuntar este tipo de referencia ya que debido a la especificidad del citado monumento de Alcoy, cualquier intento de sistematización no pasaría de la mera sugerencia interpretativa. Un dato que si merece la pena apuntar es que pese a que no tengamos una noción estratigráfica muy clara[290] del monumento de Alcoy, su adscripción funeraria, basada en criterios de paralelismos morfológicos, nos indica una valoración indígena, relacionada con el contexto sepulcral y alejada de su utilización en elementos de tipo religioso-templar.

(Fig.12) Friso norte del templo de Hera I del Foce del Sele según Van Keuren (1989).

A parte de las molduras, en las construcciones funerarias existieron otros elementos ornamentales. Uno de ellos, a los que la investigación ha prestado menor atención, son las palmetas exentas (Lám. 15). Presentes en algunos de los conjuntos más importantes de la plástica funeraria ibérica como Porcuna[291] (Lám. 15.6) o Cabezo Lucero[292] (Lám. 15.1,2,3), así como en otros yacimientos necropolitanos de área del sureste[293] (Lám. 15.4,5). En el caso de los ejemplares documentados en la necrópolis de Cabezo Lucero, R. Castelo[294] propone una reconstrucción (matizable en cualquier caso) que concuerda perfectamente con los tipos II A y II B de la sistematización de las *Stelai* arcaicas del ática de G. Richter[295]. Este influjo ornamental de claro carácter jonio, encuentra un referente mucho más cercano en algunas de las piezas pertenecientes a la decoración arquitectónica de

---

[288] ALMAGRO-GORBEA, M. (1982): "El monumento de Alcoy. Aportación preliminar a la arquitectura funeraria ibérica". *TP*. 39. 161-210.
[289] VAN KEUREN, D (1989): *The frieze from the Hera I temple at Foce del Sele*. Roma. Un repaso de este tipo de iconografías itálicas en PORTRANDOLFO, A. (et Alii) (1996): "Alcuni esempi figurativi dell'Italia antica". En *Coloquio internacional; Iconografía ibérica, iconografía itálica: propuestas de interpretación y lecturas*. Universidad Autónoma de Madrid. Serie Varia 3. 283-318.
[290] Las únicas precisiones de tipo estratigráfico que se pueden apuntar nos remiten a una vaga descripción de un nivel arcilloso, en el que se documentaron cerámicas altoimperiales, que pueden ser utlizadas según Almagro Gorbea, para proporcionar una cronología ANTE QUEM. Op cit. 183 pg 164.

[291] NEGUERUELA (1990): op cit. 269-270.
[292] CASTELO (1995): Fig. 66 (b-c).
[293] ABAD CASAL, L y SANZ GAMO, R (1995): *Informe de los trabajos de campo realizados en el Tolmo de Minateda. Campaña de 1991*. Toledo. En concreto de los ejemplares encontrados en el transcurso de aquellos trabajos de excavación y depositados en el Museo Arqueológico de Albacete.
[294] CASTELO (1995): Fig 94. (a-b-c).
[295] RICHTER, G. (1988): *Archaic Attic Gravestones*. Londres.

época arcaica y clásica de varios edificios erigidos en el área de la neápolis de *Emporion*[296], en concreto dos de las tres antefijas completas realizadas en piedra caliza, una acrótera lateral y tres fragmentos de acrótera central (Fig. 13), fechados a finales del siglo V a.C. encontradas en las campañas de excavación practicadas entre los años 1988 y 1990[297]. Todas ellas recogen motivos de palmeta relacionados por Dupré con formas arquitectónicas surgidas en las Grecia oriental del siglo VII y difundidas por el ámbito etrusco, lacial, magnogreco y por las colonias occidentales de origen foceo.

(Fig.13) Elementos de decoración arquitectónica mencionados en el texto según Dupré (2005).

Estos elementos[298] (Fig. 13) han sido utilizados por Dupré para argumentar a favor de la existencia de una temprana tradición arquitectónica en todo el ámbito colonial foceo y sus territorios adyacentes, que ya desde el siglo VI a.C. es capaz de erigir edificios monumentales en los que los señores iberos y los navegantes grecorientales sellarían sus pactos comerciales al abrigo de varias divinidades sobre las que de momento no se puede obtener información.

Sobre la lectura comunicativa de este tipo de motivos ornamentales el Dr. Olmos Romera ha expuesto de manera muy gráfica los orígenes semánticos de este tipo de motivos[299], en relación a un famoso ejemplar perteneciente al grupo escultórico de Porcuna conservado en el Museo Provincial de Jaén. Para este autor la palmeta está en relación a los temas del jardín sagrado y la autoctonía, deber ser entendida como un motivo de epifanía. La palmeta es la representación iconográfica del árbol de la vida y de la divinidad. El autor también apunta que este significado es similar al de la palmeta en la tradición griega arcaica. La palmeta como representación vegetal nos indica la fertilidad y el surgimiento de la vida, de la misma manera que aparece representada en el famoso relieve de la diosa oriental de Pozo Moro en el que según Olmos Romera podemos observar "*...los orígenes míticos de la dinastía*" a lo que añade que "*...se insistía en la vegetación espontánea y desbordante que surge en contacto con las manos de la diosa, vegetación ofrecida por ella en su epifanía...*"[300].

---

[296] Recientemente publicadas por DUPRÉ RAVENTÓS, X. (2005): "Terracotas arquitectónicas prerromanas en *Emporion*". *Empuries*, 54, 103-123.
[297] SANMARTÍ-GRECO, E., CASTANYER, P., TREMOLEDA, J. (1988): "La secuencia historico topográfica de las murallas del sector meridional de Emporion".*MM*, 29, 191-200.
-(1992): "Nuevos datos sobre la historia y la topografía de las murallas de Emporion". *MM*, 33, 102-112.

[298] Elementos con los que el Dr. Dupré reconstruye la existencia de un edificio templar de carácter monumental en la zona sudeste de la acrópolis empuritana.
[299] OLMOS ROMERA, R (2002): " Los grupos escultóricos del Cerrillo Blanco de Porcuna (Jaén). Un ensayo de lectura iconográfica convergente". *AespA* 75, pp 109-110, figuras 1 y 2.
[300] OLMOS ROMERA, R. (1996): op cit. p 111.

Estamos esencialmente de acuerdo con el significado que propone Olmos y creemos que es plenamente aplicable a otros ejemplos que hemos citado en relación a la plástica funeraria monumental. Por tanto la palmeta es un motivo de claro carácter orientalizante, la simbología de este motivo nos transporta claramente al origen de la justificación de un poder político por lo que es tomado como símbolo representativo de fecundidad y prosperidad que propician las dinastías reinantes. En clave de interpretación iconográfica, esta asociación de valores de fecundidad propiciada por la divinidad y las clases dirigentes de la sociedad ibérica queda perfectamente representada en uno de los más interesantes ejemplos de la escultura funeraria del área albaceteña. El caballo de Casas de Juan Núñez (Fig. 14). Esta escultura fechada estilísticamente en el siglo V a.C. pertenece a nuestro juicio a un momento muy similar al del conjunto de Porcuna y es junto a este, representante de la mejor tradición o escuela[301] escultórica ibérica está a la altura de cualquier taller escultórico del Mediterráneo central y occidental de la época. Este ejemplar de caballo, motivo profusamente representado en al arte ibérico[302] recoge de manera gráfica la manera en la que le mensaje connotativo de estas decoraciones era emitido por parte de las elites dominantes. La figura del jinete, de gran vinculación a las elites aristocráticas[303], aparece unida a la palmeta como forma de representación de una idea metafórica, a través de una decoración figurada de la silla de montar. Un ejemplo similar que prueba esta asociación de ideas relacionada con la palmeta, en los ambientes aristocráticas indígenas la encontramos en la interpretación que B.B. Shefton da a una fíala mesónfala realizada en bronce[304].

(Fig .14) El llamado caballo de Casas de Juan Núñez, fechado en el siglo V a.C. Museo Arqueológico de Albacete.

Un último aunque polémico elemento ornamental que querríamos analizar es el de la voluta, presente en numerosos ejemplos de construcción sepulcral. La inclusión de este tipo de motivos entre los diseños artísticos indígenas cuenta con algunos precedentes en la tradición de las estelas funerarias áticas[305] pero la profusión con la que es utilizada en ámbito ibérico, asociada los cavetos en forma de gola, nos indica un notable éxito seguramente asociado a algún tipo de significado o connotación concreta que hoy no podemos descifrar. Pese a esto hemos de afirmar que este tipo de motivos y otros que no se asocian a molduras de gola, como la zapata de doble cara del sepulcro Nº 75 de Galera (Fig. 15), del que

---

[301] No podemos hablar de taller debido a la distancia geográfica que separa ambos hallazgos aunque la gran calidad de estas piezas no tiene ningún otro referente en la escultura ibérica.
[302] Quizás la mejor referencia la tengamos en los exvotos documentados en el Santuario de El Cigarralero (Mula, Murcia). VVAA (2004): *El caballo en la sociedad ibérica: una aproximación al Santuario de El Cigarralero*. Catalogo de la exposición celebrada en el Museo Universidad de Murcia.
[303] Recordemos los dos ejemplos de jinetes procedentes procedentes de Los Villares de Hoya Gonzalo (Albacete). BLANQUEZ PEREZ, J. (1996): "Caballeros y aristócratas del siglo V a. C. en el mundo ibérico" en *Coloquio internacional; Iconografía ibérica, iconografía itálica: propuestas de interpretación y lecturas*. Universidad Autónoma de Madrid. Serie Varia 3. 211-234.

[304] Que recoge OLMOS, R. (1991): "Apuntes ibéricos. Relaciones de la elite ibérica y el Mediterráneo en los siglos V y IV a.C. *TP* 48. 299-309.
[305] RICHTER, G. (1988): *Archaic Attic Gravestones*. Londres.

hemos hablado más arriba, enlazan muy bien en la ideología que los príncipes ibéricos quisieron asumir con su reinterpretación de influjos artísticos provenientes de la Grecia Oriental y Ática.

(Fig.15) Zapata de inspiración jonia procedente de la necrópolis de Galera. Museo Arqueológico Nacional.

LA ICONOGRAFÍA DE LOS MONUMENTOS FUNERARIOS COMO REFERENTE IDEOLÓGICO DE LAS ELITES SOCIALES

Los sepulcros, como elementos arquitectónicos, completan su significado específico a través de su lectura social. Este tipo de registro específico tiene unas notas definitorias que solo podemos intuir a través de las imágenes que algunos de estos incluyen como parte de su decoración.

Como ya hemos mencionado más arriba, la consideración artística de los monumentos funerarios ibéricos quedan en entre dicho al cotejarlo con su contexto sociocultural. El arte estético por si mismo, entendido en el sentido clásico de la palabra, solo puede tener cierta verosimilitud inmerso en el contexto de los estados antiguos (*poleis*, Roma, Cartago, etc). Pero incluso en el contexto de estas realidades políticas desarrolladas parece que el fenómeno del artista tuvo una repercusión mucho menor a la que tradicionalmente aludimos los arqueólogos de la antigüedad[306]. El artesano de ambientes protohistóricos es mero vehículo de las necesidades comunicativas del poderoso quien explica el carácter ideológico del mismo y la introducción de elementos foráneos, seguramente como una búsqueda de prestigio ante sus iguales.

El universo ideológico que reflejan las imágenes ibéricas está fundamentalmente condicionado por una serie de aspectos. Uno de los más obvios es la propia riqueza del comitente, otro elemento también obvio es la habilidad del artesano. Otro de los elementos condicionantes de la imagen es precisamente su destinatario. Hemos de entender que un mismo monumento funerario habría de tener un significado simbólico para los extranjeros y para los nativos, para las elites y para sectores más humildes de la pirámide social, para potenciales enemigos y para aliados tradicionales. Todos estos niveles de lectura y otros múltiples que solo podemos vislumbrar de forma leve, son aceptables a la hora de interpretar la iconografía de la arquitectura funeraria, es por tanto que explicaciones lineales para la imaginería ibérica son siempre imprecisas. Pero en el campo de la iconografía indígena el grado de complicación se acentúa si tenemos en cuenta el carácter elíptico[307]

---

[306] En este sentido hemos de recordar las palabras de R. Bianchi Bandinelli quien consideraba que todo el arte clásico debió ser producido por personajes con una consideración social de tipo artesanal. BIANCHI BANDINELLI, R. (1982): *Introducción a la arqueología como historia del arte antiguo*. Madrid. 182.

[307] En este sentido debemos remitirnos al excelente trabajo de QUESADA SANZ, F. (1997): "Monumentos y ornamentos: arte y poder en la cultura ibérica". En DOMINGUEZ

de las manifestaciones artísticas ibéricas (muy similares en este sentido al arte clásico griego lo que puede suponer un tipo de unión más profunda de lo que en principio pueda parecer).

Pese a la notable multiplicidad de la imagen ibérica, existe un punto incontrovertible en cuanto a su inclusión en monumentos funerarios, siempre parten de una autoridad o jefatura que se refleja de manera individualizada y heroica[308]. La imagen iconográfica, como referente ideológico y como medio de comunicación será un privilegio exclusivo de las aristocracias hasta el siglo IV a.C. cuando se producirá su extensión al ámbito de lo cívico[309].

Entendiendo de esta manera las ornamentaciones funerarias es más sencillo comprender el proceso por el que las elites indígenas asumen los motivos iconográficos venidos del Mediterráneo. La escultura, el relieve, la ornamentación arquitectónica supusieron una novedad técnica, un canal de comunicación tan potente e interesante que los príncipes nativos no pudieron abstraerse de ese fenómeno pero no contaban con un lenguaje simbólico propio, recordemos que el único precedente válido eran las Estelas decoradas del SO y se encuentran profundamente impregnadas por un imaginario de claras referencias mediterráneas[310]. La plástica, el lenguaje formal, y seguramente la forma en la que se produce su transmisión tenga un origen exógeno, y esto se puede apreciar a simple vista en el corpus escultórico y arquitectónico que hemos planteado pero su significado, su mensaje responde a tradiciones indígenas[311]. El lenguaje simbólico resultante es una interpretación propia del universo simbólico que circulaba en todo el mediterráneo antiguo durante la época orientalizante, como en el caso de Pozo Moro, donde los príncipes partícipes del linaje del difunto no tendrían la intención primera de establecer una cosmogonía compleja sino de exaltar de una manera "mitificadota" las posibles hazañas del personaje por medio de una iconografía novedosa para ellos, pero que ofrecía posibilidades comunicativas no conocidas en la Iberia prerromana. El carácter elíptico de la imagen ibérica, aparece de este modo más como una consecuencia que como un principio buscado a priori. Los escultores indígenas (o extranjeros) debían adaptar un lenguaje iconográfico perfectamente establecido, a las necesidades específicas de los grupos dirigentes con lo que estos quisieron expresar y justificar su preeminencia dentro de aquellas comunidades.

El universo simbólico que hemos intentado explicar en el caso de la ornamentación funeraria no narrativa tiene una base morfológica orientalizante y jonia, precisamente los lenguajes iconográficos que transportaron los colonizadores durante su estancia en la Península. Si en el caso orientalizante estas bases han sido perfectamente

---

MONEDERO, A. Y SANCHEZ FÉRNANDEZ, C. (Eds.): *Arte y Poder en el Mundo Antiguo*. Ed. Clásicas. Madrid. 203-248.
[308] DOMÍNGUEZ MONEDERO, A.J. (1998): "Poder, imagen y represanetación en el mundo ibérico". En ARANEGUI GASCO, C. (Ed.): *Actas del Congreso Internacional LOS ÍBEROS, PRÍNCIPES DE OCCDIENTE: las estructuras del podr en la sociedad ibérica. Saguntum.* Extra-1.
[309] CHAPA, T. (1995): "Escultura ibérica: algunas reflexiones". *Boletín de la Asociación Española de Amigos de la Arqueología*. 35. 189-192.
[310] Sobre el origen egeo de las Estelas:
BENDALA GALÁN, M. (1977): "Notas sobre las estelas decoradas del Suroeste y los Orígenes de Tartesos. *Habis* 8. 177-205.
-(1983): "En torno al instrumento musical de la estela de Luna (Zaragoza)". *Homenaje al Profesor Martín Almagro Basch.* Vol II. 141-146.

-(1987): "Reflexiones sobre los escudos de las estelas tartésicsas". *Boletín de la Asociación Española de Amigos de la Arqueología.* 27. 12-17.
Además deben consultarse el recientes trabajo de CELESTINO PEREZ, S. (2001): *Estelas de guerrero y estelas diademadas: la precolonización y formación del mundo tartésico.*
[311] DOMÍNGUEZ MONEDERO, A.J. (1998): "Poder, imagen y represanetación en el mundo ibérico". En ARANEGUI GASCO, C. (Ed.): *Actas del Congreso Internacional LOS ÍBEROS, PRÍNCIPES DE OCCDIENTE: las estructuras del podr en la sociedad ibérica. Saguntum.* Extra-1. 200-203.

sistematizadas por diversos autores como M. Almagro Gorbea o más recientemente T. Chapa[312], en el caso del influjo jonio, y pese a algunos notables trabajos dignos de recomendación (I. Negueruela, R. Olmos (et alii) o la propia T. Chapa[313] etc) no se ha podido producir una sistematización similar, por diversos motivos más relacionados con cuestiones historiográficas que con argumentos propiamente arqueológicos. Los recientes estudios sobre el impacto de la colonización focea en el Mediterráneo occidental y las excavaciones del prof. Ömer Özyigit en el área de la polis minorasiática[314] han puesto al descubierto una serie de referentes iconográficos de primer orden con los que hace algunos años no contábamos. En una exposición personal de los principales hallazgos arquitectónicos acontecidos tras el proyecto de investigación de la Universidad de Smirna en la metrópolis, en la que tuvimos la oportunidad de asistir personalmente, pudimos comprender la existencia de referentes de primer orden con los que poder interpretar de manera más completa el verdadero alcance del influjo jonio en la plástica ibérica. Los términos en los que se plantea este influjo se acercan a una concepción del universo simbólico jonio-foceo, más alejado del paradigma canónico de helenocentrismo y más cercano a lo que podría ser una *koiné* o corriente cultural mediterránea en la que se desarrollan diversas facies locales (Massalia, Velia el Ática, la propia Focea...). Queda pendiente para posteriores estudios la sistematización adecuada de este influjo microasiático, efectuada desde la concepción específica del arcaísmo que se expandió desde el núcleo foceo hacía el Mediterráneo occidental. Parte de esos influjos simbólicos fueron asumidos por las elites ibéricas como un referente alternativo para expresar mensajes ideológicos propios. Recientemente S. Celestino y J. L. Blanco han intentado definir este mismo fenómeno en el marco de la orfebrería orientalizante bautizándolo con el nombre de "concepto de sustitución"[315] por el que los objetos dejan de tener un significado "*per se*" y son las ornamentaciones, las que desde códigos o significantes orientales, pasan a expresan contenidos semánticos propios del mundo local.

Hemos comprobado cómo los príncipes ibéricos asumieron lenguajes iconográficos foráneos como medio más efectivo de expresar elementos ideológicos propios. ¿Con qué fin utilizaban este medio de comunicación? ¿Qué es lo que querían expresar y que podemos interpretar los arqueólogos de estos vestigios?

Son varios los posibles receptores del mensaje simbólico o iconográfico que transmitían estos monumentos funerarios. Podemos hacer una lectura interior y exterior de la interpretación de estos conjuntos sepulcrales. En el caso de su lectura interior el receptor sería todo aquel individuo que forme parte de la comunidad o centro que se encuentran bajo la jerarquía del difunto o su linaje. Obviamente debemos entender este tipo de elementos como formas de coerción ideológica o justificación de la permanencia de ese dominio político. Dos son las vías mediante las que se producía esa defensa de dicha

---

[312] CHAPA, T. (2005): "Las primeras manifestaciones escultóricas ibéricas en el oriente peninsular". *Archivo Español de Arqueología*. 75. 23-48.
[313] CHAPA, T. (1982) "Influences de la colonisation phocéenne sur la sculpture ibérique". Focei: 374-392.
- (1986) Influjos griegos en la escultura zoomorfa ibérica. (Iberia Graeca, 2). (Madrid). Obras de gran interés y que se encuentran prácticamente desterradas de la bibliografía.
[314] ÖZYIGIT, Ö. (1994): "Yili Phokaia Kazi Çalismalari (excavaciones en Focea en 1992)". En *XV Kazi Sonuçlari Toplantisi, II*. Ankara. 11-36.
. (1995): "Yili Phokaia Kazi Çalismalari (excavaciones en Focea en 1993)". En *XVI Kazi Sonuçlari Toplantisi, I*. Ankara. 425-454.
. (1998): "Yili Phokaia Kazi Çalismalari (excavaciones en Focea en 1996)". En *XIX Kazi Sonuçlari Toplantisi, I*. Ankara. 756-769.

[315] CELESTINO, S. y BLANCO, J. L. (2007): *La joyería en los orígenes de Extremadura: el espejo de los dioses*. Colección Ataecian. Instituto Arqueológico de Mérida. 89 ss.

preeminencia: la vinculación con lo sagrado y la vinculación con el pasado.

El fenómeno de la religión ha sido interpretado como sustento ideológico de los regímenes políticos de la antigüedad. Jefaturas o Estados antiguos la han utilizado como medio de justificar el poder de la clase gobernante. La arqueología parece confirmar la esta hipótesis en numerosos ámbitos y lugares como Mesopotamia, la Creta minoica o Mohenjo-Daro, donde los centros religiosos suelen aparecer vinculados al mundo palacial de las elites políticas, muchas veces convertidas en una dependencia más de la residencia palaciega. En el caso de Pozo Moro, la interpretación dada a sus relieves nos indica una serie de relaciones entre el linaje enterrado y la divinidad en sus diversas concepciones[316]. La relación directa con la divinidad es una característica fundamental de las monarquías orientales que después asumirá el mundo helenístico de manera conocida. En regímenes otros regímenes políticos con carácter isonómico, como las aristocracias militares ibéricas del siglo V a.C., esta relación entre el poder y lo divino se realiza de manera indirecta a través del monopolio de lo ritual. El sacerdocio entendido como contacto con la divinidad se vincula a las clases altas de la sociedad, como medio de mostrar las virtudes piadosas de los príncipes. En el caso de la plástica funeraria ibérica el conjunto de Porcuna, muestra una serie de esculturas que ejemplifican a la perfección esta unión.

En este conjunto tenemos tres esculturas, recientemente interpretadas por R. Olmos dentro de su propuesta unitaria para el conjunto[317]. Se trata de dos figuras masculinas y una femenina. El oferente de los cápridos, la portadora de la serpiente y el llamado "sacerdote". Todos ellos se encuentran cubiertos de ricos, mantos que nos indican la abundancia de tejido como símbolo de rango y todos ellos en mayor o en menor medida se encuentran en relación a elementos de tipo sagrado, acaso relacionados con actos rituales. La entrega en sacrificio de los cápridos, relacionable con el grupo del *Moscoforo* de la Acrópolis de Atenas, nos indica un acto piadoso en relación con la fecundidad del *ager*. La mujer porta una serpiente, símbolo del contacto con divinidades ctónicas[318], a la vez que se puede interpretar como una referencia al ámbito doméstico pues esa es la connotación que se le dio a la serpiente en la antigüedad[319]. La tercera de las esculturas, cuya posición y actividad no están claras suele relacionarse también con el ámbito doméstico. Estas figuras se han relacionado con una figura de un varón, cuya rica vestimenta permite *"...delinear el cuerpo noble..."* como *"...signo de ostentación aristocrática y sacral"[320]*. En nuestra opinión este conjunto es interpretable a modo de expresión de la relación ideológica entre aquellas elites y el ámbito de lo sagrado. Esta relación se hace en el ámbito fundamental del *oikos* aristocrático, es decir el ámbito doméstico de las clases dominantes fue en estos ámbitos el lugar donde tendrán lugar los ritos religiosos de la comunidad en un primer momento. Más adelante cuando realicemos nuestro análisis de la arquitectura religiosa en el mundo ibérico,

---

[316] OLMOS ROMERA, R. (1996): "Pozo Moro: Ensayos de lectura de un programa escultórico en el temprano mundo ibérico". OLMOS et Alii, *Al otro lado del espejo: aproximaciones a la imagen ibérica*. Colección Lynx. Madrid.

[317] OLMOS ROMERA, R (2002): " Los grupos escultóricos del Cerrillo Blanco de Porcuna (Jaén). Un ensayo de lectura iconográfica convergente". *AespA* 75. 111-114.

[318] Como también parece demostrar la escultura del grifo y la palmeta. OLMOS ROMERA, R. (2002). Figs. 1 y 2.

[319] La convivencia de serpientes en entornos humanos era muy normal en algunas regiones del Mediterráneo antiguo. Algunas especies no venenosas se mantenían como medio de luchar contra los roedores que consumían grano almacenado.

[320] OLMOS ROMERA, R. (2002) pp 115.

tendremos un punto de partida indígena, los santuarios domésticos como lugares de representación ideológica[321] de las clases dominantes indígenas (Fig. 16), de las aristocracias heroicas características de los *oppida* del siglo V a.C., cuyo reflejo más significativo lo encontramos precisamente en el magnífico conjunto de Porcuna.

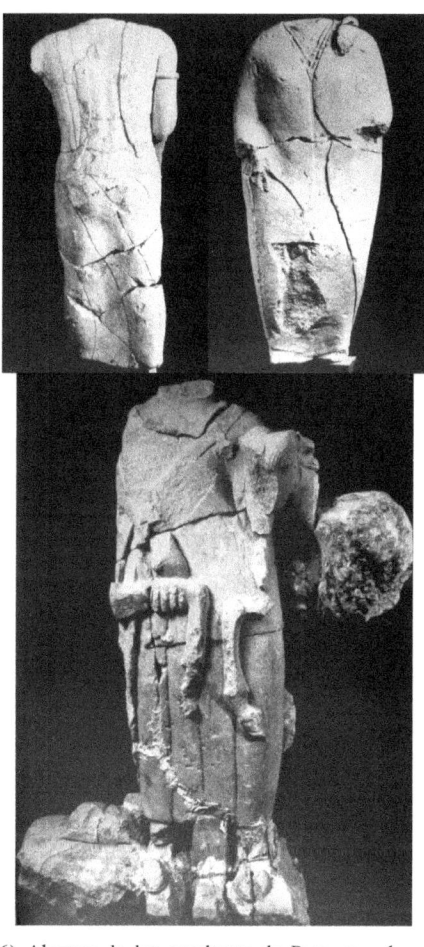

(Fig.16) Algunas de las esculturas de Porcuna a las que se pueden interpretar como expresión de conceptos religiosos en el ámbito doméstico de las aristocracias ibéricas. Museo Provincial de Jaén.

La creación de un tiempo pasado, mítico o real, también es una de las constantes de la justificación ideológica en muchos de los regímenes políticos de la antigüedad[322]. Por supuesto estas referencias simbólicas también están presentes en la plástica indígena. El conocido relieve del *hieron ktistes* de Pozo Moro, es un claro ejemplo de este tipo de vínculo entre el pasado heroico y el linaje del muerto al que se quiere honrar. Esta referencia iconográfica, de clara vinculación con referentes orientales de estirpe neo-hitita[323], como el resto del conjunto monumental hacen de la lectura de la funcionalidad específica del mismo una especie de espejo dentro del espejo: el exiguo material del ajuar así como la cronología del mismo (500 a.C. aprox.) apuntan de manera clara a una posible reutilización del mismo como forma de vincularse con los antepasados que erigieron ese núcleo en torno al que se desarrolló de manera posterior el resto de la necrópolis[324]. Así pues tenemos tres niveles diferentes de vinculación un pasado mítico en un mismo espacio monumental. En primer lugar tenemos al linaje que mandó erigir el monumento turriforme en primer lugar, seguramente a principios del siglo VI a.C. y por medio de los servicios de un arquitecto oriental, quien representó la escena del héroe fundado, así como el resto de los relieves en clara alusión al pasado mítico del linaje principesco. En segundo lugar está la posible reutilización del sepulcro en la fecha aproximada de principios del siglo V a.C. y en tercer lugar están el resto de miembros de la comunidad con derecho a enterramiento en la necrópolis que elige voluntariamente enterrarse en un área concéntrica en clara relación con el

---

[321] DOMÍNGUEZ MONEDERO, A.J. (1998): "Poder, imagen y represanetación en el mundo ibérico". En ARANEGUI GASCO, C. (Ed.): *Actas del Congreso Internacional LOS ÍBEROS, PRÍNCIPES DE OCCDIENTE: las estructuras del podr en la sociedad ibérica. Saguntum.* Extra-1. 199-200.

[322] Recientemente se ha publicado una interesante reflexión al respecto, con bibliografía anterior. BENDALA, M. (2003-2004): "Memoria histórica, tradición y legitimación del poder: un aspecto relevante de la Antigüedad". *BAEAA.* 43. 323-29.
[323] BLECH, M. (1996): "Los inicios de la iconografía de la escultura ibérica en piedra" " en *Coloquio internacional; Iconografía ibérica, iconografía itálica: propuestas de interpretación y lecturas.* Universidad Autónoma de Madrid. Serie Varia 3.
[324] ALCALÁ-ZAMORA, L. (2004): *La necrópolis ibérica de Pozo Moro.* Real Academia de la Historia. Madrid.

monumento turriforme. También en este caso tal vez uno de los más ambiciosos y completos programas iconográficos en referencia al mundo de las elites locales sea Porcuna cuya propuesta de interpretación unitaria, emitida recientemente por R. Olmos, afirma de manera argumentada una interpretación de este tipo se puede aplicar para el conjunto de Porcuna[325], a cuyo texto me remito para la revisión de la cuestión.

Esos mismos monumentos tienen una lectura externa, es decir poseían un significado destinado a la cumbre de la pirámide social de las comunidades autóctonas. Para una mejor caracterización de esas elites hemos de contextualizar adecuadamente las sociedades ibéricas en un marco colonial, pero en su acepción liminal, como mundo fronterizo. Esa perspectiva debe hacernos reflexionar acerca de las condiciones especiales de las relaciones sociales contextualizando de manera correcta los criterios comunitarios, que en su sentido amplio resultaron muy importantes dentro del mundo protohistórico, pero dentro de un marco político y sobre todo económico más complejo de lo que tradicionalmente se venía suponiendo. Los avances en cuestiones referentes a los modelos de relación entre locales y foráneos, notablemente depurados en el caso del mundo griego[326] y todavía en proceso de desarrollo en el caso del mundo fenicio[327], han producido un cambio sustancial en nuestra forma de concebir las relaciones sociales en el mundo ibérico, en el que la perspectiva interior se encentra en muchos casos como referente principal de la cuestión.

La lectura exterior de estos monumentos debe hacerse desde una perspectiva elitista que encuadre a todos los posibles elementos socialmente significativos para los príncipes ibéricos, sin tener tanto en cuenta el criterio etnográfico, que no debió ser tan influyente en las relaciones políticas de los indígenas. Los grandes señores locales se considerarían en el mismo escalón que los magnates griegos o fenicios que fletaban los barcos, en el escalón superior, desde esa perspectiva no tenía tanta importancia la lengua, la religión o la etnia de un personaje sino su estatus social que le hacía destinatario de determinados mensajes comunicativos, independientemente de que fuera un jefe militar edetano, un representante comercial ilicitano o un exportador samio.

Sin entrar en más debates historiográficos resulta cierto que las clases privilegiadas nativas adoptaron formas de expresión exógenas de raíz orientalizante y griega como método para dar forma a sus monumentos funerarios durante el siglo VI y el siglo V a.C. Los motivos de esa adopción de formas plásticas ya han sido introducidos, la inexistencia previa de un programa iconológico autóctono y de los medios técnicos necesarios como para explicar el surgimiento de los grandes conjuntos sepulcrales que hemos descrito. Obviamente hay muchos elementos que nos indican una continuidad con formas de enterramiento anteriores producidas desde el Bronce Tardío, como algunos túmulos de Galera o los de los Villares de Hoya Gonzalo (Lám. 9.2), asimilables en su concepto, no en sus dimensiones a sepulcros encuadrados en el Bronce Final y el orientalizante de la mitad sur peninsular[328], pero incluso en estos ejemplos que

---

[325] OLMOS ROMERA, R. (2002): "Ensayo de lectura convergente...".
[326] V.V.A.A. (1994): *Íberos y griegos: Lecturas desde la diversidad*. Huelva Arqueológica XIII, 1. Huelva.
[327] Como recientemente he tenido la oportunidad de comprobar en el Congreso *Contactos: Fenicios e indígenas entre los siglos VIII-VI a.C.* celebrado en Alcanar (Tarragona) entre el 24 y el 26 de Noviembre de 2006, cuyas actas están pendientes de publicación.

[328] JIMÉNEZ ÁVILA, J, (2002-2003): "Estructuras tumulares en el suroeste ibérico. En torno al fenómeno tumular en la Protohistoria Peninsular". *Homenaje a la Dra. Encarnación*

hemos citado estos elementos se encuentran enmarcados por manifestaciones de esos préstamos iconológicos mediterráneos a los que hacíamos referencia, en Galera tenemos la zapata del sepulcro Nº 75 (Fig. 15) y en los Villares tenemos las esculturas ecuestres que coronaron los túmulos y los numerosos *Kantharoi* tipo Saint Valentin que componen el cuerpo de las amortizaciones funerarias o *silicernia* documentados por su excavador[329].

No se trata de una burda copia, sino de una adaptación de determinadas formas o motivos escultóricos o arquitectónicos a las necesidades locales. El estudio de C. Sánchez sobre apropiaciones indígenas de tipos iconográficos representados en la cerámica griega puede ser utilizado para vislumbrar un posible camino con el que poder entender de manera más completa el significado pleno del arte funerario ibérico[330]. En las conclusiones de este capítulo abordaremos de manera más profunda el contexto mediterráneo de esta apropiación de un lenguaje artístico. Esta apropiación o reelaboración debe entenderse desde la dinámica de la relación entre elementos aristocráticos[331], ese ámbito de relaciones en el mediterráneo dispone de diversos marcadores arqueológicos de gran importancia, como las importaciones cerámicas de lujo o los productos de bronce[332].

Este mismo carácter patricio, provoca que en la iconografía funeraria encontremos un reflejo excepcional de las elites ibéricas, que quedan representadas desde diversos puntos de vista y en diversos ámbitos. El carácter ecuestre de estos señores queda perfectamente expresado en figuras como el jinete de Porcuna o las esculturas que coronaban los túmulos de los Villares de Hoya Gonzalo (Albacete). Sobre la relación y la iconografía del caballo (Fig. 14) en la protohistoria peninsular existen una serie de trabajos, en el marco de la actividad investigadora de un grupo investigador formado en torno a F. Quesada a sus trabajos nos remitimos para la realizaciones de mayores precisiones al respecto[333].

Pero existen otros aspectos de la vida social y cultural de esta clase social que aparece representada en los monumentos funerarios. Uno de los aspectos en los que más se ha avanzado en los últimos años es en el estudio de la imagen

---

Ruano. *Boletín de la Asociación Española de Amigos de la Arqueología.* 42. 81-118.
-(2002): "Los complejos monmentales post-orientalizantes del Guadiana y su integración en el panorama del Hierro Antiguo de Suroeste Peninsular". En CELESTINO, S. Y RUIZ MATA, D. (Eds.): *Arquitectura Oriental y Orientalizante en la Península Ibérica.* CSIC.
[329] BLANQUEZ PEREZ, J. (1996): "Caballeros y aristócratas del siglo V a. C. en el mundo ibérico" en Coloquio internacional; Iconografía ibérica, iconografía itálica: propuestas de interpretación y lecturas. Universidad Autónoma de Madrid. Serie Varia 3. 211-234.

[330] SÁNCHEZ, C. (1996): "Códigos de lectura en iconografía griega hallada en la península ibérica". *Al otro lado del espejo: aproximación a la imagen ibérica.* Colección LYNX. Madrid.

[331] OLMOS, R. (1991): "Apuntes ibéricos. Relaciones de la elite ibérica y el Mediterráneo en los siglos V y IV a.C". Trabajos de Prehistoria 48. 299-309. y SHEFTON, B.B. (1991): "Comentarios a los *Apuntes ibéricos*...". En el mísmo número 48 de la revista *Trabajos de Prehistoria.* 309-312.

[332] Una interesante caracterización de esta perspectiva de relaciones la tenemos en SHEFTON B.B. (1994): "Greek imports at the extremities of the Mediterraneans West and East: Reflectiones on the case of Iberia in fifth Century BC". PBSR. 34. 12-34.
Una actualización del tema del tráfico cerámico griego de época arcaica a occidente lo tenemos en CABRERA BONET, P. Y SANTOS RETOLAZA, M. (coor.) (2000): *Ceràmiques jònies d'època arcaica: centres de producció i comercializació al Medtiterràni occidental. Actes de la Taula Rodonda celebrada a Empúries, els dies 26 al 28 de maig de 1999.* Monografies Emporitanes 11. Barcelona.
[333] Existen una serie de trabajos recientes que sirven de referencia:
BARRIL VICENTE, M. Y QUESADA SANZ, F. (Coor.) (2006): *El caballo en el mundo prerromano.* MAN. Madrid.
ALMAGRO-GORBEA, M. Y LORRIO ALVARADO, A. J. (2004-2005): "*Signa equitum* en el mundo ibérico. Los bronces tipo "jinete de la Bastida" y el inicio de la aristocracia ecuestre ibérica". *Lucentum.* XXIII – XXIV. 37-61.
GABLADÓN MARTINEZ, Mª M. y QUESADA SANZ. F. "¿Jinetes y caballos en el Más Allá ibérico?. Un vaso cerámico en el Museo Arqueológico de Linares". *Revista de arqueología.* 201. 16-23.
QUESADA SANZ, F. (1997):"¿Jinetes o caballeros?. En torno al empleo del caballo en la Edad del Hierro Peninsular". En *La Guerra en la Antigüedad.* Catálogo de la Exposición. Madrid, 1997, 185-194

femenina en el marco de los monumentos funerarios. La profesora C. Aranegui[334] ha propuesto una interesante interpretación de la escultura femenina de gran formato, es decir de las "Damas" de la escultura ibérica (Fig. 20). Esta investigadora concibe la imagen de la mujer como referente simbólico del poder. La mayoría de estos ejemplos nos indican unas cronologías comprendidas entre el siglo V a.C. y el siglo IV a.C. por lo que vendrían a ser la representación ideal de una ostentación social que antes se encontraba en los ciclos heroicos como los de Porcuna[335]. Podrían interpretarse como una referencia aristocrática de transición antes del surgimiento de las instituciones cívicas que puede adivinarse en la fase plena de la cultura ibérica.

Desde una perspectiva de género también se ha realizado una serie de estudios novedosos que han caracterizado de una manera más precisa nuestra visión de la imagen femenina en la plástica ibérica[336], abriendo una amplia línea de investigación que deberá ser explotada en el futuro.

(Fig. 17) La Dama de Baza, con su actual montaje expositivo en el MAN que nos muestra una reconstrucción del contexto sepulcral en el que se encontró. Museo Arqueológico Nacional.

En definitiva, las imágenes que nos transmiten las manifestaciones funerarias nos indican un mundo de actividades que se pueden considerar como nobles. La guerra, la caza y los rituales y las fiestas de los dioses (en sus más diversas facetas) son las temáticas que suelen abordar estos relieves y esculturas, y vienen a ser conformados por los materiales encontrados en los ajuares funerarios de las tumbas consideradas como principescas[337](Fig. 17).

---

[334] ARANEGUI, C. (1998): "Una dama entre otras". En OLMOS, R. y TORTOSA, T. (Eds.): *La Dama de Elche. Lecturas desde la divesrsidad*. Madrid. 179-186.

[335] IZQUIERDO PERAILE, I. (1998): "La imagen femenina del poder. Reflexiones entorno a la feminización del ritual funerario en la escultura ibérica". En ARANEGUI GASCO, C. (Ed.): *Actas del Congreso Internacional LOS ÍBEROS, PRÍNCIPES DE OCCDIENTE: las estructuras del podr en la sociedad ibérica. Saguntum*. Extra-1. 187.

[336] Recientemente y con toda la bibliografía anterior: IZQUIERDO, I, y PRADOS, L. (2002-2003): "Arqueología y género: La imagen de la mujer en el Mundo Ibérico". *BAEAA*. 42. 213-226.

[337]Son referencias obligadas en este sentido SÁNCHEZ, C. (1992): El comercio de productos griegos en Andalucía oriental en los siglos a. C.: estudio tipológico e iconográfico de la cerámica. Tesis doctoral. Universidad Complutense de Madrid.
QUESADA SANZ, F. (1997): El armamento ibérico. Estudio tipológico, geográfico, funcional, social y simbólico de las armas de la cultura ibérica (siglos VI - I a. C.). 2 Vols. Monographies Instrumentum. 3. Monagnac.
BLANQUEZ PEREZ, J. (1996): "Caballeros y aristócratas del siglo V a. C. en el mundo ibérico" en *Coloquio internacional; Iconografía ibérica, iconografía itálica: propuestas de interpretación y lecturas*. Universidad Autónoma de Madrid. Serie Varia 3. 211-234. Tal vez el estudio interpretativo más brillante de los contextos principescos

CONCLUSIÓN PREVIA: LO JONIO ENTENDIDO COMO EL LENGUAJE ARTÍSTICO DE LAS ARISTOCRACIAS ARCAICAS MEDITERRÁNEAS

El concepto "orientalizante", entendido como un universo cultural más o menos definido cuyas manifestaciones materiales se pueden reconocer a través de un horizonte material e ideológico extendido por todo el Mediterráneo, ha tenido un gran éxito en la bibliografía reciente. Su aceptación como paradigma de explicación de algunos de los ejemplos más sobresalientes de la arquitectura y la escultura ibérica son hoy una referencia indiscutible para cualquier estudioso de estos ámbitos. Existe unanimidad casí absoluta en todos los estudiosos de la región mediterránea[338] para intentar definir con mayor o menor precisión las diversas *facies* de la *koine* orientalizante en las diversas áreas culturales. Se aceptan de manera ciertamente ambigua una serie de referentes comunes (que deberían sistematizarse de manera más precisa en nuestra opinión) y se intentan delimitar cuales son las peculiaridades locales. En el mediterráneo occidental, este aporte orientalizante, y el contacto con comunidades de origen oriental ha sido relacionado con el surgimiento de las aristocracias en los llamados estados arcaicos (como pudieron ser las ciudades etruscas y algunos núcleos de época ibérica)[339].

El gran éxito que esta forma de caracterizar nuestra prehistoria reciente ha conseguido en la bibliografía más reciente de nuestro país, en parte se ha debido al auge y resonancia de los descubrimientos en yacimientos fenicios en las costa meridionales y atlánticas de la Península Ibérica[340]. El buen hacer de los investigadores dedicados a la materia y la novedad que ha supuesto su trabajo se ha concretado en el enriquecimiento de referentes materiales con los que poder paralelizar los elementos culturales propios de las culturas protohistóricas de territorio hispano-luso. Con estos nuevos datos como referencia, han sido muchos los autores que con mayor o menor acierto pero con una aceptación generalizada han buscado aquello que Almagro Gorbea denominó "*las raíces orientalizantes*" del iberismo[341].

La aceptación de esta clase de interpretaciones por parte de la mayoría de la investigación actual (incluso por parte de aquella fracción que defiende postulados más procesuales) se ha traducido sin embargo en un menor énfasis en la búsqueda y adecuada caracterización del innegable aporte proveniente de las costas de la Grecia arcaica y clásica.

---

[338] A. Blanco fue el primer autor hispano que abordó en profundidad esta temática con sus famosos artículos:
BLANCO FREIJEIRO, A (1956): "Orientalia. Estudio de objetos fenicios y orientalizantes en la Península". *ArchEspArq*, 29 (93-94): 3-51.
- (1960): "Orientalia II. Estudio de objetos fenicios y orientalizantes en la Península". *ArchEspArq*, 33 (101-102): 3-43.
Por citar tan solo algunas de las obras que han definido de una manera más precisa lo que supone el fenómeno orientalizante:
KARAGEORGIS, V. (2004): *Chipre: encrucijada del Mediterráneo oriental 1600-500 a.C.* Bellaterra. Barcelona.
TORELLI, M. (1981): *Storia degli Etruschi*. Laterza. ROMA. 69 ss.
WILL, C. et alii (Eds.) (1975): *Le monde grec et l'Orient*. Paris.
OSBORNE, R. (1966): *Greece in the making: 1200-479. BC.* Londres.
Recientemente se han publicado las Actas del III Congreso internacional de arqueología de Mérida (2005) que bajo el título de *El Periodo Orietalizant:e Vols 1 y II*, ofrece una puesta al día de la cuestión. CELESTINO, S. Et alii (Ed.): *El Periodo Orietalizant:e Vols 1 y II*. Anejos de ArEspArq. XXXV. De especial interés es su primer bloque donde diversos especialistas en la materia repasan el concepto en sus diversas facetas.

[339] TORELLI, M. (1981): op cit. "La cultura orientalizzante e le aristocrazie".
[340] MEDEROS MARTÍN, A. (2004): "Fenicios evanescentes. Nacimiento, muerte y redescubrimiento de los fenicios en la Península Ibérica. II. (1936-1968). *Saguntum*. 36. 35-46.
[341] Recientemente se han publicado una serie de trabajos que acertadamente, dan una argumentación cercana a esa línea de investigación. DÍEZ CUSI, E. (2001): "La influencia de la arquitectura fenicia en las arquitecturas indígenas de la Península Ibérica". En CELESTINO, Y RUIZ MATA. (Eds.): *Arquitectura oriental y orientalizante ...* 69-122.
CHAPA, T. (2005): "Las primeras manifestaciones escultóricas ibéricas en el oriente peninsular. *ArEspArq*. 73. 23-49.

Ya el propio M. Almagro Gorbea, en su estudio sobre las formas monumentales de la arquitectura ibérica llamaba la atención sobre la ausencia de estudios sobre la influencia helénica en las piezas de decoración arquitectónica[342]. Y más recientemente E. Díez Cusí plantea algunas cuestiones que deberán concretarse en los próximos años[343]. Existió una línea de trabajo sobre la materia, planteada con postulados básicamente clásicos, que llegó a tener su ámbito de aplicación en la escultura ibérica[344] y cuya referencia bibliográfica fundamental fue abordada por T. Chapa[345] (Fig. 18). La discusión que precede y remata el cuerpo del estudio abordado por esta investigadora, ya dejaba entrever alguna de las críticas fundamentales que años más tarde tomarían cuerpo con motivos del congreso, perteneciente a los iniciados en Ampurias, cuyas actas, editadas en 1994 bajo el título de *Iberios y Griegos: lecturas desde la diversidad*[346], suponían un golpe mortal al viejo paradigma helénicocentrico desde el que emitieron todas las teorías que trataban de explicar el "influjo" griego en nuestro ámbito peninsular. Desde entonces, han surgido algunas propuestas que han tratado de explicar de manera más efectiva esta perspectiva de comunicaciones culturales entre helénicos y nativos, las más destacadas a nuestro juicio, provenientes de los contextos de interpretación de las importaciones cerámicas[347], pese a esto el campo de la arquitectura ha quedado relegado en este sentido, sin que se haya emitido de momento una propuesta de interpretación general y profunda sobre esta cuestión, dentro de los nuevos parámetros en los que se mueve la investigación actual, algo que contrasta con la abundancia relativa de documentación sobre el ámbito orientalizante, e incluso púnico.

Desde que J. M. Blázquez publicara a finales de los años ochenta un artículo sobre la influencia griega en el monumento funerario de El Prado[348], el paradigma con el que se contempla la influencia helénica en la cultura ibérica ha variado sustancialmente. Hoy nuevas revisiones han reconducido este tópico de la bibliografía ibérica hacia aspectos alejados de los habituales paralelos estilísticos[349].

Ya hemos comentado algunos aspectos acerca del influjo jonio en algunos de los ejemplares de decoración arquitectónica que hemos comentado pero entendemos que la llagada a la Península de formas ornamentales procedentes del ámbito greco-oriental[350], no se limitó a elementos puramente estilísticos sino que fue más amplia en el sentido de la participación de las

---

[342] ALMAGRO-GARBEA, M. (1982): "El monumento de Alcoy. Aportación preliminar a la arquitectura funeraria ibérica". *TP*. 39. 161-210.
[343] DÍEZ CUSI, E. (2001): op cit. 108 ss.
[344] Una síntesis crítica de esta línea de trabajo en BERMEJO TIRADO, J. (2006): "El registro funerario ibérico: Paralelos en la Grecia de los siglos VI-V a. C. y su lectura social". En ECHEVERRIA REY & MONTES. (Eds.): *Ideología, Estrategias de Definición y formas de Relación Social en el mundo antiguo*. 59-68. Ya hemos abordado esta temática al principio de nuestro trabajo por lo que nos remitimos a él para cuestiones relativas a historiografía.
[345] CHAPA BRUNET, T. (1986): *Influjos griegos en la escultura zoomorfa griega*. Iberia Graeca 2. CSIC. Madrid.
[346] V.V.A.A. (1994): *Iberos y griegos: Lecturas desde la diversidad*. Huelva Arqueológica XIII, 1. Huelva.

[347] SÁNCHEZ, C. (1996): "Códigos de lectura en iconografía griega hallada en la península ibérica". *Al otro lado del espejo: aproximación a la imagen ibérica*. Colección LYNX. Madrid.

[348] BLÁZQUEZ, J. M. (1988): "Iberian art and greek influence: The funerary monument of Jumilla (Murcia, Spain)". *American Journal of Archaeology* 92. n° 4.503-508.
[349] ROUILLARD, P. (1995): "Les emporia dans la Méditerranée occidentale aux époques archaïque et classique", en *Les Grecs et l'Occident (Actes du colloque de la villa Kérylos, 1991)*, Roma, 95-108.
ROUILLARD, P. Y OLMOS, R. (2001): "Sculpture préromaine de la péninsule Ibérique". *D.A.M.* 269-83. Con una interesante selección bibliográfica.
[350] Un estudio reciente se encarga de profundizar, con gran perspicacia, en el verdadero signo del influjo jonio en la escultura ibérica vid. LEÓN, P. (2003): "Jonia e Iberia". *Romula*. 2, Hom. a Pierre Gros. 13-42.

elites ibéricas de elementos ideológicos propios del arcaísmo minorasiático griego.

Tradicionalmente, cuando los autores utilizan el término jonio en la arquitectura de la antigüedad, lo hacen para referirse a uno de los órdenes canónicos con los que los manuales de historia del arte de Bachillerato tratan de ilustrar los elementos compositivos de las fachadas monumentales de una serie de edificios de época clásica. Pero nosotros entendemos que existió un arte jonio, anterior a la canonización de determinadas formas escultóricas como decoración arquitectónica de los templos y edificios públicos de la Grecia continental clásica. Si entendemos el arte jonio desde esta perspectiva canónica, situando a las formas griegas como estandarte de un gusto estético determinado que los artesanos indígenas quisieron imitar previo reconocimiento de su propia inferioridad, estaremos cometiendo, como hemos comentado más arriba, un tremendo error de concepción. La explicación esteticista de los influjos ornamentales no tiene cabida en una arquitectura monumental, como la ibérica, que no fue concebida como forma de dar rienda a las inquietudes de los artesanos, si no como un conjunto de manifestaciones o elementos dotados de una fuerte carga semántica.

Hemos hecho referencia al modo en que dos formas plásticas similares pueden tener significados diferentes dependiendo del contexto cultural en el que estén insertos. En el estado actual de la investigación, no tenemos la posibilidad de emitir más que meras elucubraciones sobre el significado concreto de estas formas edilicias (las que les dio la mentalidad indígena). Por el contrario entendemos que sí es posible, a través del cotejo escrupuloso y la interpretación de los contextos estratigráficos y funcionales, sistematizar el posible influjo de las formas jonias a nivel de significados genéricos, además de los habituales referentes morfológicos que nosotros hemos denominado "significante" (la manifestación de determinadas formas ornamentales paralelizables en las costas anatólicas y el mediterráneo central-occidental).

En las siguientes líneas vamos a apuntar la forma en la que esta permeabilidad ideológica se produjo en el marco de las relaciones entre las elites ibéricas y su contexto mediterráneo, para concluir con un ensayo de caracterización conceptual[351] de la participación ideológica de ciertas formas artesanales greco-orientales.

La investigación sobre la línea de fundaciones que supusieron las ciudades foceas del occidente mediterráneo: Elea-Velia (Lám. 21), Massalia, Emporion y Rhode; así como su puesta en relación con la metrópoli focea[352] (Lám. 20.2) nos está revelando el verdadero alcance de esta profunda línea de comunicación de productos, gentes e ideas helenizantes en el occidente protohistórico. Esta red urbana, creada en un primer momento con fines comerciales, pronto se convertiría en el camino principal de entrada de arquitectos y escultores itinerantes[353] que en mayor o menor número justifican la adopción de determinadas formas de expresión ornamental que los aristócratas indígenas patrocinaron. Cronológicamente sabemos que las más antiguas muestras de la plástica monumental ibérica se pueden fechar a finales del siglo VI a. C. momento

---

[351] Similar a la que se ha realizado recientemente con motivo de la reunión: CELESTINO, S. Et alii (Ed.) (2005): *El Periodo Orietalizante: Vol 1*. Anejos de ArEspArq. XXXV.
[352] Un ejemplo de este tipo de estudios lo tenemos en HERMARY, A. Y TRÉZINY, H. Eds. (2000): *Les Cultes des cités phocéennes*. Études massaliètes 6.
[353] Sobre esta cuestión específica vid. FASTOFERRI, A. (2000): "Artisrti ionici itinerante". *Die Ägäis und das Westliche Mittelmeer*. 315-324.

que coincide con el establecimiento de una red comercial jonia estable en el sur de la Península[354].

Los trabajos de E. Akurgal[355] han incidido sobre la existencia de una tradición artística jonia que supuso uno de los primeros intentos de conseguir una plástica helénica. Según este autor, el nacimiento de la escultura y la arquitectura que luego veremos desarrollarse en Poleis tan importantes como Atenas tiene unos inicios marcados por las tradiciones orientales.

(Fig. 18) Vista del muro oeste del podium del templo de Atenea en Focea según Özyigit y Erdogan (2000).

La adaptación de técnicas, formas y motivos de época orientalizante es más que evidente y no viene si no a confirmar la existencia de un período de influencias del que ya hemos hablado. Entre los siglo VII-VI a.C., las ciudades jonias no tenían una plástica monumental, el desarrollo de un proceso socio-político en el seno de estas *poleis* provocó la necesidad de dotar a los incipientes edificios públicos de un lenguaje artístico propio. El templo de Atenea en Focea (Fig. 19), fechable en el siglo VI a.C. tras recientes cortes estratigráficos en su basamento, se inserta en un proceso de monumentalización de toda la ciudad que incluye la construcción de una muralla de grandes bloques trapezoidales, identificada por sus excavadores por la muralla que menciona Herodóto con motivo del relato del encuentro de los foceos con Argantonios[356]. Las recientes investigaciones de la universidad de Smirna, dirigidas por Ömer Özyigit[357], nos están dando a conocer la verdadera dimensión de la monumentalización y el desarrollo de la ciudad arcaica de Focea en el que debemos situar el florecimiento arquitectónico de la misma. La excavaciones, destinadas fundamentalmente a poner al descubierto el área del templo de Atenea[358] (Lám. 20.2) han revelado los restos de un complejo programa de decoración arquitectónica que incluyen también elementos

---

[354] CABRERA, P. (1988-89): "El comercio foceo en Huelva: cronología y fisonomía". En FERNÁNDEZ JURADO, J.(Ed.): *Tartessos y Huelva. Huelva Arqueológica*. X-XI, 43-100.
[354] DOMÍNGUEZ MONEDERO, A. (1986): "Reinterpretación de los testimonios acerca de la presencia griega en el Sudeste peninsular y Levante en la época arcaica". *Hom. a Luis Siret (Cuevas de Almanzora, Almería)*. Sevilla. 601-611.
CABRERA, P. Y SANTOS, M. (Eds.) (2001): *Ceràmiques jònies d'època arcaica: centres de producció i comercialització al Mediterrani Occidental*. Monografies Emporitanes. 11. Barcelona.

[355] AKURGAL, E. (1960): "Vom Äolischen zum Ionischen Kapitell". *Anatolia*. 5. 1-7.

-(1995): "La Grèce de l'Est, berceau de la civilización occidentale" En *Phocée et le foundation de Marseille*. 31-45. Marsella.

[356] "...Los habitantes de Focea fueron los primeros griegos que realizaron largos viajes por mar y son ellos quienes descubrieron el Adriático, Tirrenia, Iberia y Tartessos. No navegaban en naves mercantes sino en pentecoteras. Y al llegar a Tartessos hicieron gran amistad con el rey de los tartesios, cuyo nombre era Argantonios, que (como un tirano) gobernó Tartessos durante ochenta años y vivió un total de ciento veinte. Pues bien los focenses se hicieron tan amigos de este hombre que, primero los animó a abandonar Jonia y a establecerse en la zona de sus dominios que prefieriesen, y luego, al no poder persuadirles sobre el caso, cuando se enteró por ellos de cómo progresaba el medo, les dio dinero para rodear su ciudad con un muro. Y se lo dio en abundancia, pues el perímetro de la muralla mide, en efecto, no pocos estadios y toda ella es de bloques de piedra grandes y bien ensamblados...". **Hrt, I, 163.**

[357] ÖZYIGIT, Ö. (1994): "Yili Phokaia Kazi Çalismalari (excavaciones en Focea en 1992)". En *XV Kazi Sonuçlari Toplantisi, II*. Ankara. 11-36.
. (1995): "Yili Phokaia Kazi Çalismalari (excavaciones en Focea en 1993)". En *XVI Kazi Sonuçlari Toplantisi, I*. Ankara. 425-454.
. (1998): "Yili Phokaia Kazi Çalismalari (excavaciones en Focea en 1996)". En *XIX Kazi Sonuçlari Toplantisi, I*. Ankara. 756-769.
[358] ÖZYIGIT, Ö & ERDOGAN, A. (2000): "Les santuaires du Phocée". *Les cultes des cités phocéennes*. 11-23.

escultóricos[359], como los grifos (Fig. 20) muy representados en los contextos aristocráticos ibéricos[360].

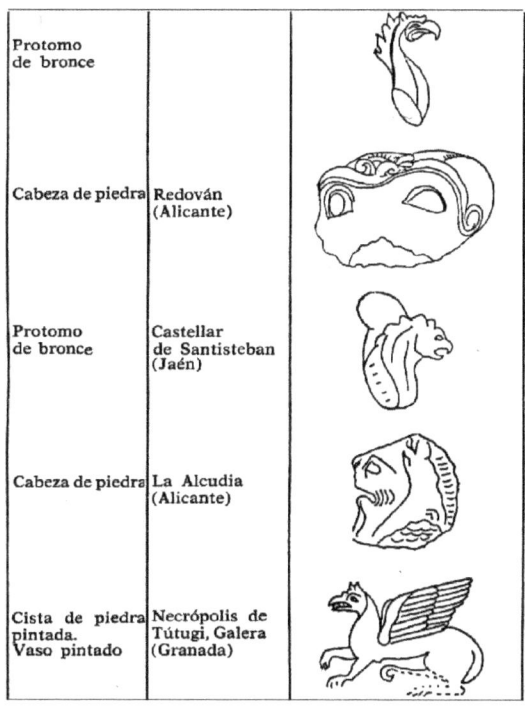

(Fig. 19) Cuadro resumen con algunos de los ejemplos más notables del grifo jonio en la iconografía ibérica según Vidal de Brant (1973).

Los fragmentos de frisos de ovas (tan características de la decoración arquitectónica que hemos comentado en el contexto ibérico) pertenecientes a capiteles del templo nos muestran volúmenes alejados de las formas clásicas de los capiteles de orden jónico y nos recuerdan a las formas indígenas por su libertad. Estos capiteles responden al concepto de arte jonio que queremos introducir en el panorama de la interacción cultural entre orientales y nativos peninsulares.

Este mundo de contactos y convivencia con las formas venidas de oriente será la que pase a las colonias foceas, con los nuevos contenidos semánticos que estos estaban desarrollando, en el marco de su propio proceso de desarrollo y las relaciones comerciales con occidente. Las elites jonias estaban impulsando un modelo cívico nuevo, diferente al de las concepciones políticas orientales. Las pujantes ciudades greco-jonias: Focea, Mileto, Éfeso… estaban desarrollando sus propias formas de expresión ideológica con las que dar validez a esa concepción socio-política nueva que dará paso al modelo de las *poleis*.

Al igual que la iconografía, los materiales orientalizantes están imbuidos de un universo semántico propio (con diversos matices según la *facies* local). La vida, la muerte, la guerra, la nobleza ecuestre, etc, todo ese universo de referencias épicas, heroizantes era el contexto cultural en el que se abrigan las elites griegas para dar apoyo ideológico a su dominio político[361] durante esta época y es precisamente ese universo semántico al que se refiere la plástica jonia sufragada por ellos[362].

Las esculturas de animales como remates de monumentos funerarios, tienen un contenido heráldico que hoy es imposible registrar de manera precisa, nosotros hemos pretendido vislumbrar algunas de las formas genéricas que seguramente compartieron nobles foceos e ibéricos, como método de dar un apoyo material a su dominio

---

[359] Hemos tenido acceso, por comunicación personal del Dr. Özyigit, a documentación sobre los restos escultóricos zoomorfos asociados al templo, en concreto grifos con una caracterización estilística y antropomorfa muy similar a que R. Olmos distingue en la grifos del conjunto de Porcuna. OLMOS, R. (2002): op cit. Fig. 1. pg. 111.
[360] Sobre la iconografía del grifo en contextos ibéricos puede consultarse VIDAL DE BRANT, Mº M. (1973): "La iconografía del grifo en la Península Ibérica". *Pyrenae*. 9. 7-152.

[361] Un autor que ha sabido captar la ideológica de las elites griegas en época arcaica y el primer clasicismo es J. Whitley. WHITLEY, J. (1988): "Early States and Hero Cults: A Re-Appraisal". *Journal of Hellenic Studies*. Vol. 108. 173-182.
WHITLEY, J. (1994): "The monuments That Stood before Marathon: Tomb Cult and Hero Cult in Archaic Ática". *Americas Journal of Archaeology*. Vol. 98. Nº 2. 213-230.
[362] Un ejemplo de recientes trabajos sobre la arqueología de la antigua región de Jonia vid. SCHWERTHEIM, E. y WINTER, E. (Eds.) (2005): *Neue forschungen zu Ionien*. Geburstag gewidmet.

ideológico. Los monumentos escultóricos de Porcuna (sean funerarios o no), el caballo de Casas de Juan Núnez o los jinetes de los Villares de Hoya Gonzalo o más propiamente el *Heroon* del Pajarillo, nos muestran una práctica, la de la exaltación heroica de unos antepasados no como dioses, sino como guerreros, que constituye la base de una forma de entender las relaciones sociales, la de los *aristoi*, cuyo fundamento ideológico aparece con mayor o menor intensidad en todo el Mediterráneo, de la misma manera que las formas orientalizantes.

El comercio de objetos de bronce[363], el consumo de vino, la amortización de ciertos objetos de lujo[364] en sepulcros aristocráticos, conductas documentadas de manera amplia en ambientes indígenas, nos remiten a este "universo sincrético" de creencias, comportamientos sociales y culturales que los príncipes locales adoptaban como forma de reforzar su hegemonía sobre el desarrollo urbano de los *oppida* que regentaban sus respectivos linajes.

Ciertas tipologías monumentales, como los remates escultóricos con forma de esfinge o de león, cuentan con numerosos paralelos en Éfeso, Mileto y las necrópolis Áticas[365]. El significado concreto de las esfinges de Agost, del Salobral[366] o de los felinos de Nueva Carteia o Baena[367], seguramente estaría vinculado a un linaje familiar dominante. Estos concentran unos valores que hoy tan solo podemos esbozar pero que va más allá de las simples influencias ornamentales, creando un marco de significados propios y de significantes transversales. La mitología nos proporciona un reflejo, siquiera metafórico, de este contacto. Los *Nostoi*[368] están salpicados de héroes que van a parar a ese extremo occidental que los griegos denominan *Iberia*. El propio Heródoto, autor que se alimentó por su procedencia de esas corrientes de pensamiento propias de la Jonia, nos transmite la noticia de la llegada de los guerreros foceos pero sobre todo la de Colaios de Samos, el último héroe de la épica arcaica griega, a caballo entre la leyenda y la historicidad, encarna mejor que nadie el prototipo de estos aventureros minorasiáticos llegados a costas occidentales dispuestos a hacer fortuna.

La documentación arqueológica, nos da cada vez mayores muestras de los estrechos lazos, como mínimo comerciales, entre las prósperas ciudades fenicias y el territorio, cada vez más amplio, en el que se dispersan los yacimientos de tipo oriental de nuestra península. Este comercio muy estructurado y organizado, al menos en sus etapas iniciales debió de tener vinculaciones de tipo palaciego. El comercio greco-arcaico por el contrario es mucho menor en volumen, pero

---

[363] OLMOS, R. (1991): "Apuntes ibéricos. Relaciones de la elite ibérica y el Mediterráneo en los siglos V y IV a.C". Trabajos de Prehistoria 48. 299-309.
SHEFTON B.B. (1994): "Greek imports at the extremities of the Mediterraneans West and East: Reflections on the case of Iberia in fifth Century BC". *PBSR*. 84. 12-34.

[364] Como es el caso de los marfiles estruscos de decoraban una de las cajas con las que un noble ibérico se hizo enterrar en la necrópolis de Los Villares de Hoya Gonzalo. BLÁNQUEZ PEREZ, J. (1996): "Caballeros y aristócratas del siglo V a. C. en el mundo ibérico" en *Coloquio internacional; Iconografía ibérica, iconografía itálica: propuestas de interpretación y lecturas*. Universidad Autónoma de Madrid. Serie Varia 3. 211-234.

[365] IZQUIERDO PERAILE, I. (2000): *Monumentos funerarios ibéricos: los pilares estela*. Trabajos varios del SIP. Dipt. de Valencia.
RATTE, C. (1994): "Athemion stelae from Sardis". *AJA*. 98. 4. 596-604.
WRIGHT, J. C. (1977): "A Poros Sphinx from Corinth". *Hesperia*. 56. 3. 245-254.

VERMEULE, C. (1972): "Greek Funerary Animals, 450-300 B.C.". *AJA*. 76. 1. 49-59.
[366] NAVARRO GASCÓN, J. V.; RODERO, A; MORENO CIFUENTES, M.A. Y MANSO MARTÍN, E. (2001): "La esfinge del Salobral: análisis y tratamiento de restauración". *BMAN*. 19. 1. 41-51.
BLÁNQUEZ PÉREZ, J. (1995): "La necrópolis tumular ibérica de El Salobral (Albacete)". *Verdolay*. 7. 199-208.
[367] VAQUERIZO GIL, D. (1994): "Muerte y escultura ibérica en la provincia de Córdoba: a modo de síntesis". *REib*. I. 2457-290.
[368] GARCÍA Y BELLIDO, A. (1946): "Una colonización mítica de España tras la guerra de Troya. El ciclo legendario de los Nostoi". *Cuadernos de Historia de España*. 106-143. Buenos Aires.

dotado de una significación especial. M. I. Finley[369] antes que posteriores "reelaboraciones" desde un punto de vista antropológico, describió esta forma de comerciar. Los antropólogos los han denominado de manera genérica como comercio de "Don-Contradón", se trata de un comercio aristocrático basado en el intercambio de objetos de prestigio, como forma de demostrar su prestigio a sus iguales. De esta manera actuaban, por ejemplo Diomedes y Glauco, cuando después de cruzar sus espadas se estrecharon las manos y se intercambiaron las armas en señal de respeto, según el relato homérico.

La interpretación narrativa y unitaria del conjunto escultórico de Porcuna, realizada por R. Olmos[370] y la lectura que en clave semitizante nos propone recientemente F. López Pardo[371] para el monumento de Pozo Moro, nos sugieren claramente la existencia de tradiciones mitológicas complejas transmitidas (a la espera de adelantos en la lingüística nativa) de manera oral. La existencia de estos ciclos debe hacernos reflexionar sobre el verdadero alcance de la transmisión, en múltiples sentidos, que de este tipo de ideas se hacía en el Mediterráneo arcaico.

El *agon,* otro de los conceptos propios del universo épico tiene su representación en el famoso pugilato de Porcuna (Fig. 21), la confrontación de guerreros armados es temática recurrente de los contextos aristocráticos principescos. La crudeza y el dramatismo del combate son reproducidos con imágenes tan sugerentes como la reconstrucción de una pieza que representaría un ave rapaz sobre uno de los ejemplares de Porcuna.

(Fig. 20) Uno de los altorrelieves del conjunto escultórico de Porcuna. Museo Provincial de Jaén según Negueruela (1990).

Ese universo ideológico tiene su reflejo material en la elección de determinadas morfologías monumentales, de determinadas formas de producir piezas. Dentro de sus parámetros interiores, los príncipes ibéricos también participaban de esas ideas, por lo que desarrollan una forma de arte local que I. Negueruela denominó con suma perspicacia ibero-jonio[372], apuntando la idea que ahora nosotros tratamos de esbozar y que deberá ser fruto de próximos trabajos de investigación.

---

[369] Uno de los mayores expertos en economía de la antigüedad. FINLEY, M. I (1982): *El Mundo de Odiseo*. Trad. Española en Alinaza Ed.
[370] OLMOS, R. (2002): op cit.
[371] LÓPEZ PARDO, F. (2006): op cit.

[372] NEGUERUELA, I. (1990): op cit. 355.

ARQUITECTURA CULTUAL

INTRODUCCIÓN: EDIFICIOS RELIGIOSOS EN EL CONTEXTO DE LAS COLONIAS GRECO-FENICIAS

La arqueología ibérica es una ciencia circunscrita al siglo XX en su configuración tradicional. A lo largo de esa centuria, los trabajos destinados a analizar las manifestaciones de la edilicia indígena han estado coartados por las circunstancias y el ritmo en el que se producían los sucesivos descubrimientos. Dentro de este amplio campo de trabajo los arqueólogos españoles, especialmente los de formación clásica, se han sentido especialmente atraídos por la búsqueda de lo que podríamos llamar "los grandes conjuntos templares ibéricos" los cuales, a imitación de los grandes edificios religiosos que se estaban redescubriendo en Grecia y el Oriente Próximo, excitaban la imaginación de muchos estudiosos y eruditos.

Tal vez en esas coordenadas teóricas J. de Dios de la Rada y Delgado[373], director del Museo Arqueológico Nacional, decidiera enviar a P. Savirón para que inspeccionase la zona donde estaban apareciendo los célebres exvotos escultóricos del Cerro de los Santos (Montalegre del Castillo, Albacete). El delegado realizó una planimetría[374](Fig. 22) de las estructuras que, sin el menor atisbo de duda, consideró como pertenecientes a un templo, así como algunos dibujos[375]de elementos de decoración arquitectónica, como el de un capitel de tipo jonio, que actualmente se encuentra desaparecido[376].

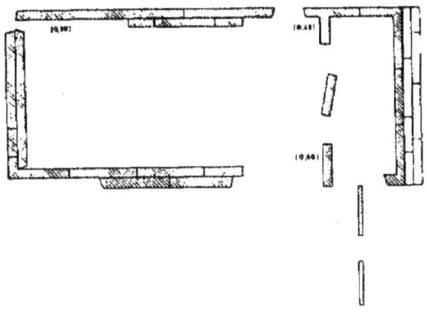

(Fig. 21) Dibujo de la planta del Santuario del Cerro de los Santos según Savirón (1875).

Estos primeros trabajos de documentación supusieron en la práctica el primer intento de documentar un complejo arquitectónico de funcionalidad religiosa en el seno de las culturas protohistóricas hispanas. Años más tarde un propósito parecido quizás guiase a A. García y Bellido a intentar reconstruir los restos de un posible templo dedicado a Artemis en Sagunto[377].

---

[373] RADA Y DELGADO, J. de D. de la, (1875): Antigüedades del Cerro de los Santos en el término de Montealegre: Discurso de ingreso en la Real Academia de la Historia, Madrid.

-(1875): "Antigüedades del Cerro de los Santos en el término de Montealegre. Conocidas vulgarmente bajo la denominación de Antigüedades de Yecla", Museo Español de Antigüedades, VI, 249-290.

-(1876): "Nuevas esculturas procedentes del Cerro de los Santos en el término de Montealegre, adquiridas por el Museo Arqueológico Nacional", Museo Español de Antigüedades, VII, 95, láms. I y II.

[374] RAMALLO ASENSIO, S. F. et alii (1994): "El Cerro de los Santos y la monumentalización de los santuarios tardíos". Reib. 1. 13.

[375] Depositados en los fondos de la biblioteca de la Real Academia de Bellas Artes de San Fernando. Catálogo de las Comisiones de Monumentos: Albacete. Sig: 44-2/2. y Sig: 58-5/4.

[376] LASALDE, C. et alii (1871): Memoria sobre las notables excavaciones hechas en el Cerro de los Santos publicada por los PP. Escolapios de Yecla. Madrid.

[377] GARCÍA Y BELLIDO, A. (1964): "Diana saguntina: Historia de un célebre santuario ibérico". Arse. VII. 12-14. Sagunto.

Su identificación (Fig. 23), realizada en base al manejo de las fuentes clásicas, que lo mencionan en repetidas ocasiones y sobre todo a un famoso lienzo con paramento pseudoisónomo, ha sido discutida recientemente con no pocos argumentos[378].

(Fig. 22) Alzado del muro correspondiente al supuesto santuario de Artemis de Sagunto según García y Bellido (1963).

Joaquín Ruiz de Arbulo[379] en un reciente trabajo sobre los santuarios y el comercio marítimo en la Península Ibérica, definía, de un modo muy preciso, el modelo de los santuarios de Artemis (Efesia) y su relación con la colonización focea de época arcaica. Ese modelo es utilizado por este mismo autor[380] para reconstruir de manera hipotética, la existencia del santuario arcaico, dedicado a Artemis en la Palaiápolis de Emporion[381], a la que podrían pertenecer un famoso relieve con grifos o esfinges conservado en el Museo Arqueológico de Cataluña (sede Barcelona) así como un capitel de tipo jónico y varias cornisas denticuladas que se reutilizaron en el basamento de la iglesia de Sant Martí de Empuries[382]. Los recientes trabajos de excavación, realizados bajo la dirección de X. Aquilué[383], documentaron una serie de estructuras anejas la citada iglesia de Sant Martí, que en cualquier caso deben relacionarse con el asentamiento arcaico.

En la Neapolis de Ampurias (Lám. 20.1) se han encontrado restos de decoración arquitectónica[384] que ya hemos mencionado más arriba, que se pueden relacionar, sin muchas dudas, con un edificio de culto erigido en la zona de la llamada acrópolis en torno al siglo V a. C. Recientemente X. Dupré ha realizado una revisión crítica de los materiales documentados en la zona poniendo en orden muchas de las atribuciones y relacionándolas con las diversas fases estratigráficas que se han interpretado en ese segmento del yacimiento[385]. La acrópolis de Empuries y todos los recintos religiosos y comerciales anejos, debió de ser uno de los recintos religiosos de referencia cuando menos en el levante peninsular, reflejo del pujante tráfico comercial que mantuvieron las prósperas ciudades del circuito colonial foceo, materializado en la

---

[378] ALMAGRO-GORBEA, M. Y MONEO, T. (2000): *Santuarios urbanos en el mundo ibérico*. RAH. Madrid. 114.
VILÁ PÉREZ, C. (1997): "Arquitectura templar ibérica". *Espacios y lugares cultuales en el mundo ibérico*. *QPAC*. 18. 537-566.
[379] RUIZ DE ARBULO, J. (1997): "Santuarios y comercio marítimo en la Península Ibérica durante la época arcaica". *QPAC*. 18. *Espacios y lugarescultuales en el mundo ibérico*. 517-536.
[380] RUIZ DE ARBULO, J. (2002-03): "Santuarios y fortalezas. Cuestiones de indigenismo, helenización y romanización en torno a Emporion y Rhode (S. VI- I a.C.)". *CuPAUAM*. 28-29. 161-202. Sobre esta forma de entender los fenómenos religiosos vid. DOMÍNGUEZ MONEDERO, A. J. (2001): "La religión en el emporion". *Gerión*. 19. 221-257.

[381] En el actual área ocupada por la moderna población del Sant Martí de Empuries vid. AQUILUÉ, X. (1999): *Intervencions arqueològiques s Sant Martí d'Empuries (1994-1996): De l'assentament precolonial a l'Empuries actual*. Monografies Emporitanes. 9. Girona.
[382] J. Tremoleda, en respuesta a nuestra pregunta, nos comunicó que debido a su morfología, lo más probable es que el capitel y sobre todo la cornisa denticulada se deban a una monumentalización posterior del templo en época republicana.
[383] AQUILUÉ, X. (1999): op cit.
[384] En su momento pasaron casi desapercibidos por la comunidad arqueológica pero que recientemente han sido magníficamente publicados por X. Dupré Raventós. DUPRÉ, X. (2005): "Terracotas arquitectónicas prerromanas en Emporion". *Ampurias*. 64. 103-123.
[385] DURPÉ, X. (2005): op cit.

arquitectura templar y su decoración arquitectónica, dotada de antefijas de origen itálico y elementos pétreos, algunos de ellos de mármoles importados del oriente mediterráneo como los de algunos ejemplares escultóricos hallado en estos recintos, lo que supone un caso excepcional dentro de la arqueología las costas hispanas[386]

Otro de los santuarios más importantes de la península ibérica durante la época arcaica fue el Santuario de Melkart en Gadir. Pese a la importancia que debió tener el templo, a juzgar por el volumen de menciones en las fuentes antiguas sobre Iberia no deja de sorprender el hecho de que no conservemos ningún vestigio físico del mismo. Se han publicado varios intentos de reconstruir cuales fueron las características arquitectónicas del templo. A. García y Bellido, en un auténtico clásico de la literatura arqueológica española hipotetizó, en función de su profundo conocimiento de las fuentes, sobre la posible restitución estructural del edificio[387]. Más recientemente W. E. Mierse[388] ha vuelto a profundizar sobre el tema, esta vez desde la perspectiva de los últimas décadas de investigación sobre la arquitectura sagrada levantina del Bronce Final, y los conocimientos que ahora poseemos sobre los espacios sagrados en la zona de Siria-Palestina (Lám. 19). En su propuesta, incluye una hipótesis de restitución de los elementos formales de su fachada que consideramos muy interesante, que adaptaría algunas de las características constructivas propias de los recintos sagrados semíticos, fundamentalmente documentable en los templos sirio-fencios y en los textos bíblicos[389] en Oriente, y en la iconografía monetal de ejemplares hispanos de época republicana.

Independientemente de su configuración concreta, que no podemos precisar pues no tenemos ningún vestigio material, lo cierto es que, al igual que en el caso del santuario arcaico de Ampurias, debió de tratarse de un gran edificio asociado a un punto clave de un circuito comercial de gran importancia como lo fue el de la colonia tiria. La gran influencia orientalizante que la arqueología protohistórica ha documentado en la arquitectura cultual del tránsito del Bronce Final a la plenitud del Hierro debió tener en este edificio un modelo de primer orden[390], su importancia se explica teniendo en cuenta el modelo comercial de las colonias fenicias arcaicas y al tráfico del que seguramente era un significativo centro redistribuidor, por lo menos en un primer momento.

La mejor representación material de este tipo de edificios en el mediodía ibérico, se ha documentado a través de la reciente excavación e interpretación del santuario de El Carambolo (Sevilla)[391] (Fig. 24). Los arqueólogos

---

[386] Al abrigo de este comercio y también de forma excepcional se ha documentado un pequeño altar con forma de columna jónica esculpido en mármol del pentélico en Mas Cartellar del Pontós, lo que supone según tengo entendido un *unicum* en la arqueología de los yacimientos ibéricos. Vid. RUIZ DE ARBULO, J. (2002-03): "Santuarios y fortalezas. Cuestiones de indigenismo, helenización y romanización en torno a Emporion y Rhode (S. VI- I a.C.)". *CuPAUAM*. 28-29. 161-202.
[387] GARCÍA Y BELLIDO, A. (1963): "Hércules Gaditanus", *Archivo español de arqueología*, 36.107/108.
[388] MIERSE, W. E. (2004): "The Architecture of the Lost Temple of Hercules Gaditanus and Its Levantine Associations". *AJA*. 108. 4. 545-576.

[389] Fundamentalmente en el libro Reyes I, que ya mencionamos más arriba, en referencia a la descripción del templo de Salomón que conservamos por medio de esta fuente.
[390] Sobre la influencia oriental en la arquitectura ibérica nos remitimos a un reciente monográfico publicado por el C.S.I.C. CELESTINO, S. Y RUIZ MATA, D, (Ed.) (2003): *Arquitectura oriental y orientalizante en la Península ibérica*. CSIC. Madrid y a la Tesis Doctoral del E. Díez Cusí vid. DIES CUSÍ, E., (1994): *La arquitectura fenicia de la Península Ibérica y su influencia en las culturas indígenas*. Universitat de Valencia. Tesis doctoral.
[391] FERNÁNDEZ FLORES, A. Y RODRÍGUEZ AZOGUE, A. (2005): "El complejo monumental del Carambolo Alto, Camas (Sevilla). Un santuario orientalizante en la

responsables de la interpretación han documentado varias fases constructivas de un conjunto cultual fechado entre los siglos VIII y VI a.C., sin que se documenten niveles de época precolonial, es decir que la interpretación de las formas arquitectónicas del yacimiento, relacionadas con modelos documentados en la franja siro-palestina están acorde con los materiales procedentes de trabajos anteriores en el yacimiento, en concreto con la famosa Astarté del Carambolo[392] y plantean la posibilidad de que nos encontremos ante la huella de la presencia de formas religiosas claramente fenicias (Fig. 24), en un punto clave de la gran vía de comunicación de la zona, la antigua desembocadura del río Guadalquivir.

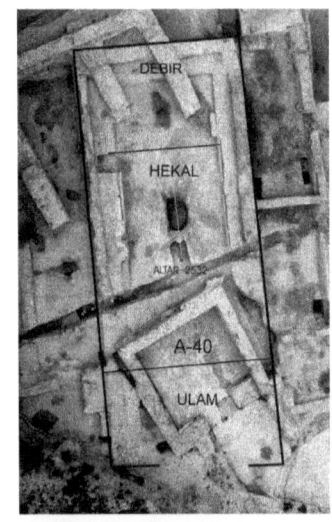

(Fig. 23) ARR. Vista general de una de las áreas cultuales del santuario de El Carambolo (Sevilla). En trazo fino, la interpretación de la compartimentación de la estancia en una de las fases constructivas, siguiendo modelos semíticos.
AB. Detalle de un altar de tipo "lingote chipriota" asociado al mismo nivel constructivo delimitado en la fotografía anterior. Ambas según Fernández Flores y Rodríguez Azogue (2005).

La interpretación funcional del conjunto no excluye otras posibles funciones además de la cultual, pues se desconoce la planta completa de la edificación principal, quedando abiertas otras posibles interpretaciones cercanas al modelo palacio-santuario propuesto para otros santuarios orientalizantes de la mitad sur, principalmente Cancho Roano (Lám. 2) y Abul[393]. Estos centros palaciegos, sobre los que no vamos a profundizar, pues no son el objeto de nuestro estudio representan un modelo de ambiente cultual, vinculado a las élites orientalizantes y a sus espacios de poder, que en el futuro servirán para realizar ensayos de articulación del territorio indígena en época tartésica, cuya distribución podrá llevarnos al establecimiento de distintos ámbitos de influencia política.

El modelo oriental de espacio cultual, vinculado fundamentalmente a un centro redistribuidor, ha servido para caracterizar las formas religiosas de los centros fenicios de la costa levantina. No olvidemos que el santuario de Tiro es una dependencia más del palacio del rey en época de Hiram. La encarnación más clara de esta unión del poder político y el poder religioso se registra en los textos bíblicos[394] a través de los varios pasajes dedicados a la erección del Templo de Salomón, jefe político de su comunidad, que lidera y patrocina personalmente la construcción y ornamentación del gran templo de Jerusalén.

---

paleodesembocadura del Guadalquivir". *Trabajos de Prehistoria.* 62, 1. 111-138.
[392] ESCACENA, J. L. (2001): "Fenicios a las puertas de Tartessos". *Complutum.* 12. 73-96.
CARRIZAZO, J, M. (1973): *Tartessos y el Carambolo.* Madrid.

[393] Dentro del volumen. *Arquitectura oriental y orientalizante* (2003): op cit. Vease los trabajos de V. Correia y S. Celestino.

Este repaso de los contextos templarios de los principales núcleos coloniales de la Península, debe hacernos reflexionar sobre su vinculación a centros de importancia a nivel político y económico. Esta pujanza es motor y motivo al mismo tiempo del surgimiento de este tipo de manifestaciones monumentales. El debate acerca del carácter del comercio y colonización fenicios en nuestro territorio está lejos de zanjarse[395], pero independientemente de la caracterización que queramos dar a las elites que patrocinaron la construcción de los conjuntos y santuarios como: El Carambolo (Fig. 24), Cancho Roano (Lám. 2) o Abul, la evidencia arquitectónica y los contextos materiales cada vez nos confirman de un modo más profundo la estrecha vinculación entre centros de poder político, actividad económica (fundamentalmente comercial y metalúrgica) y espacios sagrados, como ejes fundamentales de la ideología religiosa, que procedente del Mediterráneo oriental (en el más variado sentido de la expresión) llegó las costas ibéricas durante la época arcaica.

MODELOS DE ESPACIOS CULTUALES: CRITERIOS MORFOLÓGICOS Y FUNCIONALES

Uno de los aspectos que llama la atención al realizar un repaso de la literatura arqueológica publicada sobre el tema, es el número de trabajos, que durante las últimas dos décadas, se han dedicado a establecer un marco común o una nomenclatura por medio de la cual, poder sistematizar los, cada vez más numerosos, edificios a los que se atribuye una funcionalidad templar[396]. Nosotros, aún teniendo objeciones a todos y cada uno de los modelos publicados[397], entendemos que será más productivo para nuestro objeto de estudio, tomar como referencia una de las clasificaciones que otros autores han planteado, añadiendo algunos matices que a nuestro juicio doten de mayor consistencia al modelo planteado. A tal fin justificamos esta omisión pues estimamos que un ejercicio de elaboración de una nueva clasificación teórica no añadiría en esencia, ningún aspecto que no hubiera sido abordado por las anteriores y solo contribuiría a provocar mayor confusión a esta cuestión, dispersa y difusa como pocas en la protohistoria peninsular.

La mayor parte de las sistematizaciones realizadas hasta la fecha, hacen hincapié en dos criterios de distribución: la funcionalidad específica o el tipo de culto al que estaría adscrito el espacio y su relación con respecto a los núcleos habitados. El propósito de este trabajo es el de entender la funcionalidad de los ejemplares analizados y en relación a su arquitectura, entendiendo por esta su morfología, sus formas constructivas y ornamentales y su posible contenido simbólico. De este modo vamos a tomar como referencia un trabajo de L. Prados[398], añadiendo algunas matizaciones y acotaciones,

---

[395] Para un resumen de las principales líneas teóricas vid. BLÁZQUEZ, J. M. (2002): "La precolonización y la colonización fencia. El periodo orientalizante en la Península ibérica. Estado de la cuestión". *AespA*. 185-186. 37-58.

[396] LUCAS, M. R. (1981): "Santuarios y dioses en la baja época". En *La Baja época de la cultura ibérica*. Madrid. 217-231.
Dos trabajos que han sintetizado las principales corrientes teóricas son GUSI I JENER, F. (1997): "Lugares sagrados, divinidades, cultos y rituales en el levante de Iberia". *QPAC*. 18. 171-209. En el mismo volumen monográfico sobre *Espacios y lugares cultuales en el mundo ibérico* vid. OLIVER FOIX ,A. (1997): "La problemática de los lugares sacros ibéricos en la historiografía arqueológica".

[397] DOMÍNGUEZ MONEDERO, A. (1995): *Religión, rito y ritual durante la protohistoria peninsular. El fenómeno relgioso en la cultura ibérica*. BAR IS. Oxford. 1-12.

[398] PRADOS TORREIRA, L. (1994): "Los santuarios ibéricos. Apuntes para el desarrollo de una arqueología del culto", *Trabajos de Prehistoria* 51,1. 127-140.

acertadamente introducidas por trabajos posteriores. De su propuesta, que ya en su momento trató de sistematizar en estudios anteriores, podemos sintetizar tres categorías generales:

-Lugares naturales, espacios dotados de una "sacralidad inherente" debido a sus características orográficas, su posición geográfica o cualquier otra característica no vinculada a la acción humana.

-Santuarios, espacios dedicados al culto en sus más variadas manifestaciones y que han sido manipulados, de algún modo artificial.

-Templos, edificios[399] o entes arquitectónicos plenamente definidos y delimitados, los cuales, según el sentido clásico de su significado etimológico, estarían diseñados para servir de sede a una imagen de culto divina. Si seguimos al pie de la letra este significado etimológico del término *templum*, tan solo el edificio o Templo B de Azaila, de época republicana, contienen elementos dotados de una fiabilidad estratigráfica mínima como para hipotetizar sobre la existencia de una imagen de culto en su interior y poder ser merecedoras de dicha denominación.

Como hemos advertido más arriba, nuestro objetivo no es el de establecer una clasificación tipológica canónica, propia de contextos clásicos. Entendemos, como propone C.Vilà Pérez[400] en su ensayo de definición de una arquitectura templar ibérica, que se han de revisar los diversos contextos materiales de los espacios mencionarlos y adecuarlos al marco religioso que debió practicarse en el seno estas comunidades prerromanas[401]. Un repaso de algunos de los contextos estratigráficos de algunos de estos edificios de carácter cultual puede introducir nuevas preguntas y producir nuevas respuestas.

Sobre la base de esta propuesta metodológica, de cuya ambigüedad somos conscientes, vamos a proceder a analizar yacimientos y contextos asociados a los dos últimos grupos a los que hacemos referencia, y que obviamente constituyen el punto de atención de un trabajo sobre manifestaciones arquitectónicas.

EN TORNO A LOS LLAMADOS SANTUARIOS DOMÉSTICOS

Es relativamente frecuente encontrar, en muchas memorias de excavación que se publican en los últimos años, algún apartado en el que se especule con la posibilidad de identificar una función religiosa, para algunos de los recintos anejos o adyacentes con espacios domésticos, normalmente los más notables dentro de los diversos *oppida* que conocemos en extensión.

Normalmente, estas interpretaciones se basan en una serie de aspectos materiales que fueron sistematizados (concretamente en al área edetana) con toda la precisión que permitían los datos disponibles, en un artículo de H. Bonet y C.

---

[399] Entendemos que el término –santuario- hace referencia a adscripción espacial. Sin embargo cuando utilizamos el término –templo- lo hacemos para referirnos a una especie edilicia concreta.

[400] VILÀ PÉREZ, C. (1997): op cit.
-(1994): "Una propuesta metodológica para el estudio del concepto "templo" en el marco de la concepción religiosa ibérica", *Pyrenae* 25, 123-139.

[401] Un reciente trabajo aborda de forma enciclopédica el tema de la religión en el marco de las antiguas comunidades ibéricas. MONEO, T. (2003): *Religio ibérica: Santuarios, ritos y divinidades (siglos VII-I a. C.)*. B.A.H. 20. Real Academia de la Historia. Madrid.

Mata[402]. Pese a que las autoras se referían a un concepto más amplio de espacio religioso así como a un espacio cultural concreto, nosotros vamos a utilizar como referencia básica de nuestra exposición sobre esta materia.

En la primera parte de este trabajo, se enumeraban y definían una serie de elementos característicos que después se han utilizado para argumentar a favor de algunos espacios considerados como "santuarios domésticos". Sintetizando en lo esencial la interesante propuesta de dichas autoras, podemos extraer estos elementos sobre los que poder realizar posibles identificaciones o analogías:

-Aspectos constructivo-planimétricos.
-Equipamientos (dentro de los que destaca la decoración arquitectónica).
-Altares.
-Monolitos y Betilos.
-Hogares rituales.
-Ajuares (entre los que destacan determinadas formas como los *kernos* y la *fíala*, además de hacer mención especial a las terracotas).
-Pozos votivos (favissas).

Nosotros entendemos que estos elementos pueden estar relacionados con formas religiosas, pero no todos tienen la misma fiabilidad y no todos tienen el mismo grado de vinculación a formas religiosas de forma detectable en el registro estratigráfico. A este respecto creemos matizables algunas de las definiciones relacionadas con los elementos mencionados.

Algunos de estos elementos, por si solos, no pueden servir como indicadores válidos de la existencia de prácticas religiosas en un contexto. Así la decoración arquitectónica, no implica su utilización en edificios monumentales. Recientemente se ha puesto al descubierto un complejo de carácter monumental, situado en la parte oeste de la falda del Puig de Sant Andreu, que sus arqueólogos interpretan desde un punto de vista civil-palaciego. A la espera de su publicación monográfica, en una visita que realizamos al conjunto, pudimos comprobar como algunas de las estancias estaban dotadas de elementos arquitectónicos como basas de columna molduradas. M. Moreno[403], con motivo de la publicación de un capitel ibérico procedente de Los Villares de Andujar, ya avisaba con gran agudeza, sobre la presunción apriorística sagrada con la que normalmente interpretamos todos los elementos de decoración arquitectónica.

En el caso de los criterios constructivos, en el caso específico de los "santuarios domésticos", entendemos que muchas veces se han definido en negativo como *"edificios que se caracterizan por no presentar una estructura arquitectónica regular, ya que habitualmente aparecen relacionados con una vivienda o, en todo caso, con un edificio cuya planta no se diferencia tipológicamente de una construcción doméstica en la que la estructura sacra está integrada o adosada..."*[404]. De esta forma, si no existen diferencias constructivas apreciables, con otras estructuras interpretadas como domésticas, entendemos que la ausencia de una característica específica no puede ser un criterio aducible en una definición tipológica.

---

[402] BONET, H. Y MATA, C. (1997): "Lugares de culto edetanos: propuesta de definición". *QPAC*. 18. 115-146.

[403] MORENO ALMENARA, M. (1994): "Un fragmento de capitel ibérico procedente del yacimiento de los Villares de Andújar (Jaén)". *AArCor*. 5. 99-117.

[404] ALMAGRO-GORBEA, M. Y MONEO, T. (2000): op cit. 120.

Tampoco estamos de acuerdo con que un aumento espacio sea interpretado como referente de esta categoría de espacio cultual[405]. En nuestra opinión el aumento de los m2 de una estructura nos indica que fue diseñada con un fin de representación social mayor al de otros lugares o para realizar alguna actividad que necesite de un mayor volumen de espacio. El simple hecho de que nos encontremos con un espacio mayor, no tiene por qué implicar que su diseño estuviera predeterminado para una funcionalidad religiosa.

Algunos hogares han sido considerados como elementos de indudable adscripción religiosa, sobre todo en el caso de tener forma de lingote chipriota, similares a los documentados en ambientes, considerados como religiosos, de época orientalizante, vid. Cancho Roano (Lám. 2) o El Carambolo[406] (Fig. 24). Según nuestra interpretación, y al igual que ocurre con otros aspectos de la cultura material indígena, la ecuación hogar lingote chipriota = santuario doméstico, no es generalizable, por muchos paralelos orientales que se puedan presentar.

Con respecto a los altares y a los monolitos o betilos, a los que se podría añadir las imágenes de culto, no tenemos ninguna objeción en relación a su interpretación religiosa, lo que si queremos advertir es que no existe una sistematización tipológica de estos elementos, que por otra parte, suelen presentar morfologías muy genéricas, lo que dificulta mucho la identificación irrefutable de este tipo de elementos, y mucho menos su inclusión en ambientes indígenas domésticos o santuarios domésticos.

Los ajuares nos introducen también en algunos problemas, los elementos cerámicos de importación, de tipologías áticas en su mayor parte entre los siglos V-III a.C., no son indicativas, por si mismas, de contextos religiosos. Al igual que en el caso del espacio arquitectónico, la inclusión de elementos cerámicos de importación nos indican las posibilidades socioeconómicas del comprador, pero no su utilización en rituales religiosos. Es cierto que la utilización de determinadas formas cerámicas, como las *Castulo Cup* o los *Kantharoi* tipo Saint Valentin[407], nos dan una demostración del consumo de vino en ambientes indígenas, esto no tiene por que implicar su utilización en rituales religiosos, salvo en los casos en los que el contexto arqueológico nos lo indica de manera clara[408]. Otras formas cerámicas de importación normalmente se relacionan con formas rituales, como en el caso del *kernos* o la *fíala*[409], tampoco pueden ser considerados como indicadores indiscutibles de los rituales religiosos, pues son de sobra conocidas las divergencias entre los usos de las mismas formas cerámicas en contextos helénicos y en contextos indígenas.

Otra de las tipologías más relevantes, son terracotas denominadas de tipo Démeter-Koré, sobre las que existido una polémica relacionada con su atribución cultural específica. La existencia de una serie de estudios relativos a esta clase de documentos arqueológicos, parece coincidir en una vinculación, ciertamente ambigua a prácticas

---

[405] ALMAGRO-GORBEA, M. Y MONEO, T. (2000): op cit. 120.
[406] FERNÁNDEZ FLORES, A. Y RODRÍGUEZ AZOGUE, A. (2005): "El complejo monumental del Carambolo Alto, Camas (Sevilla). Un santuario orientalizante en la paleodesembocadura del Guadalquivir". *Trabajos de Prehistoria*. 62, 1. 111-138.
CELESTINO, S. (2001): op cit.

[407] SÁNCHEZ, C. (1992): *El comercio de productos griegos en Andalucía oriental en los siglos VI-IV a. C.: estudio tipológico e iconográfico de la cerámica*. Tesis doctoral. Universidad Complutense de Madrid.
SHEFTON, B. B. (1982): op cit.
[408] Como en los *silicernia* documentados en Los Villares de Hoya Gonzalo. BLÁNQUEZ, J. (1996): op cit.
[409] BONET, H. Y MATA, C. (1997): op cit. 119-120.

religiosas, para cualquier cuestión relacionada, nos remitimos a los magníficos estudios existentes[410]. Respecto a los pozos votivos, al igual que en el caso de los betilos y los altares, consideramos que su evidencia es una prueba de la funcionalidad religiosa del lugar, aunque reiteramos la dificultad de definir con precisión unos criterios de identificación.

En base a las matizaciones que hemos planteado, creemos que sería necesaria una revisión de muchos de los casos, que en la bibliografía científica[411] de este periodo han sido considerados como "santuarios domésticos"o "capillas domésticas". De esta manera en el caso de la estancia de El Oral, denominada como IIIJ1 (Lám. 22), se ha venido interpretando por algunos autores como "santuario doméstico o doméstico-gentilicio", dotado de un hogar con forma de lingote chipriota. Correspondiente a este elemento del mobiliario se ha documentado un nivel ceniciento, irregular con restos de carbones, claro indicio de combustiones. Además se han documentado fragmentos cerámicos de cerámica ática de importación. El hogar, se encuentra en una de las habitaciones más amplias del conjunto, y su configuración espacial varía ligeramente con respecto a otras estructuras del conjunto.

De todos estos rasgos se pueden deducir algunos aspectos, en concreto la prestancia social indudable del comitente (o comitentes). De esta manera y pese a que la morfología del hogar se ha conectado con una funcionalidad religiosa, no encontramos ningún aspecto concreto, o elemento documentado en la estratigrafía, que nos permita afirmar una funcionalidad religiosa, por lo menos un diseño para tal fin. Creemos, por tanto, más acertada la hipótesis que expresó L. Abad, en la que caracterizaba este espacio desde el punto de vista de la representatividad social, indicando que seguramente sería un punto de reunión, ritual y con una vertiente religiosa, de las aristocracias de la comunidad que ocupó el yacimiento alicantino. Sobre este respecto L. Abad y F. Salas, los excavadores del lugar afirman que: "*...La presencia de este elemento en forma de lingote, de dos puertas y de restos de un revoco rojizo –caso único en el poblado- así como la propia ubicación de la casa IIIJ, en el centro de la que parece manzana principal y entre las casas más importantes de todo el poblado, son aspectos que hay que tener en cuenta a la hora de valorar el papel desempeñado por esta estancia. Pudo tener una finalidad religiosa, aunque a juzgar por la inexistencia de elementos u objetos vinculados específicamente al culto pensamos que más bien debió servir de lugar de reunión para las "fuerzas vivas" del poblado, cuyos intervinientes se agruparían alrededor de un símbolo relacionado con la divinidad, el poder y la riqueza. Lo que resulta evidente es que no se trata de un lugar de habitación como la mayoría de las casas del poblado*[412].

Otro de los espacios, que ha sido considerado por algunos investigadores como un posible lugar de culto doméstico, es el llamado Departamento 1 del Puntal dels Llops[413] (Lám. 24). La excelente documentación de los materiales del recinto, que se publicó en un famoso coloquio

---

[410] BLECH, M. (1992): "Algunas reflexiones sobre la plástica en barro basadas en las terracotas procedentes de la necrópolis ibérica de El Cigarralejo (Mula, Murcia)". *BAEAA*.32. 21-31.
-(1998): "Las terracotas, en Museo de El Cigarralejo, Mula, Murcia". *BAEAA*. 38. 175-186.
[411] ALMAGRO-GORBEA. M. Y MONEO, T. (2000): op cit. 120-130. DOMÍNGUEZ MONEDERO, A. (1995): op cit. 3.3.2.

[412] ABAD, L. Y SALA SELLÉS, F. (1997): "Sobre el posible uso cúltico de algunos edificios de la contestania ibérica". *QPAC*. 18. 93.
[413] BONET, H. Y MATA, C. (2002): *El Puntal dels LLops. Un fortín edetano*. Trabajos Varios del SIP. Diputación de Valencia.

sobre arqueología microespacial[414], ha dado pié a sus excavadoras para interpretar este lugar como un espacio cultual. Según H. Bonet y C. Mata[415] este departamento 1: *"...El departamento 1, de 21 metros cuadrados es de planta rectangular y, aunque está situado en el centro del poblado, no destaca dentro del conjunto, pues está formando parte de la hilera de estancias adosadas a la muralla oeste. En el muro de fachada tiene, como otros, una escalera de piedra que daría acceso a una planta superior y, por tanto, duplica su superficie. Sin embargo, hay varios elementos internos que lo diferenciaban del resto, además de su ajuar. La planta baja presenta, en el ángulo noreste, un enlosado de piedras de rodeno en forma de cuarto de círculo, de metro y medio de radio, interpretado como la base de un hogar y, sobre el pavimento, se hallaron restos de una gran estera de esparto. Ambos elementos son exclusivos de este recinto...".*

El ajuar de este recinto (Fig. 25) incluye algunos elementos que debieron poseer una, más que probable función cúltica, como los ejemplares de terracota tipo Démeter-Koré, el *Kernos* de pintura decorada y el *Guttus* con forma de pie. Pero también es cierto que este ajuar incluye algunos objetos, que nos remiten a ambientes culturales diferentes a los que podría esperarse en un espacio religioso, en concreto nos referimos a los ponderales y fusayolas, fragmentos de ánfora, espátulas, fíbulas y asador de bronce, así como dos *Kantharoi* de tipo ático de barniz negro, que no pueden interpretarse automáticamente como elementos específicos de la liturgia religiosa.

En nuestra opinión, y pese a que existen elementos que justifican de manera sobrada la interpretación que proponen las autoras, creemos que han de tenerse en cuenta otras formas de interpretar esta clase de recintos indígenas. En paralelo a la tendencia, detectable en la bibliografía reciente, de buscar los posibles centros religiosos indígenas en todos y cada uno de los poblados u *oppida*, de mayor o menor tamaño, dependientes o independientes de un núcleo primario, proponemos la posibilidad de reinterpretar muchos de estos llamados santuarios gentilicios o domésticos como espacios de representación social, que pudieron contener elementos relacionados con la liturgia religiosa, como cualquier espacio en el Mediterráneo antiguo, pero cuyo diseño no incluya específicamente la función religiosa. La constatación de elementos, de diversa

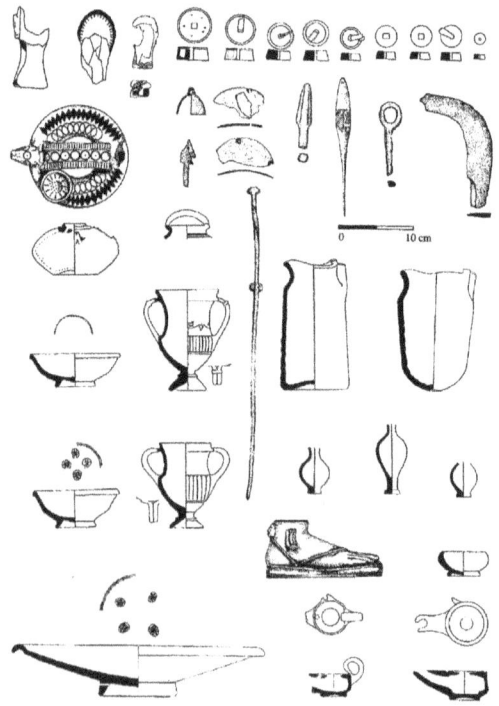

(Fig. 24) Ajuar encontrado en el Departamento 1 del Puntal dels Llops según Bonet y Mata (1997).

---

[414] BERNABEU, J. et alii (1986): "Análisis microespacial del poblado del Puntal del LLops". *Arqueología Espacial*. 9. Coloquio sobre el microespacio. Vol. II. Ptrotohistoria.
[415] BONET, H. Y MATA, C. (1997): op cit. 134.

funcionalidad, como los del ajuar documentado en el departamento 1 del Puntal, así como algunas de las críticas planteadas como matiz de los criterios de identificación de espacio religioso en el ámbito levantino, nos deben hacer contemplar la posibilidad de la existencia de espacios multifuncionales, en base a los datos tan diversos que obtenemos del cotejo del registro arqueológico concreto de algunos de los lugares denominados normalmente como "santuarios domésticos" o "gentilicios".

La multifuncionalidad[416] de espacios como el IIIJ1 de El Oral o el Departamento 1 del Puntal, parece encajar con algunos marcos urbanísticos como el del yacimiento edetano, en el que se ha identificado, con mayores razones estratigráficas y de dispersión de los artefactos, otros centros religiosos que cumplirían las mismas funciones el Departamento 14 del Puntal (Lám. 24) y el espacio IIIL2 de El Oral (Lám. 23), para los que si coincidimos en la interpretación religiosa que se ha propuesto[417]. En el caso del yacimiento edetano, se nos antoja muy difícil pensar que prácticamente ¼ del espacio disponible en todo el asentamiento, se dedicase a una función exclusivamente religiosa.

La sistematización tipológica, a la que somos tan aficionados los arqueólogos, nos empuja a pensar que la estructura funcional de los diversos espacios de un asentamiento, tendrá una clara representación en el registro estratigráfico, mueble o inmueble. En contra de esta tendencia, estimamos que la reinterpretación de muchos de los recintos que han sido considerados como "santuarios domésticos", de forma más ajustada al contexto material que presentan, cuyos horizontes muebles e inmuebles nos remiten, en nuestra opinión, al concepto de multifuncionalidad, que respondería de una manera más precisa a la realidad contextual de los materiales, más aun si cabe teniendo en cuenta que nos encontramos ante espacios claramente asociados a ámbitos domésticos de época protohistórica.

En nuestra matización al concepto tipológico de santuario doméstico, proponemos la utilización de hipótesis más complejas y multifuncionales, sin caer en aproximaciones apriorísticas, que no tienen una interpretación específica en el registro material más que en algunas de los ejemplares que figuran en diversas publicaciones bajo esta adscripción. Nosotros hemos hecho referencia específica[418] a dos ejemplos pero creemos necesaria la reinterpretación de otros lugares como el complejo nº 2 del Castellet de Bernabé[419] (Lám. 25.2) o el recinto 17 de la Moleta de Remei[420] (Lám. 25.1), que se han interpretado como lugares de culto, fundamentalmente por la presencia de enterramientos infantiles asociados a su planta.

La cuestión de las deposiciones infantiles, que cuenta con una tradición bibliográfica propia

---

[416] Sobre la multifuncionalidad de los espacios domésticos vid. KENT, S. Ed. (2001 (1990)): *Domestic architecture and the use of space: an interdisciplinary cross-cultural study*. New directions in Archaeology. Cambridge University Press.
[417] ABAD, L Y SALA, F. (1997): op cit. 93 ss.
BONET, H. Y MATA, C. (1997): op cit. 135 ss.
[418] A causa de su buena documentación estratigráfica.
[419] GUERÍN, P. (1995): *El poblado de Castellet de Benerabé (Lliría) y el horizonte pleno edetano*. Tesis Doctoral leida en la Universidad de Valencia. Aparece mencionado como "santuario doméstico" en MONEO, T. (2003): op cit. 268.
[420] GRACÍA, F. et alii (1988): *La Moleta del Remei (Alcanar, Montsià). Memoría de la 4ª campanya d'excavacions*.
-(1989): *La Moleta del Remei (Alcanar, Montsià). Memoría de la 5ª campanya d'excavacions*.
-(1990): *La Moleta del Remei (Alcanar, Montsià). Memoría de la 6ª campanya d'excavacions*.
Este espacio aparece intepretado como un posible santuario doméstico en SANMARTÍ, J. BELARTE, M. C. (1997): "Espais de culte i práctiques rituals a la catalunya protohistórica". *QPAC*. 18. 7-32. Y como "santuario gentilicio" en MONEO, T. (2003): op cit. 272.

dentro del estudio de la religión indígena[421], nos introduce en un problema que rebasa con mucho el objetivo de esta investigación. Sólo pretendemos introducir unas pautas interpretativas propias: en primer lugar consideramos que las inhumaciones infantiles en contextos ibéricos tienen obvias implicaciones rituales y religiosas, el hecho de que se varíe el ritual de enterramiento, en un grupo de edad tan preciso como los individuos de edad infantil, es un argumento más que suficiente para afirmar este carácter sagrado. Pero ese carácter no implica necesariamente que su presencia, siquiera de forma reiterada (como es el caso del recinto 17 de la Moleta donde se aprecian 5 de estas inhumaciones[422]) deba interpretarse como una prueba del carácter cultual específico de dicho recinto. El sentido profiláctico[423] con el que suele caracterizar este tipo de rituales, nos remite claramente a espacios domésticos, como parte de los numerosos ritos apotropaicos que tienen como objetivo la protección del segmento infantil de la población.

CUESTIONES DE HIBRIDACIÓN: LA DECORACIÓN ARQUITECTÓNICA IBERO-JONIA EN EL ÁMBITO DE LA MONUMENTALIZACIÓN DE LOS SANTUARIOS IBÉRICOS

Una serie de trabajos, publicados en los años noventa[424], sentaron las bases del estudio de un fenómeno arquitectónico denominado "la monumentalización de los santuarios ibéricos tardíos" al que nos hemos referido al principio de este estudio, estableciendo claros paralelismos con un proceso con el que comparte rasgos comunes, el de los santuarios republicanos del Lazio[425].

S. Ramallo, ha vuelto a llamar la atención sobre este proceso afirmando que: "*...debe estudiarse en qué medida, los talleres locales, que sin duda labran la piedra con formas ajenas a la tradición, recogen, al margen de los aspectos técnicos y de labra, ese pasado, y de que forma éste pudo influir, mezclado con influencias púnicas, en la formación de los estilos provinciales...*"[426].

Sobre esta influencia púnica, el propio S. Ramallo publicó un trabajo donde analizaba el reflejo arqueológico de este supuesto influjo púnico[427] (al cual nos remitimos) donde sugería que el principal referente de este tipo de formas edilicias estaría en el gran templo de Hercules-Melkart gadeirita, al que nos hemos referido. Nosotros entendemos que parte de estas posibles influencias se pueden detectar en algunos capiteles

---

[421] Sobre esta cuestión existe una monografía publicada en el número 14 de los *Cuaderns de Prehistoria i Arqueología de Castelló* (1989), bajo el título de "Inhumaciones infantiles en el ámbito mediterráneo español (siglo VII a. C al II d. C.). También vid. MONEO, T. (2003): op cit. 409-411.
[422] SANMARTÍ, J. BELARTE, M. C. (1997): op cit. 15.
[423] FABRÉ, V. (1990): "Rites domestiques dans l´habitat de Lattes: sepultures et dépôts d´animaux". *Lattara*. 3. 391-416.
[424] RAMALLO ASENSIO, S.F.; NOGUERA CELDRÁN, J. M; BROTONS YAGÜE, F. (1998): «El Cerro de los Santos y la monumentalización de los santuarios ibéricos tardíos», *Revista de Estudios Ibéricos*, 3. 11-69. También vid. LUCAS, M. R. (1981): "Santuarios y dioses en la baja época". En *La Baja época de la cultura ibérica*. Madrid. 217-231.
RAMALLO ASENSIO, S. F., (1993): "Terracotas arquitectónicas del santuario de La Encarnación (Caravaca de la Cruz, Murcia)", *AEspA*, 66, 71-98.
BROTONS, F. y RAMALLO, S, (1994): "Un santuario suburbano: La Encarnación de Caravaca (Murcia)". *XIV Congreso Internacional de Arqueología Clásica, Tarragona, 1993, (Tarragona),* 74-75
[425] COARELLI, F. (1987): *I Santuari del Lazio in età republicana*. La Nuova Italia Scientifica. Roma.
[426] RAMALLO ASENSIO, S. (2003): op cit. 129.
[427] Para cuestiones relacionadas con el influjo púnico en la arquitectura ibérica deben consultarse los trabajos de F. Prados. Vid. PRADOS, F, (2002-03): "Memoria del poder. Los monumentos funerarios ibéricos en el contexto de la arquitectura púnico-helenística". *Actas del seminario Casa de Velásquez-UAM. CaPauam*. 28-29. 203-226.
RAMALLO, S. (2000): "La realidad arqueológica de la "influencia" púnica en el desarrollo de los santuarios ibéricos del sureste de la Península Ibérica". En *XIV Jornadas de arqueología fenicio-púnica (Eivissa, 1999): santuarios fenicio-púnicos en Iberia y su influencia en los cultos indígenas.*

indígenas, hallados sin un contexto arqueológico determinado, en la región andaluza: el capitel de *Castulo*[428] (Lám. 6) y el del Cerro de las Vírgenes (Torreparedones)[429] (Lám. 26). De forma menos anacrónica (seguramente adscribibles a época helenística) tenemos otras dos piezas claramente vinculables a formas ornamentales de base púnica, que nosotros vamos a denominar de forma genérica "capiteles con ornamentos fitomorfos", como los documentados en el Puig de Sant Andreu de Ullastret[430] y los de Torreparedones[431](Lám. 17.6).

Una vez más la ausencia de un contexto estratigráfico nos imposibilita para ofrecer una cronología precisa para otra clase de elementos característicos de la decoración arquitectónica ibérica, como el capitel de Cádiz[432] o un fragmento de capitel decorado con un friso de ovas, que se halló en Los Villares de Andújar[433] (Lám. 17.4) o un capitel jonio procedente de La Alcudia de Elche[434] (Lám. 17.1) y mucho menos para argumentar acerca de una posible atribución a edificios de culto.

Otra elementos de decoración arquitectónicos, que se pueden considerar dentro de una cronología más acotada, aproximadamente entre finales del siglo III a. C. principios del I a. C., serán los que nos sirvan de hilo conductor a nuestra propuesta de interpretación. Una serie de lastras, cornisas, terracotas, antefijas y capiteles (en algunos casos solo e conservan referencias documentales e iconográficas) comparten una serie de rasgos característicos comunes.

La distribución geográfica de estos elementos, responde en líneas generales a los ramales de la principal vía de comunicación terrestre que existió en la Península en época prerromana, la llamada Vía de Heracles, la que discurre paralela a la costa mediterránea hasta alcanzar Andalucía meridional y la que cruzaba Albacete para contactar con el Valle del Guadalquivir y los centros metalúrgicos de la Alta Andalucía. Esta vía de comunicación sirvió, junto al transporte marítimo y fluvial, como principal arteria del tráfico comercial (y seguramente también humano) de productos variados que los arqueólogos documentan en los diversos yacimientos indígenas.

La mayoría de ellos responden a morfologías y temáticas típicamente jonias, tanto es así que S. Ramallo ha llegado a afirmar que: *"...En este sentido, los restos de capitel, de orden jonico, entroncan con la tradición de la arquitectura templar de los dos últimos siglos de la república que en Italia se refleja sobre todo con la amplia difusión del capitel jónico-itálico, al igual que en la Península Ibérica si bien con distintas variantes que entroncarían con la tradición ibérica anterior. En consecuencia, se puede avanzar como premisa a comprobar, un empleo sistemático del orden jónico en este primer proceso de monumentalización de los santuarios ibéricos, en un fenómeno muy similar al que se produce en la propia ciudad de Roma y en los santuarios itálicos del entorno, donde su empleo es predominante desde fines del siglo III hasta inicios del I a. C..."*[435].

---

[428] Depositado en el Museo Arqueológico de Linares.
[429] LEÓN. P. (1979): "Capitel ibérico del Cerro de las Vírgenes". *AEspA*. 52. 195-204.
[430] Depositado en el M.A.C.-Ullastret. MARTÍN, A. (1980): *Ullastret: guia de las excavaciones y su museo*. Girona.
[431] CRUZ FERNÁNDEZ, C. Y CUNLIFFE, B. (2002): *El yacimiento y el santuario de Torreparedones: un lugar arqueológico preferente en la campiña de Córdoba*. BAR Internacional Series 1030. Oxford.
[432] PEMÁN, C. (1959): "El capitel de tipo protojónico de Cádiz". *AEspA*. 32. 53-70. CSIC. Madrid.
[433] MORENO ALMENARA, M. (1994): "Un fragmento de capitel ibérico procedente del yacimiento de los Villares de Andújar (Jaén)". *AArCor*. 5. 99-117.
[434] RAMALLO, S. (2003): op cit. 114.

[435] RAMALLO, S. et alii (1998): op cit. 28.

TABLA DE DISTRIBUCIÓN DE ELEMENTOS ARQUITECTÓNCOS IBERO-JONIOS Y DE INSPIRACIÓN JONIA EN EL LEVANTE MEDITERRÁNEO DE LA PENÍNSULA IBÉRICA (S. V- I a. C.)

1 CAPITEL estucado de Ullastret[436]
3 CAPITELES La Encarnación de Caravaca[437] (Lám. 17. 3,5 y Lám. 27)
1 CAPITEL La Alcudia de Elche[438]
1 CAPITEL Empuries[439]
1 (*[440]) CAPITEL Cerro de los Santos (Lám. 17.2)
9 ANTEFIJAS La Encarnación de Caravaca[441]
1 ANTEFIJA palmetiforme de La Luz[442]
3 ANTEFIJAS Empuries[443]
1 ACRÓTERA Empuries[444]
1 CORNISA DENTICULADA La Encarnación[445]
1 CORNISA DENTICULADA Ullastret
2 CORNISAS DENTICUALDAS Sant Martí de Empuries[446]
61 FRAGMENTOS DE PLACAS DE REVESTIMENTO arquitectónico de la Encarnación[447]

Este mismo autor, ha evolucionado desde una perspectiva en la que afirmaba que la introducción de estas formas monumentales, se deban a la introducción de elementos itálicos en la Península Ibérica[448], hacia la afirmación de la existencia de un proceso indígena de monumentalización de espacios de cultos, por lo menos desde el siglo IV a.C.[449], desvinculando (o por lo menos ampliando los orígenes) de la aplicación de morfologías arquitectónicas jonias en contextos indígenas de la acción de Roma, e incluso, como comprobamos más arriba, comparándolos de manera paralela.

Más ambiguo sin embargo se muestra a la hora de establecer una explicación para la utilización de estos materiales ornamentales[450]. Nosotros queremos plantear una hipótesis basada en la asimilación de las elites locales, de la arquitectura jonia, dando lugar, como afirmábamos más arriba a la configuración de una facies indígena o ibero-jonia, cuya principal vía de referencia sería la línea de colonias foceas del Mediterráneo occidental, que dio pié a lo que algunos expertos han definido como un gusto jónico "internacional"[451] y que nosotros entendemos como la adaptación de determinadas formas artísticas a los principios ideológicos de los príncipes ibéricos que patrocinaron su producción, bien mediante la contratación de maestros itinerantes o bien de los plausibles talleres locales.

La existencia de distintas tradiciones ornamentales jonias (Fig. 26), vinculada a diversos puntos del Mediterráneo occidental, que ha sido

---

[436] Expuesto en el MAC-Ullastret, con el resto de la decoración arquitectónica del yacimiento.
[437] RAMALLO, S. (2003): op cit. fig. 26.
[438] RAMALLO, S. (2003): op cit. fig. 12.
[439] DUPRÉ, X. (2005): op cit. 104 ss.
[440] Sólo conservamos un dibujo realizado por J. D. Aguado en 1861 y publicado por RADA Y DELGADO, J. de D. de la, (1875): *Antigüedades del Cerro de los Santos en el término de Montealegre: Discurso de ingreso en la Real Academia de la Historia*, Madrid. VI, 253, fig. 3.
[441] RAMALLO, S. (1993): "Terracotas arquitectónicas del Santuario de La Encarnación (Caravaca de la Cruz, Murcia)". *AEspA*. 66. 71-98.
[442] RAMALLO, S. (2003): op cit. Fig. 22.
[443] DUPRÉ, X. (2005): op cit. Fig. 7.
[444] DUPRÉ, X. (2005): op cit. Fig. 7.
[445] RAMALLO, S. (2003): op cit. Fig. 21.
[446] Documentadas en los trabajos de excavación de la palaiápolis ampuritana, que según J. Tremolada podrían pertenecer a una monumentalización republicana del antiguo templo arcaico de Emporion, a la que podría pertenecer el friso con los cuartos traseros de dos grifos o esfinges que se conserva en el MAC-Barcelona.
[447] RAMALLO, S. (1993): op cit.

[448] Postura que defendía abiertamente en un conocido artículo publicado en Archivo Español de Arqueología. Vid. RAMALLO, S. (1993): op cit.
[449] RAMALLO, S. (2003): op cit. 126.
[450] RAMALLO, S. (2003): op cit. 129.
[451] BOITANI, F. (1993): "Apollo di Veio: il restauro". *B.A.C. Beni- Arch.* 84.

sistematizada por algunos autores en el caso de la Magna Grecia[452], Sicilia[453], Etruria[454] o el Lazio[455], está siendo puesta en relación con el tráfico comercial y cultural iniciado por la metrópolis arcaica y heredado por sus colonias occidentales a partir del siglo V a.C.

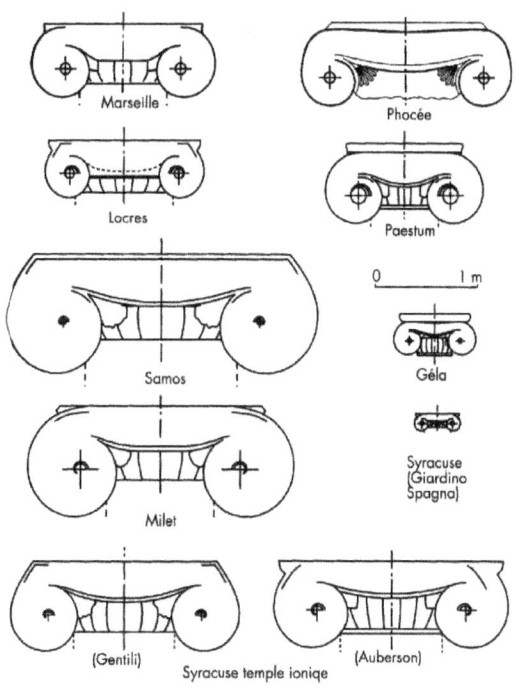

(Fig. 25) Comparativa de los capiteles jónicos encontrados en diversos puntos de Asia Menor y el Mediterráneo occidental, según Treziny y Theodorescu (2000).

Esa asimilación "internacional" de formas plásticas minorasiáticas debe leerse en el proceso de afirmación de unas aristocracias que dominarán, en los estados arcaicos del Mediterráneo central y occidental, el proceso de formación de las diversas vertientes del proceso cívico que caracterizó está época final de la protohistoria. Esta asimilación, que hemos esbozado en sus líneas fundamentales, con motivo de nuestro análisis de la arquitectura funeraria ibérica, tendrá un momento culminante en el levante hispano con motivo de aquello que arqueológicamente se definió como la "monumentalización de los santuarios tardíos". Este proceso debe leerse por lo menos en su inicio, en la llamada época plena de la vertiente levanto-ibérica, como una iniciativa de las élites locales, élites que (bien bajo el dominio romano o con anterioridad a él) a diferencia de los siglos VI-V a.C. ya disponían de una tradición plástica propia, de orígenes exógenos pero plenamente asumida en el marco de las comunidades nativas.

No compartimos la idea de un patrocinio romano de las obras de monumentalización de los santuarios de tradición indígena, idea que, a nuestro juicio implica la depresión social y cultural de todos los *oppida,* durante los primeros años de la dominación romana. Son múltiples los ejemplos que nos muestran lo contrarío, y que nos demuestran un desarrollo, constatable a través del registro arqueológico, de muchos de los asentamientos indígenas, bajo los auspicios de los conquistadores itálicos o púnicos, según su situación geoestratégica y su cronología. A nuestro juicio, la sociedad indígena, se encontraba en su máxima plenitud durante la baja época y la mayor prueba de ello reside en el hecho de que sea precisamente en este momento en el que se realiza la monumentaliación de unos edificios religiosos que debemos interpretar como de carácter público[456], frente a la monumentalización única de elementos funerarios que caracterizó las época anteriores.

---

[452] Consideramos que la referencia fundamental es GRECO, E. Y THEODORESCU, D. (1980-1987): *Paestum- Poseidonia.* 3 Vols. Ecole Française de Rome.
[453] THEODORESCU, D. (1974): *Le chapiteau ionique du Sicilie oriental.* Palermo.
[454] ADREN, A. (1940): *Architectural terracotas from Etrusco-Italic temples.* Lund. VVAA (1970): *Pyrgi. Scavi del Santuario etrusco. (1959-1967).* NSc. II suppl. Vol. XXIV. Roma.
[455] COARELLI, F. (1987): op cit. DUPRÉ, X. (1983): "Terracotas arquitectónicas". En ALMAGRO GORBEA, M. (Ed.): *El Santuario de Juno en Gabii.* CSIC-Roma. 131-194.

[456] GRACIA, F. et alii (1997): "Estructura social, ideología y economía en las prácticas religiosas provadas o públicas en el poblado". *QPAC.* 18. Dipt. Castellón. 443-460.

De esta manera en todo el arco mediterráneo occidental se observa, en época helenística (S. IV a. C.- I a. C.), un proceso sincrónico de monumentalización de espacios religiosos que tendrá en el orden jonio su principal exponente. Estas formas monumentales no deben ser entendidas en este caso como una introducción de elementos exógenos. Las élites levantinas, iniciaron un proceso inspirado en las formas arquitectónicas que reconocían como propias, y ornaron sus edificios públicos de acuerdo con los esquemas ideológicos que se habían iniciado en épocas anteriores, si bien con un matiz mucho más cívico, pero alejado de las formas más puramente itálicas.

(Fig. 26) Dos ejemplos de capiteles jonios, ARR. Procedente del Foce de Sele de Paestum. AB. Procedente de Focea.

Ese mismo proceso de interiorización, se da en otros puntos del occidente mediterráneo, como en Paestum, el Lazio o Etruria, en una cronología similar a la que entendemos que tuvo en Iberia (Fig. 27). Este movimiento a occidente de determinadas formas de arquitectura helénica, es coherente con el auge de las colonias foceas occidentales, que en época helenística se desvinculan claramente de sus metrópolis, pasando a dominar los circuitos comerciales del oeste. Este desarrollo económico y socio-político del Mediterráneo occidental de época helenística se detecta claramente en las colonias griegas de *Emporion* (Lám. 20.1) y *Rhode*, que durante los siglos que van desde el V a.C. hasta la dominación romana, experimentan un crecimiento arquitectónico crucial.

La monumentalización de santuarios como *Paestum*, Terracina, *Gabii*, *Locri* o *Lanuvium*[457], tendrá en territorio peninsular, otros focos equiparables (cronológica y culturalmente) como *Emporion* (Lám. 20.1), y los ya citados santuarios del Sureste ibérico. X. Dupré[458], en un trabajo sobresaliente, llamaba la atención de la existencia de un incipiente circuito comercial de terracotas arquitectónicas entre las diversas colonias de origen foceo. La documentación de una serie de piezas de decoración arquitectónica en piedra (Fig. 15), de las que ya hemos hablado, convierten el caso emporitano en un ejemplo singular dentro de la decoración arquitectónica, tanto al sur como al norte del rió Herault. Su importancia en época helenística queda perfectamente representada en la figura del llamado Asclepios de *Emporion*[459].

---

[457] COARELI, F. (1987): op cit.
[458] DUPRÉ, X. (2005): op cit.
[459] No vamos a entrar en cuestiones de cronología e identificación. Vid. RUIZ DE ARBULO, J. (2002-03): op cit.

La documentación de una serie de piezas, reutilizadas en la cimentación de la iglesia de Sant Martí de Empuries, ha sido interpretada por J. Tremoleda[460] como una posible muestra de la monumentalización en época republicana del santuario arcaico de la Palaiápolis, que a nuestro juicio, vendría a coincidir con el mismo horizonte de monumentalización de los santuarios del sureste ibérico.

En este horizonte de hibridación de formas arquitectónicas acontecida en todo en Mediterráneo occidental, (queda pendiente la referencia púnica, para la que me remito a otros trabajos ya citados) es donde debemos insertar el desarrollo de las comunidades ibéricas. La reinterpretación de elementos materiales exógenos es un fenómeno documentado ampliamente por la arqueología, baste citar el uso funerario que tienen muchas de las cráteras de tipo ático, que encontramos como recipientes funerarios en muchas de las necrópolis del Sureste y Alta Andalucía. Del mismo modo, esta expresión de contactos materiales no es únicamente unidireccional; los cada vez más amplios hallazgos de cerámicas ibéricas pintadas en diversos ámbitos de esta región[461], pese a que no tienen un volumen lo suficientemente amplio para poder ser consideradas como "comerciales", si que nos ilustran sobre el desarrollo de circuitos de comunicación entre los diversos ámbitos culturales de Iberia, el sur de Francia, la Península Itálica y Sicilia, con las colonias de estirpe focea como auténtica columna vertebral[462].

Analogías de este tipo también son aplicables en el caso de la arquitectura funeraria, donde encontramos algunas introversiones de formas, inspiradas claramente en morfologías helénicas (vid. Zapata de la sepultura Nº 75 de Galera (Fig. 15) y el capitel jonio del sepulcro Nº 774 de la necrópolis de Villaricos[463]). En el ámbito de lo cultual ¿qué objetos claramente jonios se pueden leer desde una perspectiva plenamente indígena? creemos que la clave de esta forma de interpretación la tenemos en la famosa columna-altar de mármol pentélico de Mas Castellar de Pontós (Girona), cuyo único paralelo aplicable[464], dentro del mundo indígena lo encontramos en un fragmento de altar, con una voluta jónica esculpida en relieve depositada en el MAN (Nº Inv. 5225)[465]. La interpretación del ejemplar de Mas Catellar, única en el occidente protohistórico, se fundamentó en su carácter de elemento de combustión relacionable, según E. Pons, con rituales de sacrificio de animales, enterramientos infantiles u ofrendas ceralísticas[466]. En nuestra opinión este artefacto representa mejor que ningún otro la hibridación de formas culturales y materiales helénicas, dentro de contextos funcionales y significativos indígenas. Se trata de un objeto diseñado inspirándose claramente en este tipo de tradiciones, y realizado en un mármol de importación griega, pero que funcionalmente responde a una morfología claramente indígena, que responde a las necesidades rituales de la elite local.

---

[460] Con cuya intepretación coincidimos plenamente.
[461] MUSCOLINO, F. (2006): "*Kalathoi* iberici da Taormina, aggiornamiento sulla diffusione della ceramica iberica dipinta in Sicilia". *AEspA*. 79. 217-224. Donde se recoge toda la bibliografía sobre la dispersión de la cerámica ibérica a lo largo del Mediterráneo Occidental.
[462] BENCIVENGA TRILLMICH, C. (1984): "La ceramica ibérica de Velia. Contributo allo studio della diffusione della ceramica iberica in Italia". *MM*. 25. 20-33.

[463] ASTRUC, M. (1951): *La necrópolis de Villaricos*. Informes y memorias. 28. C.G.E.A. Ministerio de Educación Nacional. Madrid.
[464] Aunque con muchas dudas, debido a su falta de contexto arqueológico.
[465] RAMALLO, S. et alii (1998): op cit. 25.
[466] PONS, E. (1997): "Estructures, objetes i fets culturals en el jaciment protohistòric de Mas Castellar (Pontós, Girona)". *QPAC*. 18. 81 ss.

CONCLUSIONES FINALES: REPENSANDO LA ARQUITECTURA SAGRADA EN RELACIÓN AL PROCESO URBANO

Hemos analizado algunas de las diversas manifestaciones de la arquitectura sagrada ibérica. El corsé cronológico y conceptual, ha provocado que en muchas ocasiones, se manejen concepciones tan difusas y ambiguas como "orientalizante", "helenístico" o "romanización" en paralelo al propio proceso histórico- evolutivo indígena. A su vez, este proceso ha tratado de acotarse por medio de otras nomenclaturas y etapas tales como ibérico "inicial", "pleno" y "final" (o Baja época como aparece en parte de la literatura arqueológica) de manera que la contrastación o el cotejo de unas horquillas con otras, presentan problemas o desfases, a la hora de su aplicación a las diversas zonas culturales de esta etapa de nuestra protohistoria.

Nosotros no pretendemos ofrecer una crítica gratuita de este modo de periodizar o etiquetar las fases culturales, más aún, consideramos que éstas siguen siendo muy útiles, y que debemos trabajar en ajustar sus referentes en el registro estratigráfico. Este convencimiento no exhime de reflexionar acerca del surgimiento y aplicación de estas etiquetas, pues no son actos neutros, y de forma consciente o inconsciente, los arqueólogos utilizamos unas analogías u otras, según tratemos de referenciar los materiales documentados (tanto los muebles como los inmuebles).

Así, mientras tratamos de buscar referentes o paralelos en otros ámbitos de la antigüedad, utilizamos preferentemente etiquetas del tipo: orientalizante o helenístico. Por el contrario, cuando queremos abordar su contextualización en términos procesuales internos, utilizamos preferentemente la segunda batería de periodizaciones que proponíamos.

Este trabajo, ha pretendido entender, de una manera más compleja, el fenómeno de la arquitectura religiosa de una cultura arqueológica a la que nos referimos con el nombre de ibérica. A lo largo de las páginas que hemos compuesto, y de los datos y materiales analizados, hemos realizado referencias a préstamos, intercambios, asimilaciones o reelaboraciones de técnicas, materiales, morfologías, significantes y significados, que nos han llevado a buscar diversos referentes en el contexto mediterráneo[467]. Pero también hemos tratado de contextualizar, esas mismas manifestaciones, en el marco del ambiente social que las contempló por primera vez. Integrar su funcionalidad, su utilidad ritual o su significado concreto a este trabajo, exigiría forzosamente la utilización de un punto de vista interno que la investigación todavía no ha logrado aislar (y no sabemos si alguna vez lo conseguirá).

Un estudio que aborde un único ámbito de referencia es, desde nuestra opinión, parcial, lo cual no significa en sí mismo que no sea útil desde un punto de vista científico, la inmensa mayoría de los artículos y monografías son parciales en mayor o menos grado, fundamentalmente por la logística del espacio que se dispone en algunos foros o publicaciones científicas. Sin embargo, la arquitectura como fenómeno producto de unas condiciones socio-culturales determinadas, exige un enfoque integrador para una comprensión más profunda, y este enfoque precisa una

---

[467] Con esto no afirmamos que no existan referentes extramediterráneos válidos, simplemente que no son objeto de este estudio concreto.

representación teórica concreta para poder ser manejable por el historiador o el arqueólogo.

El presente trabajo pretende aportar, o mejor dicho, adoptar un enfoque que permita relacionar ambas tradiciones historiográficas. Para ello creemos adecuada la integración del estudio de esas manifestaciones edilicias en el proceso urbanizador que protagonizan las comunidades protohistóricas de la vertiente mediterránea del territorio peninsular. Dicho proceso urbanizador, entendido en un sentido amplio (que es como debe ser entendido en el marco de la antigüedad) incluye a su vez una serie de procesos culturales, sociales y políticos cuya manifestación material más sobresaliente podría concretarse en aquello que A. Rossi definió como "cultura arquitectónica"[468].

Dentro de ese proceso urbanizador, hemos observado como, en las etapas formativas del mundo ibérico, aproximadamente entre los siglos VI-V a. C., la mayoría de las expresiones de la "cultura arquitectónica" de funcionalidad religiosa, detectadas en los centros y yacimientos indígenas está marcada por su adscripción o vinculación a linajes personales de tipo gentilicio. Aquello que tradicionalmente se ha denominado como el "paisaje monumental de las necrópolis ibéricas"[469] no es otra cosa que la manifestación de una serie de componentes ideológicos emanados desde los linajes elitistas con el fin de hacer ostentación de su primacía y justificar su poderío político, de raíz gentilicia.

El repaso a los llamados santuarios domésticos, nos ha hecho concluir, que sobre la base de los horizontes materiales que se insertan en sus contextos estratigráficos, y sobre todo, en relación a la propia configuración constructivo-arquitectónica, es decir su "cultura arquitectónica", no existe ningún rasgo definitivo que nos lleve a considerar que no se trataban de espacios de recepción vinculados a los núcleos domésticos que esos príncipes poseían y desde donde ejercerían funciones de comitencia, o bien lugares comunales multifuncionales que en algunos momentos podrían haber incluido rituales religiosos, si bien ese no sería su fin exclusivo.

Nos encontramos, por lo tanto, con formas estructurales, que a pesar de que debieron tener un componente comunitario[470], responden a los impulsos ideológicos de las elites principescas o de las primeras aristocracias que manifestaban su dominio sobre dicho proceso urbanizador, cuando menos en su orígenes. Estas elites, encuentran en ciertas formas de la plástica orientalizante e ibero-jonia, un instrumento excepcional para materializar este monopolio ideológico de la arquitectura sagrada.

Un aspecto importante que nos gustaría destacar, versa acerca del carácter de dicho proceso urbanizador. No podemos simplificar este fenómeno cultural en una evolución lineal, en la que cada fase corresponde a una categoría arquitectónica diferente. Una revisión cronológica de algunos yacimientos nos indica la certeza de la contemporaneidad de los diversos elementos culturales que hemos procedido a analizar en el presente trabajo.

---

[468] ROSSI, A. (1982): *Arquitectura de la ciudad*. Alianza. Madrid. Para una elaboración profunda del concepto urbano en el contexto de la antigüedad hispana vid. BENDALA, M. (1989): "La génesis de la estructura urbana en la España antigua". *CuPAUAM*. 16. 127-147.

[469] Para una crítica a esta forma de entender el registro funerario ibérico vid. BERMEJO TIRADO, J. (2007): "Modelos de interpretación del registro funerario en protohistoria: la Atenas arcaica y el mundo ibérico". *Saguntum*. En prensa.

[470] En el caso de Pozo Moro, recientemente resaltada por el trabajo de LÓPEZ PARDO, F. (2006): op cit.

Habrá que esperar a que el proceso constituyente de los centros urbanos ibéricos, los llamados *oppida*, adquiera su madurez, fundamentalmente a lo largo de la segunda mitad del siglo IV a.C. y el siglo III a. C., para que se generalicen edificios religiosos que reflejen el nuevo contenido social, ciertamente más isonómico, de las comunidades indígenas. En contraposición a los anteriores espacios religioso-funerarios, patrimonio personal de los linajes, estos espacios de culto emergentes se establecen en lugares públicos, bien dentro de los núcleos o bien de áreas de influencia que integren a varios centros. En cualquier caso, estos edificios tienen unas características diferentes, que claramente los vinculan a formas religiosas comunitarias, son por tanto edificios públicos.

Diseñados para albergar exvotos, para rendir culto a la imagen de una divinidad o para la prestación de servicios o rituales curativos, oculares o de protección empórica, ya no son únicamente el reflejo de unos linajes dominantes y su ideología, si no que es toda la comunidad (nos referimos por su puesto a todos aquellos con ciertos derechos políticos) las que se identifican con ellos. Este tipo de construcción pública se materializa, sobre todo mediante la tipología de templo, en sus dos vertientes fundamentales oriental-betílica y la helénica-casa del dios/imagen u objeto de culto. Pero no debemos pensar en estas influencias como sectores separados, son hibridaciones en contextos de intercambios culturales, de ahí la dificultad en identificar lo puramente indígena de aquello que tiene una raíz exógena y la mezcolanza de diversos elementos foráneos o locales. Fenómenos arquitectónicos como éste se insertan en una protohistoria mediterránea caracterizada por un gran número de significantes comunes, dotados de un número mayor, seguramente no cuantificable, de significados diversos y específicos.

Muchos de los materiales muebles e inmuebles que hemos analizado son, entre otras cosas, manifestaciones de la fase cívica que atraviesa ese proceso urbanizador, completado con una serie de elementos edilicios de claro sentido público como las fortificaciones, que igualmente en este periodo que abre el camino a la eclosión definitiva del iberismo, florecen en diferentes yacimientos levantinos y meridionales. La manifestación madurada de esta arquitectura cultual, se expone a través de un fenómeno conocido como la "monumentalización de los santuarios ibéricos[471]", acontecida en época republicana y que adaptará en muchas ocasiones formas jonias para su decoración arquitectónica[472]. El contenido de esta monumentalización, basada en formas arquitectónicas fundamentalmente helenísticas (en la acepción más general del término), oculta sin embargo la configuración de estos espacios en época plena, ese tal vez sea el reto investigador del futuro, definir de una manera precisa la "cultura arquitectónica" de los espacios de culto durante la plenitud del iberismo.

En definitiva, el proceso cívico del que hablamos, se encuentra en funcionamiento cuando en el 218 a. C., los buques romanos arriban en el puerto antiguo de *Emporion*. Es precisamente en ese mismo desarrollo (y no sobre él, como se entendió durante una época aquello que fue definido como "romanización") en el que se insertan las formas urbanísticas romanas que se

---

[471] RAMALLO ASENSIO, S.; NOGUERA CELDRÁN, J. M. Y BROTONS YAGÜE, F. (1998): "El Cerro de los Santos y la monumentalización de los santuarios ibéricos tardíos". *Reib.* 3. 11-69.
[472] RAMALLO ASENSIO, S. (2003): "Las comunidades de Hispania en época republicana". En ABAD CASAL, L. (Ed.): *De Iberia in Hispaniam: La adaptación de las sociedades ibéricas a las sociadades hispanas.* Univ. Alicante. 103-149.

desarrollarán en *Hispania* en torno al cambio de era, dando lugar a un proceso municipalizador que tendrá en la Península un gran arraigo, frente a lo que sucede en otras partes del imperio.

Una de los principales cuestiones a resolver, que plantea esta forma de interpretar la arquitectura sagrada ibérica (en simbiosis con el proceso urbanizador) estriba fundamentalmente en la posibilidad de que las formas monumentales de la edilicia funeraria, siguiesen desarrollándose entre los siglos III a.C. y el primer periodo tardorrepublicano. En este sentido, la revisión que propugna la Tesis Doctoral de A. Jiménez Díez[473], ha planteado con gran agudeza y profusión de datos, la existencia de un horizonte monumental indígena de cronología más baja de lo que normalmente se suele convenir para estas estructuras.

Entendemos que la evolución cultural indígena no sigue un orden biológico, de nacimiento, cenit y decadencia antes del fin, con el que tradicionalmente se ha contemplado este horizonte del Hierro reciente mediterráneo. Una revisión profunda de los instrumentos metodológicos y las herramientas cronológicas, se impone como vía principal de clarificación de este complejo desarrollo histórico, que arqueológicamente denominamos mundo ibérico, en sus diversas vertientes.

---

[473] Algunos de las ideas que introducimos en este trabajo, se recogen en una publicación que, en el momento de composición del presente estudio, se encuentra en fase de edición. JIMÉNEZ DÍEZ, A. (2007): *Imagines hibridae: una aproximación postcolonialista al estudio de las necrópolis de la Bética y al debate sobre la romanización.* Anejos de AEspA. CSIC. Madrid.

BIBLIOGRAFÍA

ABAD CASAL, L. (1979): "Consideraciones en torno a Tartessos y el origen de la cultura ibérica". *ArchEspArq.* 52. 175-193.

ABAD CASAL, L.(ed.) (2003): *De Iberia in Hispaniam: la adapación de las sociedades ibéricas a los modelos romanos.* Universidad de Alicante.

ABAD CASAL, L y SANZ GAMO, R (1995): *Informe de los trabajos de campo realizados en el Tolmo de Minateda. Campaña de 1991.* Toledo.

ABAD CASAL, L. Y SALA SELLÉS, F. (1993): *El poblado ibérico de El Oral (San Fulgencio, Alicante).* Trabajos Varios del SIP. 90. Valencia.

ABAD CASAL, L. Y SALA SELLÉS, F. (1997): "Sobre el posible uso cúltico de algunos edificios de la contestania ibérica". *QPAC.* 18. 91-102.

ABAD CASAL, L.; SALA, F. Y GRAU, I. (eds.),(2005): *La contestania ibérica, treinta años después.* Servicio de Publicaciones de la Universidad de Alicante. Alicante.

ABAD, L.; SALA, F.; GRAU, I.; MORATALLA, J.; TENDERO, M.; SÁNCHEZ, A. (2001): *El poblamiento ibérico en el Bajo Segura: El Oral (II) y la Escuera.* RAH. Madrid.

ADAMS, S. (1967): *The Tecnique of Greek Sculpture.* London.

ADREN, A. (1940): *Architectural terracotas from Etrusco-Italic temples.* Lund. VVAA (1970): *Pyrgi. Scavi del Santuario etrusco. (1959-1967).* NSc. II suppl. Vol. XXIV. Roma.

AKURGAL, E. (1960): "Vom Äolischen zum Ionischen Kapitell". *Anatolia.* 5. 1-7.

AKURGAL, E. (1995): "La Grèce de l'Est, berceau de la civilización occidentale" En *Phocée et le foundation de Marseille.* 31-45. Marsella.

ALCALÁ-ZAMORA, L. (2004): *La necrópolis ibérica de Pozo Moro.* Real Academia de la Historia. Madrid.

ALMAGRO BASCH, M. (1951): *Las fuentes escritas referentes a Ampurias.* Barcelona.

ALMAGRO BASCH, M. (1952): *Las inscripciones ampuritanas griegas, ibéricas y latinas referentes a Ampurias.* Barcelona.

ALMAGRO BASCH, M. (1955): *Las necrópolis de Ampurias.* Vol. I. Barcelona.

ALMAGRO BASCH, M. (1956): *Las necrópolis de Ampurias.* Vol. II. Barcelona.

ALMAGRO BASCH, M. (1966) : *Las estelas decoradas del suroeste peninsular.* Biblioteca Praehistórica Hispana, VIII.

ALMAGRO GORBEA, M. (1978): "El paisaje de las necrópolis ibéricas y su interpretación sociocultural" *RevStLig* 44. 199-218.

ALMAGRO GORBEA, M. (1982a): "El monumento de Alcoy. Aportación preliminar a la arquitectura funeraria ibérica". *TP.* 39. 161-210.

ALMAGRO GORBEA, M. (1982b): "Tumbas de cámara y cajas funerarias. Su interpretación sociocultural y la delimitación del área cultural de los Bastetanos". *En homenaje a Conchita Fernández Chicarro.* 249-257.

ALMAGRO GORBEA, M. (1983a): "El monumento orientalizante de Pozo Moro, su contexto socio-cultural y sus paralelos en la arquitectura funeraria ibérica" *MM.* 24. 183-293.

ALMAGRO GORBEA, M. (1983b): "Arquitectura y sociedad en la cultura ibérica". En *Architecture et société.* Paris. 387-414.

ALMAGRO GORBEA, M. (1983c): "Los leones de Puente de Noy. Un monumento turriforme funerario en la península ibérica" En *Almuñecar Arqueología e Historia.* Granada. 89-106.

ALMAGRO GORBEA, M. (1998): "Pozo Moro 25 años después". *Revista de Estudios ibéricos 2.* Univeridad Autónoma de Madrid.

ALMAGRO GORBEA. M & CRUZ PEREZ, M.L. (1981) "Los monumentos funerarios ibéricos de Los Nietos (Murcia)". *Saguntum.* 16. Valencia. 34-56.

ALMAGRO-GORBEA, M. Y LORRIO ALVARADO, A. J. (2004-2005): "*Signa equitum* en el mundo ibérico. Los bronces tipo "jinete de la Bastida" y el inicio de la aristocracia ecuestre ibérica". *Lucentum.* XXIII – XXIV. 37-61.

ALMAGRO-GORBEA, M. Y MONEO, T. (2000): *Santuarios urbanos en el mundo ibérico.* RAH. Madrid.

ALMAGRO GORBEA, M Y OLMOS, R. (1981): "Observations sur l'assimilation de l'iconographie classique d'epoque pré-romaine dans la península Ibèrique". *Mythologie gréco-romaine, mythologies périferiques.* Paris. 57-62.

ALMAGRO GORBEA, M. Y RAMOS R. (1981): "El monumento de Monforte del Cid (Alicante). Alicante". *Lucentum. V.* 45-63.

ALMAGRO GORBEA. M. & RUBIO, F. (1980). "El monumento ibérico de "Pino hermoso". Orihuela (Murcia). *TP.* 37. 345-362.

ALVAR, J. (1990): "El contacto intercultural en los procesos de cambio". *Gerión.* 8. 11-27.

ALVAR, J. Y BLAZQUEZ J.M. (Eds.) (1999): *Los enigmas de Tarteso.* Cátedra. Madrid. Publicación realizada a raíz de la celebración de un Curso de verano de la Universidad Complutense de Madrid en el año 1991.

ARANEGUI, C. (1994): "*Iberia sacra loca:* entre el Cabo de la Nao, Cartagena y el Cerro de los Santos". *REib.* I. 115-138.

ARANEGUI, C. (2004): *Sagunto: oppidum, emporio y municipio romano.* Bellaterra. Barcelona.

ARANEGUI, C. (Ed.). (1998): *Actas del Congreso Internacional "Los íberos, príncipes de occidente: las estructuras de poder en la sociedad ibérica". Saguntum.* Extra-1. Universidad de Valencia.

ARANEGUI, C. et Alii (1993): *La nécropole ibérique de Cabezo Lucero (Guardamar del Segura, Alicante).* Collection de la Casa de Velásquez 41. Madrid-Alicante.

ARNAU DAVÓ, B.; GARCÍA VILLANUEVA, Mª I. Et Alii. (2003): "El monumento funerario templiforme de la Plaza de San Nicolás, Valencia". *Saguntum.* 35. 177-195.

ARRIBAS PALAU, A. (1967): "La necrópolis bastitana del mirador de Rolando (Granada)" *PYRENAE.* 3. 67-105.

AQUILUÉ, X. (1999): *Intervencions arqueològiques s Sant Martí d'Empuries (1994-1996): De l'assentament precolonial a l'Empuries actual.* Monografies Emporitanes. 9. Girona.

AUBET, M.E. (1987): *Tiro y las colonias fenicias de Occidente.* Crítica. Barcelona.

AUBET, M.E. (2002): "Los fenicios en Occidente: balance y estado de la cuestión". En *La colonización fenicia en occidente. Estado de la investigación en los inicios del siglo XXI.* XVI Jornadas de arqueología fenicio-púnica. Ibiza. 7-18.

BADIE, A.; GAILLEDART, E.; MORET, P. et alii (2000): *Le site antique de La Picola á Santa Pola (Alicante, Espagne).* Madrid.

BARRIL VICENTE, M. Y QUESADA SANZ, F. (Coor.) (2006): *El caballo en el mundo prerromano.* MAN. Madrid.

BELTRÁN, J. Y SALAS, J. (2002): "Los relieves de Osuna". En CHAVES TRISTÁN F. (Ed.): *Urso: a la búsqueda de su pasado.* Osuna. 235-272.

BENCIVENGA TRILLMICH, C. (1984): "La ceramica ibérica de Velia. Contributo allo studio della diffusione della ceramica iberica in Italia". *MM.* 25. 20-33.

BENDALA GALÁN, M. (1977): "Notas sobre las estelas decoradas del Suroeste y los Orígenes de Tartesos". *Habis* 8. 177-205.

BENDALA GALÁN, M. (1983): "En torno al instrumento musical de la estela de Luna (Zaragoza)". *Homenaje al Profesor Martín Almagro Basch.* Vol II. 141-146.

BENDALA GALÁN, M. (1987): "Reflexiones sobre los escudos de las estelas tartésicsas". *Boletín de la Asociación Española de Amigos de la Arqueología.* 27. 12-17.

BENDALA GALÁN, M. (1989): "La génesis de la estructura urbana en la España antigua". *CuPAUAM.* 16. 127-147.

BENDALA GALÁN, M. (2003-2004): "Memoria histórica, tradición y legitimación del poder: un aspecto relevante". *Boletín de la asociación de amigos de la arqueología.* 46. Madrid.

BENDALA GALÁN, M. Y BLÁNQUEZ, J. (2002-03): "Arquitectura militar púnico-helenística en Hispania". *CuPAUAM.* 28-29. 145-159.

BERTRANDY, F. (1987): *Les steles púniques de Constantine.* Lyon.

BERMEJO TIRADO, J. (2006): "El registro funerario ibérico: Paralelos en la Grecia de los siglos VI-V a. C. y su lectura social". En ECHEVERRIA REY & MONTES. (Eds.): *Ideología, Estrategias de Definición y formas de Relación Social en el mundo antiguo.* 59-68.

BERNABEU, J. et alii (1986): "Análisis microespacial del poblado del Puntal del LLops". *Arqueología Espacial.* 9. Coloquio sobre el microespacio. Vol. II. Ptrotohistoria.

BIS, A. M. (1967): *Le stele púniche.* Paris.

BLANCO FREIJEIRO, A. (1953): "El vaso de Valdegamas (Don Benito, Badajoz) y otros vasos de bronce del mediodía español". *ArEspArq,* 26 (88): 235-244.

BLANCO FREIJEIRO, A. (1956): "Orientalia. Estudio de objetos fenicios y orientalizantes en la Península". *ArchEspArq,* 29 (93-94): 3-51.

BLANCO FREIJEIRO, A. (1960): "Orientalia II. Estudio de objetos fenicios y orientalizantes en la Península". *ArchEspArq,* 33 (101-102): 3-43.

BLANCO FREIJEIRO, A. (1960): Die Klassischen Wurzeln der iberischen Kunst. *MM.* 110-121.

BLÁNQUEZ PÉREZ, J. (1994): "El mundo funerario ibérico en la fachada oriental de la península ibérica y Andalucía. Los componentes indígena y foráneo".en VAQUERIZO GIL (Coor.) *Arqueología de la Magna Grecia, Sicilia y Península ibérica.* Córdoba. pp. 321-370.

BLÁNQUEZ PÉREZ, J. (1995): "La necrópolis tumular ibérica de El Salobral (Albacete)". *Verdolay.* 7. 199-208.

BLÁNQUEZ, J. Y ANTONA, J. (1992): *Congreso de Arqueología ibérica: Las Necrópolis.* Madrid. Serie Arqueología varia. UAM.

BLÁNQUEZ PÉREZ, J., (1992): "Las necrópolis ibéricas en el Sureste de la Meseta". *Congreso de Arqueología Ibérica: Las necrópolis*, J.Blánquez y V.Antona Eds. Serie Varia 1, Madrid, p.235-278.

BLANQUEZ PEREZ, J. (1996): "Caballeros y aristócratas del siglo V a. C. en el mundo ibérico" en *Coloquio internacional; Iconografía ibérica, iconografía itálica: propuestas de interpretación y lecturas.* Universidad Autónoma de Madrid. Serie Varia 3. 211-234.

BLÁNQUEZ, J Y ROLDÁN, L. (1994): "Estudio tecnológico de la escultura ibérica en piedra". *Reib.* 1. 61-84.

BLÁZQUEZ, J. M. (1960): "La cámara sepulcral de Toya y sus paralelos etruscos", *Oretania*, año 2, nº 5. Linares.

BLÁZQUEZ, J.M, (1988) "Iberian art and greek influence: The funerary monument of Jumilla (Murcia, Spain)". *American Journal of Archaeology* 92. nº 4. 503-508.

BLÁZQUEZ, J. M. (2002): "La precolonización y la colonización fencia. El periodo orientalizante en la Península ibérica. Estado de la cuestión". *AespA.*185-186. 37-58.

BLÁZQUEZ, J.M. Y GARCÍA-GELABERT, M.P. (1987): "La necrópolis de El Estacar de Robarinas. Cástulo: tipología funeraria de los enterramientos". *APL..* XVII. 177-193.

BLECH, M. (1992): "Algunas reflexiones sobre la plástica en barro basadas en las terracotas proceentes de la necrópolis ibérica de El Cigarralejo (Mula, Murcia)". *BAEAA.*32. 21-31.

BLECH, M. (1996): "Los inicios de la iconografía de la escultura ibérica en piedra" " en *Coloquio internacional; Iconografía ibérica, iconografía itálica: propuestas de interpretación y lecturas.* Universidad Autónoma de Madrid. Serie Varia 3.

BLECH, M. (2002): "La aportación de la "Escuela Alemana" a la arqueología ibérica". *Catálogo de la exposición La cultura ibérica a través de la fotografía de principios de siglo.* Madrid.

BLECH, M. Y RUANO, E. (1998): "Los artesanos dentro de la sociedad ibérico: ensayo de valoración". En ARANEGUI, C. (Ed.): congreso *Los íberos príncipes de Occidente: las estructuras de poder en la sociedad ibérica. Saguntum.* Extra-1. Universidad de Valencia.

BLÜMEL, C. (1927): *Griechische Bildhauerarbeit.* Berlin. Edición inglesa en 1955. Londres.

BOARDMANN, J (1999): *The Greeks overseas.* 4ª Edicion. Londres.

BOARDMANN, J Y KURTZ, D (1971): *Greek burial customs.* Londres.

BOITANI, F. (1993): "Apollo di Veio: il restauro". *B.A.C. Beni- Arch.* 84.

BONET, H. (1995): *El Tossal de Sant Miquel de Llíria. La Antigua Edeta y su territorio.* SIP. Valencia.

BONET, H. Y MATA, C. (1997): "Lugares de culto edetanos: propuesta de definición". *QPAC.* 18. 115-146.

BONET, H. Y MATA, C. (2002): *El Puntal dels LLops. Un fortín edetano.* Trabajos Varios del SIP. Diputación de Valencia.

BROTONS, F. Y RAMALLO, S. (1994): "Un santuario suburbano: La Encarnación de Caravaca (Murcia)". *XIV Congreso Internacional de Arqueología Clásica, Tarragona, 1993, (Tarragona)*, 74-75.

CABRÉ AGUILÓ, J., 1920: "Arquitectura Hispánica: El sepulcro de Toya", *Archivo Español de Arte y Arqueología I*. CSIC. Madrid. 71-103.

CABRÉ, J. y DE MOTOS, F., (1920): "La necrópolis Ibérica de Tutugi (Galera, provincia de Granada)", *Memoria de la Junta Superior de Excavaciones y Antigüedades*, nº 25, Madrid.

CABRERA, P. (1988-89): "El comercio foceo en Huelva: cronología y fisonomía". En FERNÁNDEZ JURADO, J.(Ed.): *Tartessos y Huelva. Huelva Arqueológica*. X-XI, 43-100.

CABRERA, P. (2001): "La presencia griega en Iberia: un siglo de investigaciones". *BMAN*. 19. 55-71.

CABRERA, P. Y SANTOS, M. (Eds.) (2001): *Ceràmiques jònies d'època arcaica: centres de producció i comercialització al Mediterrani Occidental*. Monografies Emporitanes. 11. Barcelona.

CARRIZAZO, J, M. (1973): *Tartessos y el Carambolo*. Madrid.

CASSON, S. (1970): *The Tecnique of early greek scuplture*. New York.

CASTELO RUANO, R. (1990a): "Nueva aportación al paisaje de las necrópolis ibéricas. Paramentos con nicho ornamental y posibles altares en la necrópolis del El Cigarralejo (Mula, Murcia)" *CuPAUAM*.17. Universidad Autónoma de Madrid. 35-43.

CASTELO RUANO, R. (1990b) *De arquitectura ibérica, elementos arquitectónicos y escultóricos de El cigarralero (Mula, Murcia)*. Madrid.

CASTELO RUANO, R., (1993): "El templo situado en el Cerro de los Santos, Montealegre del Castillo, Albacete", *Verdolay*, 5, 79-87.

CASTELO RUANO, R. (1995a): *Monumentos funerarios del sureste peninsular: elementos y técnicas costructivas*. Ed. Universidad autónoma, Monografias de Arquitectura ibérica.

CASTELO RUANO, R. (1995b): "Técnicas y materiales constructivos". En *El mundo ibérico: una nueva imagen en los albores del año 2000*. Catálogo de la exposición. Servicio de Publicaciones de la Junta de Comunidades de Castilla-La Mancha. 133-143.

CELESTINO PEREZ, S. (2001): *Estelas de guerrero y estelas diademadas: la precolonización y formación del mundo tartésico*. Ed. Bellaterra.

CELESTINO, S. Y RUIZ MATA, D, (Ed.) (2003): *Arquitectura oriental y orientalizante en la Península Ibérica.* CSIC. Madrid.

CHAPA BRUNET, T. (1986): *Influjos griegos en la escultura zoomorfa griega.* Iberia Graeca 2. CSIC. Madrid.

CHAPA, T. (1995): "Escultura ibérica: algunas reflexiones". *Boletín de la Asociación Española de Amigos de la Arqueología.* 35. 189-192.

CHAPA, T. (1998): "Los iberos y su espacio funerario". *Los íberos: príncipes de occidente.* Catálogo de la exposición de la fundación La Caixa. Barcelona-Paris-Bonn.

CHAPA, T. PEREIRA, J. MADRIGAL, A. LÓPEZ, T. (1991): "La sepultura 11/145 de la necrópolis ibérica de los Castellones de Ceal (Hinojares, Jaén). *TP.* 48. 333-348.

CHAPA, T. et alii (1998): *La necrópolis ibérica de los Castellones de Cela (Hinojares Jaén).* Diputación Provincial de Jaén.

CHAPA, T Y PEREIRA SIESO, J (1992): *La necrópolis de Castellones de Ceal (Hinojares, Jaén)* en V.V.A.A. (1992): *Congreso de Arqueología ibérica: Las Necrópolis.* Madrid. Serie Arqueología varia. UAM.

COARELLI, F. (1987): op cit. DUPRÉ, X. (1983): "Terracotas arquitectónicas". En ALMAGRO GORBEA, M. (Ed.): *El Santuario de Juno en Gabii.* CSIC-Roma. 131-194.

COSTA, B & FERNÁNDEZ, J.H. (Eds.) (2001): "La colonización fenicia en Occidente: estado de la investigación a comienzos del siglo XXI". *XVI Jornadas de arqueología fenicio-púnica.* Ibiza.

CUADRADO, E. (1981): "Las Necrópolis de la Baja época de la cultura ibérica". En *La Baja época de la cultura ibérica.* Madrid. 51-72.

CUADRADO, E. (1984): "Restos monumentales funerarios de El Cigarralejo". *Trabajos de Prehistoria* 41. 252-270.

CUADRADO. E, (1987): *La necrópolis ibérica de El Cigarralejo (Mula, Murcia).* Biblioteca Praehistorica Hispana. Vol XXIII. Madrid.

DÍEZ CUSI, E. (1996): *La arquitectura fenicia de la Península Ibérica y su influencia en las culturas indígenas.* Tesis Doctoral. Universidad de Valencia.

DÍEZ CUSI, E. (2003): *Estudio arqueológico de estructuras: Léxico y metodología*. Colegio Oficial de Doctores y Licenciados en Filosofía y Letras y en Ciencias de Valencia.

DOMÍNGUEZ MONEDERO, A. (1984): "La escultura animalística contestana como exponente del proceso de helenización del territorio". *Arqueología Espacial*. Vol. 4. 141-160.

DOMÍNGUEZ MONEDERO, A. (1986): "Reinterpretación de los testimonios acerca de la presencia griega en el Sudeste peninsular y Levante en la época arcaica". *Hom. a Luis Siret (Cuevas de Almanzora, Almería)*. Sevilla. 601-611.

DOMÍNGUEZ MONEDERO, A. (1995): *Religión, rito y ritual durante la protohistoria penínsular. El fenómeno relgioso en la cultura ibérica*. BAR IS. Oxford.

DOMÍNGUEZ MONEDERO, A.J. (1998): "Poder, imagen y represanetación en el mundo ibérico". En ARANEGUI, C. (Ed.): *Actas del Congreso Internacional LOS ÍBEROS, PRÍNCIPES DE OCCDIENTE: las estructuras del poder en la sociedad ibérica. Saguntum*. Extra-1.

DOMÍNGUEZ MONEDERO, A. J. (2001): "La religión en el emporion". *Gerión*. 19. 221-257.

DUPRÉ RAVENTÓS, X. (2005): "Terracotas arquitectónicas prerromanas en Emporion". *Ampurias. 64*. 103-123.

DURÁN CABELLO, R. (1990): "Sobre el *opus quadratum* del teatro romano de Mérida y las grapas constructivas de sujeción". *Cuadernos de Arqueología y Prehistoria de la Universidad Autónoma de Madrid*. Nº 17. 91-120.

EDLUND-BERRY, I. (1987): *The gods and the place: location and function of santuarios in the countryside of Etruria y Magna Graecia (700-400 b. c.)*. Svenska Intitutet I Rom. Estocolmo.

ELVIRA BARBA, M.A. (1994): "La pintura mayor en Magna Grecia ¿e Iberia?". En VAQUERIZO, D. (Coor.): *Arqueología de la Magna Grecia, Sicilia y Península Ibérica*. Córdoba. 364-382.

ESCACENA, J. L. (2001): "Fenicios a las puertas de Tartessos". *Complutum*. 12. 73-96.

FABRÉ, V. (1990): "Rites domestiques dans l'habitat de Lattes: sepultures et dépôts d'animaux". *Lattara*. 3. 391-416.

FASTOFERRI, A. (2000): "Artisrti ionici itinerante". *Die Ägäis und das Westliche Mittelmeer*. 315-324.

FERNÁDEZ CASTRO, Mª C. Y CUNLIFFE, B. (2002): *El yacimiento y el santuario de Torreparedones: Un lugar arqueológico preferente en la campiña de Córdoba.* BAR Intenational Series 1030.

FERNÁNDEZ DE AVILÉS, A. (1942) "El aparejo irregular de algunos monumentos marroquíes y su relación con el de Toya". *ArEspAr.* 15. 344-347.

FERNÁNDEZ FLORES, A. Y RODRÍGUEZ AZOGUE, A. (2005): "El complejo monumental del Carambolo Alto, Camas (Sevilla). Un santuario orientalizante en la paleodesembocadura del Guadalquivir". *Trabajos de Prehistoria.* 62, 1. 111-138.

FERNÁNDEZ JURADO, J. (1984): *La presencia griega arcaica en Huelva.* Huelva.

FERNÁNDEZ MIRANDA, M. (1979): "Horizonte cultural tartésico y hallazgos griegos en el sur de la Península Ibérica". *ArchEspArq.* 52. 49-66.

FERNÁNDEZ MIRANDA, M. Y OLMOS, R. (1986): *Las ruedas de Toya y el origen del carro en la península ibérica.* Min. Cultura. Madrid.

FERRON, J. (1975): *Mort-dieu de Carthage: ou les steles funerarires de Carthage.* 2 Vols. Paris.

GALÁN DOMINGO, E. (1993): *Estelas, paisaje y territorio en el bronce final del suroeste de la península ibérica.* Complutum Extra.

GALÁN DOMINGO, E. Y MARTÍN BRAVO, A. (1991-1992): "Megalitismo y zonas de paso en la cuenca de extremeña del Tajo". *Zephyrus* 44-45: 193-205

GARCÍA CANO, J. (1994): *Las necrópolis ibéricas en Murcia. Un ejemplo paradigmático: Coimbra del Barranco Ancho.* Tesis doctoral. Universidad de Murcia.

GARCÍA SANZ, C. (1990): "El urbanismo protohistórico de Huelva". En *Tartessos y Huelva. Huelva Arqueológica.* X-XI. 3. Diputación de Huelva.

GARCÍA SANZ, C. y FERNANDEZ JURADO, J. (1999): "El yacimiento calcolítico de San Bartolomé de Almonte (Huelva)". *Huelva Arqueológica* XV. Diputación de Huelva.

GARCÍA Y BELLIDO, A.(1935): "La Cámara sepulcral de Toya y sus paralelos mediterráneos", *Actas y Memorias de la Sociedad Española de Antropología, Etnología y Prehistoria,* 14.

GARCÍA Y BELLIDO, A. (1946): "Una colonización mítica de España tras la guerra de Troya. El ciclo legendario de los Nostoi". *Cuadernos de Historia de España*. 106-143. Buenos Aires.

GARCÍA Y BELLIDO, A. (1963): "Hércules Gaditanus", *Archivo español de arqueología*, 36.107/108.

GARCÍA Y BELLIDO, A. (1964): "Diana saguntina: Historia de un célebre santuario ibérico". *Arse*. VII. 12-14. Sagunto.

GARCÍA Y BELLIDO, A. (1979): *Arte ibérico en España*. Edición ampliada por A. Blanco Freijeiro. Espasa-Calpe.

GARLAND, R (1985) *The Greek way of death*. Londres.

GARRIDO, J.P. Y ORTA, M. E. (1982): "Las cerámicas griegas en Huelva. Un informe preliminar". *Focei dell'Anatolia all'Oceano. La parola del Passato*. 407-416.

GONZÁLEZ DE CANALES, F. (2004): *Del Occidente mítico griego a Tarsis-Tarteso: Fuentes escritas y documentación arqueológica*. Biblioteca Nueva. Madrid.

GONZÁLEZ DE CANALES, F. et alii (2004): *El emporio precolonial fenicio de Huelva (ca. 900-770 a. C.)*. Biblioteca Nueva. Madrid.

GONZÁLEZ NAVARRETE, J.A. (1987): *Escultura ibérica de Cerrillo Blanco. Porcuna. Jaén*. Diputación Provincial, Jaén, 1987.

GONZÁLEZ WAGNER, C. (1983)a: *Fenicios y cartagineses en la Península Ibérica: ensayo de interpretación fundamentado en un análisis de los factores internos*. Universidad Complutense de Madrid.

GONZÁLEZ WAGNER, C. (1983)b: "Aproximación al proceso histórico de Tartessos". *ArEspArq*. 56. 3-36.

GRACIA ALONSO, F. (2003): *La guerra en la protohistoria: héroes, nobles, mercenarios y campesinos*. Barcelona. Ariel.

GRACIA ALONSO, F. et alii (1988): *La Moleta del Remei (Alcanar, Montsià). Memoría de la 4ª campanya d'excavacions*. Barcelona.

GRACIA ALONSO, F. et alii (1997): "Estructura social, ideología y economía en las prácticas religiosas privadas o públicas en el poblado". *QPAC*. 18. Dipt. Castellón. 443-460.

GRAS, M. (1999): *El Mediterráneo arcaico*. Ed. Alderabán. Madrid.

GRAS, M.; ROUILLARD, P. Y TEIXIDOR, J. (1991): *El universo fenicio*. Ed. Mondadori. Madrid.

GRAU, I. (2000): "Territorio y lugares de culto en el área central de la Contestania ibérica". *QPAC*. 21. 195-225.

GRAU, I. (2002): *La organización del territorio en el área central de la Contestania Ibérica*. Universidad de Alicante.

GRECO, E. Y THEODORESCU, D. (1980-1987): *Paestum-Poseidonia*. 3 Vols. Ecole Française de Rome.

GSELL; St. (1920): *Hisioirie Ancienne de l'Afrique du Nord*. Vol IV. Paris.

GUERÍN, P. (1995): *El poblado de Castellet de Benerabé (Lliría) y el horizonte pleno edetano*. Tesis Doctoral leida en la Universidad de Valencia.

GUSI I JENER, F. (1997): "Lugares sagrados, divinidades, cultos y rituales en el levante de Iberia". *QPAC*. 18. 171-209.

HERMARY, A. Y TRÉZINY, H. Eds. (2000): *Les Cultes des cités phocéennes*. Études massaliètes 6.

HILLIER, B. Y HANDSON, J. (1983): *The social logic of space*. Cambridge.

HODDER, I. (1982): *Symbols in action*. Cambridge University Press.

HODDER, I. (1986): *Reading the past. Current approaches to interpretation in archaeology*. Cambridge University Press.

HODDER, I. (1988): "Architecture and meaning: the example of Neolithic houses and tombs". En PEARSON, M. P. y RICHARDS, C. (Eds.): *Architecture and order*. New York. 73-86.

IZQUIERDO PERAILE, I. (2000): *Monumentos funerarios ibéricos: los pilares estela*. Trabajos varios del SIP. Dipt. de Valencia.

IZQUIERDO PERAILE, I. (2005): "¿Arquitectura? y escultura. *El Museo de Arte Ibérico El Cigarralejo de Mula: La colección permanente*. Región de Murcia. 135-162. Donde se especifica la posibilidad de intepretar otros 6 fragmentos de esta manera.

IZQUIERDO, I Y ARASA, F. (1999): "La imagen de la memoria. Antecedentes, tipología e iconografía de las estelas de época ibérica". *Archivo de prehistoria levantina.* XXIII. 259-300.

IZQUIERDO DE MONTES, R Y FERNÁNDEZ TRONCOSO, G. (2005): "Del poblamiento de época orientalizante en Andalucía occidental y de sus problemas". En *El Periodo orientalizante* Vol. 2. Anejos de AEspA. XXXV. 709-730.

JIMÉNEZ DÍEZ, A. (2007): *Imagines Hibridae: una aproximación postcolonialista al estudio de las necrópolis de la bética y al debate sobre la "romanización".* Anejos de AEspA. CSIC. Madrid. 15-34.

JOHANSEN K. F. (1951): *The Attic Gravereliefs of the classical period.* Estocolmo.

KARAGEORGHIS, V. & DEMAS, M. (1985): *Excavations at Kition V. The Pre-Phoenicians Levels.* Nicosia.

KENT, S. Ed. (2001 (1990)): *Domestic architecture and the use of space: an interdisciplinary cross-cultural study.* New directions in Archaeology. Cambridge University Press.

LANGLOTZ, E. (1966): *Die Kulturelle und künstleriche Hellenisierung del Küsten der Mittelmeers durch die Stadt Phokaia.* Colonia.

LASALDE, C. et alii (1871): *Memoria sobre las notables excavaciones hechas en el Cerro de los Santos publicada por los PP. Escolapios de Yecla.* Madrid.

LEÓN. P. (1979): "Capitel ibérico del Cerro de las Vírgenes". *AEspA.* 52. 195-204.

LEÓN, P. (1998): *Le sculpture des ibers.* París.

LEÓN, P. (2003): "Jonia e Iberia". *Romula.* 2, Hom. a Pierre Gros. 13-42.

LILLO CARPIO, P.A. Y WALKER, M (1990): "The iberian monument of Prado (Jumilla, Murcia, Spain)". *Ancient Hellenism Greek Colonist and Native Populations.* 613-619. Sydney.

LÓPEZ PARDO, F. (2006): *La Torre de las Almas: un recorrido por los mitos y creencias del mundo fenicio y orientalizante a través del monumento de Pozo Moro.* Anejos de la Revista Gerión. Nº 10. Madrid.

LÓPEZ, J. et alii (1986): *Monument funerari iberic de Malla.* Osona, Barcelona.

LORRIO, A. (Ed.) (2001): *Los íberos en la comarca de Requena-Utiel (Valencia).* Universidad de Alicante.

LUCAS, M. R. (1981): "Santuarios y dioses en la baja época". En *La Baja época de la cultura ibérica.* Madrid. 217-231.

LUCAS PELLICER M. R. Y RUANO RUIZ, E. (1990): "Sobre la arquitectura ibérica de Cástulo (Jaen): reconstrucción de una fachada monumental". *ArchEspArq.* 63. 43-64.

MARTIN, R. (1965): *Manuel d'architecture greque, I: Materiaux et techniques.* Paris.

MARTÍN DE LA CRUZ, J.C. (1994): "Los primeros contactos entre Grecia y la Península Ibérica. La problemática planteada por los hallazgos de Montoro (Córdoba)". En VAQUERIZO GIL, D. (Ed.): *Arqueología de la Magna Grecia, Sicilia y la Península Ibérica.* Córdoba. 111-146.

MARTÍN RUIZ, J.A. (2005): "Los estudios sobre colonización fenicia en la España del S. XVIII". *Saguntum.* 37. 17-27.

MARZOLI, D. (1991): "Etruskische Bronzekannen in Spanien". *MM.* 32, 86-93.

MATA, C. (1991): *Los Villares (Caudete de las Fuentes, Valencia). Origen y evolución de la Cultura Ibérica.* Trabajos Varios del SIP. 88. Valencia

MEDEROS MARTÍN, A. (2004): "Fenicios evanescentes. Nacimiento, muerte y redescubrimiento de los fenicios en la Península Ibérica. II. (1936-1968).*Saguntum.* 36. 35-46.

MIERSE, W. E. (2004): "The Architecture of the Lost Temple of Hercules Gaditanus and Its Levantine Associations". *AJA.* 108. 4. 545-576.

MOLINOS, M, et Alii (1998): *El santuario heroico de El Pajarllo, Hulema, Jaén,* Universidad de Jaen.

MONEO, T. (2003): *Religio ibérica. Santuarios, ritos y divinidades.* RAH. Madrid.

MORENO ALMENARA, M. (1994): "Un fragmento de capitel ibérico procedente del yacimiento de los Villares de Andújar (Jaén)". *AArCor.* 5. 99-117.

MORET, P. Y BADIE, A. (1998): "Metrología y arquitectura modular en el puerto de La Picola (Santa Pola, Alicante) al final del siglo V a.C.". *ArchEspArq.* 71. 53-61.

MORET, P. et alii. (1994): "The Fortified Settelment of La Picola (Santa Pola, Alicante) and the Greek Influence in South-east Spain". *Procedings of the British Academy,* 86, 109-125.

MORET, P. et alii (1998): "El asentamiento orientalizante e ibérico antiguo de "La Rábita", Guardamar de Segura (Alicante). Avance de las excavaciones 1996-1998". *TP.* 55, n°2, 111-126.

MOSCATI, S. (1983): *Cartagineses.* Madrid.

MUSCOLINO, F. (2006): "*Kalathoi* iberici da Taormina, aggiornamiento sulla diffusione della ceramica iberica dipinta in Sicilia". *AEspA.* 79. 217-224.

NASO, A. (2004): *Architecture dipinte.* L´Herma de Scheider. Roma.

NAVARRO GASCÓN, J. V.; RODERO, A; MORENO CIFUENTES, M.A. Y MANSO MARTÍN, E. (2001): "La esfinge del Salobral: análisis y tratamiento de restauración". *BMAN.* 19. 1. 41-51.

NEGUERUELA MARTINEZ, I. (1990): *Los monumentos escultóricos ibéricos del Cerrillo Blanco de Porcuna (Jaén).* Ministerio de Cutura.

NEGUERUELA MARTINEZ, I. (1990-91): "Aspectos técnicos de la técnica escultórica ibérica en el siglo V a.C." . *Lucentum.* IX-X. 77-83.

NIEMEYER, H.G. (1962): "Feldbegehung bei Torre del Mar (Prov. Málaga)". *MM,* 3: 38-44.

OBERMAIER, H. (1925): *El hombre fósil.* Comisión de Investigaciones Paleontológicas y Prehistóricas. Memoria N° 9. Madrid.

OBERMAIER, H. Y HEISS, C. W. (1929): "Iberische Prunkeramik vom Elche-Archena Typus". *IPEK.*

OLMOS, R. (1986): "Los griegos en Tarteso: replanteamiento arqueológico-histórico del problema". *Hom. a Luis Siret (Cuevas de Almanzora, Almería).* Sevilla. 584-600. Por citar algún trabajo significativo.

OLMOS, R. (1990): "Nuevos enfoques y propuestas de lectura en el estudio de la iconografía ibérica" En VILA, A. (Ed.): *Nuevos enfoques en Arqueología.* Madrid, 209-230.

OLMOS, R. (1991a): "Historiografía de la presencia y el comercio griego en España". *BAEAA.* 30-31. 123-133.

OLMOS, R. (1991b): "Apuntes ibéricos. Relaciones de la elite ibérica y el Mediterráneo en los siglos V y IV a.C. *TP* 48. 299-309.

OLMOS, R. (1996a): "Una aproximación historiográfica a las imágenes ibéricas. Algunos textos e ideas para su discusión". En OLMOS, R. (Eds.): *Al otro lado del espejo: aproximación a la imagen ibérica*. Colección Lynx. La arqueología de la mirada. Madrid. 41-60.

OLMOS ROMERA, R. (1996b): "Pozo Moro: Ensayos de lectura de un programa escultórico en el temprano mundo ibérico". OLMOS et Alii, *Al otro lado del espejo: aproximaciones a la imagen ibérica*. Colección Lynx. Madrid.

OLMOS ROMERA, R. (1996c): "Metáforas de la eclosión y del cultivo". *AEspA*, 69, 3-16.

OLMOS ROMERA, R. (1998): "Naturaleza y poder en la imagen ibérica" En C. ARANEGUI (ed.), *Los Iberos, príncipes de Occidente*, Barcelona. 147-157.

OLMOS ROMERA, R. (2000): "El vaso del "Ciclo de la Vida" de Valencia: una reflexión sobre la imagen metamórfica en época iberohelenística" *AEspA*, 73. 59-85.

OLMOS ROMERA, R (2002): " Los grupos escultóricos del Cerrillo Blanco de Porcuna (Jaén). Un ensayo de lectura iconográfica convergente". *AEspA* 75, 107-122.

ORTEGA CABEZUDO, Mª, C. (2005): "Recuperación y sistematización de un registro arqueológico: Las necrópolis iberas e ibero-romanas de Cástulo", *Saguntum*, 37, 59-71.

ÖZYIGIT, Ö. (1994): "Yili Phokaia Kazi Çalismalari (excavaciones en Focea en 1992)". En *XV Kazi Sonuçlari Toplantisi, II*. Ankara. 11-36.

ÖZYIGIT, Ö. (1995): "Yili Phokaia Kazi Çalismalari (excavaciones en Focea en 1993)". En *XVI Kazi Sonuçlari Toplantisi, I*. Ankara. 425-454.

ÖZYIGIT, Ö. (1998): "Yili Phokaia Kazi Çalismalari (excavaciones en Focea en 1996)". En *XIX Kazi Sonuçlari Toplantisi, I*. Ankara. 756-769.

ÖZYIGIT, Ö & ERDOGAN, A. (2000): "Les santuaires du Phocée". *Les cultes des cités phocéennes*. 11-23.

PALLARÉS, F. (1974): "El Pecio del Sec y su significación histórica". *Simposio Internacional de Colonizaciones*. Barcelona. 211-215.

PARIS, P. (1897): "Buste espagnol de style gréco-asiatique trouvé à Elche (Musée du Louvre)", Monuments et Mémoires de la Fondation Piot IV, 2, p.137-168.

PARIS, P. (1901a): "Sculptures du Cerro de Los Santos", *Bulletin Hispanique* III, 2, p.113-134.

PARIS, P. (1901b): "Bulletin Hispanique, Sculptures du Cerro de los Santos", *REA* 3, 1901, p. 147-168.

PARIS, P. (1903-4): *Essai sur l'art et l'industrie de l'Espagne primitive*, París.

PARIS, P. (1910): *Promenades archeólogiques en Espagne*, París.

PELLICER CATALÁN, M. (1963): *Excavaciones en la necrópolis púnica ' Laurita' del Cerro de San Cristóbal (Almuñécar, Granada)*. Excavaciones Arqueológicas en España 17. MEC.

PELLICER CATALÁN, M (1964): "Relaciones de la necrópolis púnica del Cerro de San Cristóbal, de Almuñécar, en el Mediterráneo Occidental". *VIII Congreso Nacional de Arqueología (Sevilla-Málaga 1963)*. Secretaria General de los Congresos Arqueológicos Nacionales. Zaragoza: 393-403.

PEMÁN, C. (1959): "El capitel de tipo protojónico de Cádiz". *AEspA.* 32. 53-70. CSIC. Madrid.

PEREIRA, J. et alii (2004): *La necrópolis ibérica de Galera (Granada): La colección del museo arqueológico nacional*. M.A.N. Madrid.

PICAZO, M. (1977): *La cerámica ática de Ullastret*. Barcelona.

PICAZO, M. Y ROULLIARD, P. (1976): "Les Skyphos attiques à décor réservé et surpeint de Catalogne et du Languedoc". *Mel. Casa de Velázquez,* XII: 7-26.

PONS, E. (1997): "Estructures, objetes i fets culturals en el jaciment protohistòric de Mas Castellar (Pontós, Girona)". *QPAC.* 18. 81 ss.

PORTRANDOLFO, A. (et Alii) (1996): "Alcuni esempi figurativi dell'Italia antica". En *Coloquio internacional; Iconografía ibérica, iconografía itálica: propuestas de interpretación y lecturas*. Universidad Autónoma de Madrid. Serie Varia 3. 283-318.

POULSEN, F. (1912/1968): *Der Orient und die frühgriechische Kunst.* L´Erma di Breschneider. Roma.

PRADOS MARTÍNEZ, F. (2002-2003). "Memoria del poder. Los monumentos funerarios ibéricos en el contexto de la arquitectura-púnico helenística".*CuPAUAM.* 28-29 . 203-226.

PRADOS MARTÍNEZ, F. (2004): "Análisis de la presencia de técnicas arquitectónica mediterráneas en contextos ibéricos de la provincia de Córdoba: los sillares almohadillados". *AnArCordobesa.* 15. 131-143.

PRADOS MARTÍNEZ, F. (2005): "La beatitud divina: una ideología oriental clave para el desarrollo de la arquitectura monumental púnica". En *El Periodo Orientalizante: Actas del III simposio internacional de Arqueología de Mérida: Protohistoria del Mediterráneo Occidental.* Anejos de AEspA XXXV. 635-650.

PRADOS MARTÍNEZ, F. (2006): "La iconografía del *Nefesh* en la plástica púnica: A propósito de las representaciones del monumento funerario y su significado". *AEspA.* 79. 13-29.

PRADOS TORREIRA, L. (1994): "Los santuarios ibéricos. Apuntes para el desarrollo de una arqueología del culto", *Trabajos de Prehistoria* 51,1, p.127-140.

PRESEDO VELO, F. J. (1982): *La necrópolis de Baza.* ExcArqEsp. Ministerio de Cultura.

QUESADA SANZ, F. (1997): "Monumentos y ornamentos: arte y poder en la cultura ibérica". En DOMINGUEZ MONEDERO, A. Y SANCHEZ FÉRNANDEZ, C. (Eds.): *Arte y Poder en el Mundo Antiguo.* Ed. Clásicas. Madrid. 203-248.

RADA Y DELGADO, J. de D. de la, (1875): *Antigüedades del Cerro de los Santos en el término de Montealegre: Discurso de ingreso en la Real Academia de la Historia,* Madrid.

RAMALLO ASENSIO, S.F. (1993)a: "La monumentalización de los santuarios ibéricos en época tardo republicana". *Ostraka* II.1, 117-144. Napoli.

RAMALLO ASENSIO, S. F., (1993)b: "Terracotas arquitectónicas del santuario de La Encarnación (Caravaca de la Cruz, Murcia)", *AEspA*, 66, 71-98.

RAMALLO ASENSIO, S. (2003): "Las ciudades de *Hispania* en época republicana". En ABAD CASAL, L. (Ed.): *De Iberia in Hispaniam: la adaptación de las sociedades ibéricas a los modelos romanos.* Universidad de Alicante. 109-123.

RAMALLO ASENSIO, S.F.; NOGUERA CELDRÁN, J. M; BROTONS YAGÜE, F. (1998): "El Cerro de los Santos y la monumentalización de los santuarios ibéricos tardíos", *Revista de Estudios Ibéricos*, 3. 11-69.

RAMOS FERNÁNDEZ, R. (1995): *El templo ibérico de la Alcudia. La Dama de Elche.* Ayuntamiento de Elx.

RAMOS FERNÁNDEZ, R. Y RAMOS MOLINA, A. (1992): *El monumento y el témenos ibéricos del Parque de Elche.* Ayuntamiento de Elche.

RAMOS SANZ M. L. (1990): *Estudio sobre el ritual funerario en las necrópolis fenicias y púnicas ene la península ibérica.* Universidad Autónoma de Madrid.

RATTE, C. (1994): "Athemion stelae from Sardis". *AJA.* 98. 4. 596-604.

REMESAL, J. (1975): "Cerámicas oritentalizantes andaluzas". *AEspA.* 48. 3-21.

RENAN, E. N. (1884): *Misión de Phènicie.* Paris.

RENFREW, C. (1983): *Towards an archaeology of Mind.* Cambridge University Press.

RICHTER, G. (1988): *Archaic Attic Gravestones.* Londres.

RIDGWAY, D. (1997): "Nestor´s cup and the etruscans". *Oxford Journal of Archaeology.* 16, 3. 325-344.

RIES, J. (Ed.) (2004): *Les civilizations mediterranéennes et le sacré.* Homo Religiosus. Serie II, 4. Brepols.

RODA, I. (1992): "Art roma republica: el monument fuenerari de Malla". *I Jornades Internacionals de arqueologia Romana.* 22-41.ç

RODRÍGUEZ-ARIZA, O. (1999): "La necrópolis de Galera. Un patrimonio arqueológico reparable" en *La cultura ibérica a través de la fotografía de principios de siglo. Un homenaje a la memoria.* 143-152. Madrid.

ROULLIARD, P. (1975): "Les coupes attiques a figures rouges du IVème siècle en Andalousie". *Mel. Casa de Velázquez,* XI: 21-49.

ROULLIARD, P. (1976): "Fragmentos de cerámica griega arcaica de la Antigua Contestania". *Revista de Estudios Alicantinos.* 18. 7-16.

ROULLIARD, P. (1978): « Les céramiques peintes de la Gréce de l´Est et leurs imitations dans la Péninsule Ibérique : recherches preliminares ». *Colloque international : Les Céramiques de la Grèce de l'Est et leur diffusion en Occident (Nápoli 1976).* Paris. 274.286.

ROUILLARD, P. (1995): "Les emporia dans la Méditerranée occidentale aux époques archaïque et classique", en *Les Grecs et l'Occident (Actes du colloque de la villa Kérylos, 1991),* Roma. 95-108.

ROUILLARD, P. Y OLMOS, R. (2001): "Sculpture préromaine de la Péninsule Ibérique". *D.A.M.* 269-283.

RUIZ BREMÓN, M. Y SAN NICOLÁS PEDRÁZ, MªP. (2000): *Arqueología y antropología ibéricas.* UNED. Madrid.

RUIZ DE ARBULO, J. (1997): "Santuarios y comercio marítimo en la Península Ibérica durante la época arcaica". *QPAC.* 18. *Espacios y lugares cultuales en el mundo ibérico.* 517-536.

RUIZ DE ARBULO, J. (2002-03): "Santuarios y fortalezas. Cuestiones de indigenismo, helenización y romanización en torno a Emporion y Rhode (S. VI- I a.C.)". *CuPAUAM.* 28-29. 161-202 (172).

RUIZ-GALVEZ PRIEGO, Mª L. Y GALÁN DOMINGO, E. (1991): "Las estelas del Suroeste como hitos de vías ganaderas y rutas comerciales". *Trabajos de prehistoria.* 48: 257-273.

RUIZ RODRÍGUEZ, A. Y MOLINOS, M. (1993): *Los íberos: análisis arqueológico de un proceso histórico.* Ed. Crítica. Barcelona.

RUIZ RODRÍGUEZ, A. et alii (1992): "Las necrópolis ibéricas en la Alta Andalucía". En *Congreso de Arqueología ibérica: Las necrópolis.* UAM. Serie Varia.

SAID, E. W. (2003): *Orientalismo.* Barcelona. (1978).

SÁNCHEZ, C. (1992): *El comercio de productos griegos en Andalucía oriental en los siglos VI-IV a. C.: estudio tipológico e iconográfico de la cerámica.* Tesis doctoral. Universidad Complutense de Madrid.

SÁNCHEZ, C. (1996): "Códigos de lectura en iconografía griega hallada en la península ibérica". *Al otro lado del espejo: aproximación a la imagen ibérica.* Colección LYNX. Madrid.

SÁNCHEZ, J. (1998): "La arqueología de la arquitectura: aplicación de nuevos modelos de análisis a estructuras de la alta Andalucía en época ibérica". *TP.* 55. nº 2. 89-100.

SÁNCHEZ, J. (2004): "La arquitectura de Galera". *La necrópolis ibérica de Galera (Granada): La colección del museo arqueológico nacional.* M.A.N. Madrid.

SANMARTÍ, J. Y BELARTE, M. C. (1997): "Espais de culte i práctiques rituals a la catalunya protohistórica". *QPAC.* 18. 7-32.

SANMARTÍ-GRECO, E., CASTANYER, P., TREMOLEDA, J. (1988): "La secuencia historico topográfica de las murallas del sector meridional de Emporion".*MM*, 29, 191-200.

SANMARTÍ-GRECO, E., CASTANYER, P., TREMOLEDA, J. (1992): "Nuevos datos sobre la historia y la topografía de las murallas de Emporion". *MM,* 33, 102-112.

SANTOS VELASCO, J. A. (1994): "Reflexiones sobre la sociedad ibérica y el registro arqueológico funerario". *AEspA*. 67. 63-70.

SANTOS VELASCO. J.A. (1996): "Sociedad ibérica y cultura aristocrática a través de la imagen".*Al otro lado del espejo: aproximación a la imagen ibérica.*Colección LYNX. Madrid.

SAXE, A. (1970): *Social dimensions of mortuary practices.* PHDissertation. University of Michigan.

SCHUBART, H. ; NIEMEYER, H.G. Y PELLICER, M. (1969): *Toscanos. La factoría paleopúnica en la desembocadura del río Vélez. Excavaciones de 1964.* Excavaciones Arqueológicas en España. 66. MEC.

SCHUBART, H. Y NIEMEYER, H.G. (1976): *Trayamar. Los hipogeos fenicios y el asentamiento en la desembocadura del río Algarrobo.* Excavaciones arqueológicas en España 90. MEC.

SCHWERTHEIM, E. y WINTER, E. (Eds.) (2005): *Neue forschungen zu Ionien.* Geburstag gewidmet. Rheim.

SHANKS, M. Y TILLEY, C. (1982): "Ideology, Symbolic Power and Ritual Comunication: a Reinterpretation of Neolithic Mortuary Practices". En HODDER, I. (Ed.): *Symbolic and Structural Archaeology.* Cambridge University Press.

SHEFTON B.B. (1982): "Greeks and Greek imports in the South of the Iberian Península". En NIEMEYER, H.G. (Ed.): *Phonizier in Western. Madrider Beiträge.* 8. 337-370.

SHEFTON B.B. (1994): "Greek imports at the extremities of the Mediterraneans West and East: Reflectiones on the case of Iberia in fifth Century BC". *PBSR*. 84. 12-34.

SHOE, L.T. (1936): *Profiles of Greek mouldings.* Paris.

SHOE, L.T. (1952): *Profiles of Western Greek mouldings.* Londres.

TRÍAS, G. (1967-68): *Cerámicas griegas de la Península Ibérica.* Vol I, Valencia. Vol. II, Valencia.

TRILLMICH, W. (1975): "Ein Kopffragment aus Verdolay bei Murcia. Zur Problematik iberischer Grossplastik auf Gruñid griechischer Vorhilder".*MM.*15. 208-245.

THEODORESCU, D. (1974): *Le chapiteau ionique du Sicilie oriental.* Palermo.

TOCCO SCIARELLI, G. (2000): "I culti di Velia. Scoperte resentí". En HERMARY, A. Y TREZINY, H. (Ed.): *Les Cultes des cités phocéennes*. Etudes Massaliétes.6. 51-58.

TORELLI, M (1985): *L'arte degli etruschi*. Roma.

VALENCIANO PRIETO, Mª C. (1999): *El Llano de la Consolación (Montealegre del Castillo, Albacete): Revisión crítica de una necrópolis ibérica del Sureste de la Meseta*. Instituto de Estudios Albaceteños "Don Juan Manuel". Dipt. De Albacete.

VALERO TÉVAR, M.A. (1999): "La necrópolis tumular de la Punta del Barrionuevo. Iniesta-Cuenca". *I Jornadas de Arqueología ibérica en Castilla-La Mancha*. 181-208. Iniesta.

VALERO TÉVAR, M.A. (2005): "El mosaico de Cerro Gil. Iniesta, Cuenca". En CELESTINO PÉREZ, S. Y JIMÉNEZ ÁVILA, J. (Eds.): *El Periodo Orientalizante*. Vol. 1. Anejos de ArEspAr. XXXV. 619-635.

VAN KEUREN, D (1989): *The frieze from the Hera I temple at Foce del Sele*. Roma.

VAQUERIZO GIL, D. (1991): *Arqueología de la muerte: metodología y perspectivas actuales*. Diputación provincial de Córdoba. Córdoba.

VAQUERIZO GIL, D. (1994): "Muerte y escultura ibérica en la provincia de Córdoba: a modo de síntesis". *REib*. I. 2457-290.

VERMEULE, C. (1972): "Greek Funerary Animals, 450-300 B.C.". *AJA*. 76. 1. 49-59.

VIDAL DE BRANT, Mº M. (1973): "La iconografía del grifo en la Península Ibérica". *Pyrenae.9*. 7-152.

VILÁ PÉREZ, C. (1997): "Arquitectura templar ibérica". *Espacios y lugares cultuales en el mundo ibérico. QPAC*. 18. 537-566.

VIVES-FERRÁNDIZ SÁNCHEZ, J. (2006): *Negociando encuentros: situaciones colonials e intercambios en la costa oriental de la Península Ibérica (ss. VIII-VI a. C.)*. Cuadernos de arqueología Mediterránea-12. Publicaciones de la Universidad Pompeu Fabra.

WHITLEY, J. (1988): "Early States and Hero Cults: A Re-Appraisal". *Journal of Hellenic Studies*. Vol. 108. 173-182.

WHITLEY, J. (1994): "The monuments That Stood before Marathon: Tomb Cult and Hero Cult in Archaic Ática". *Americas Journal of Archaeology.* Vol. 98. N° 2. 213-230.

WRIGHT, J. C. (1977): "A Poros Sphinx from Corinth". *Hesperia.* 56. 3. 245-254.

LÁM. 1

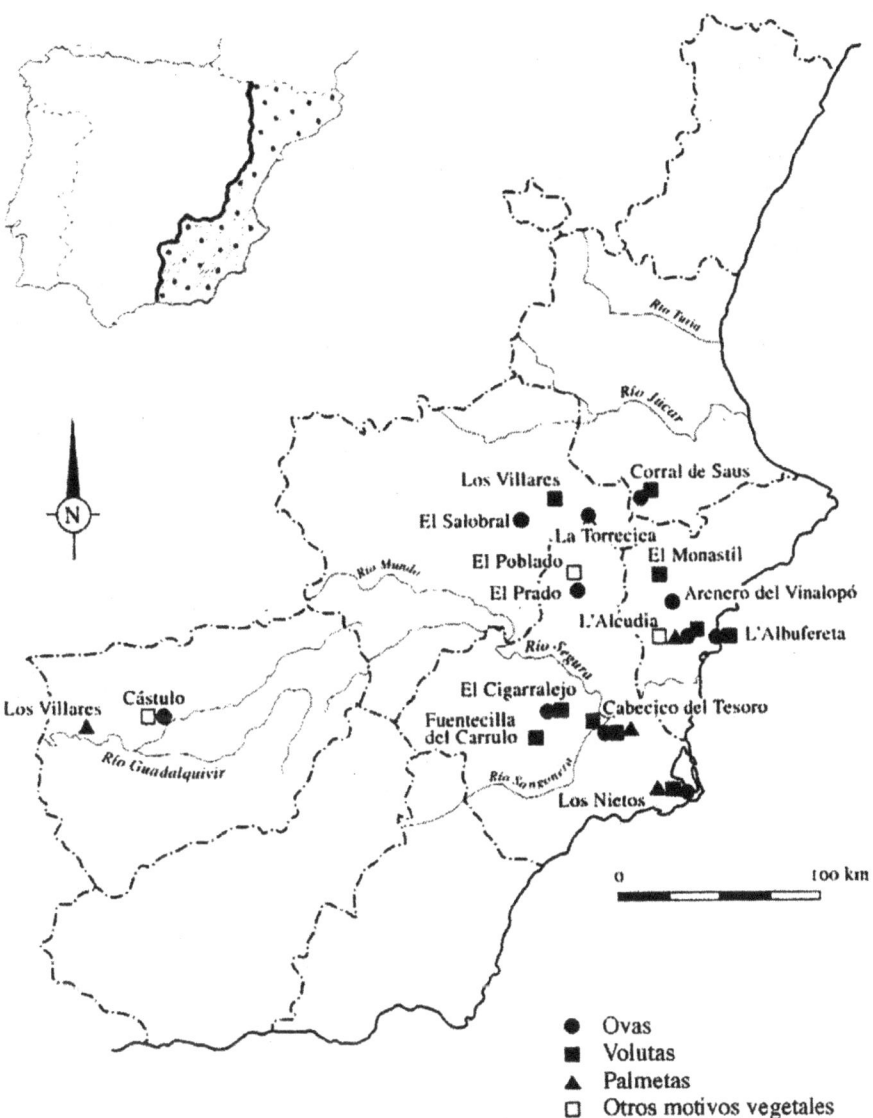

Mapa del Sureste ibérico con algunos de los principales hallazgos de plástica monumental arquitectónica situados según I. Izquierdo 2000.

LÁM. 2

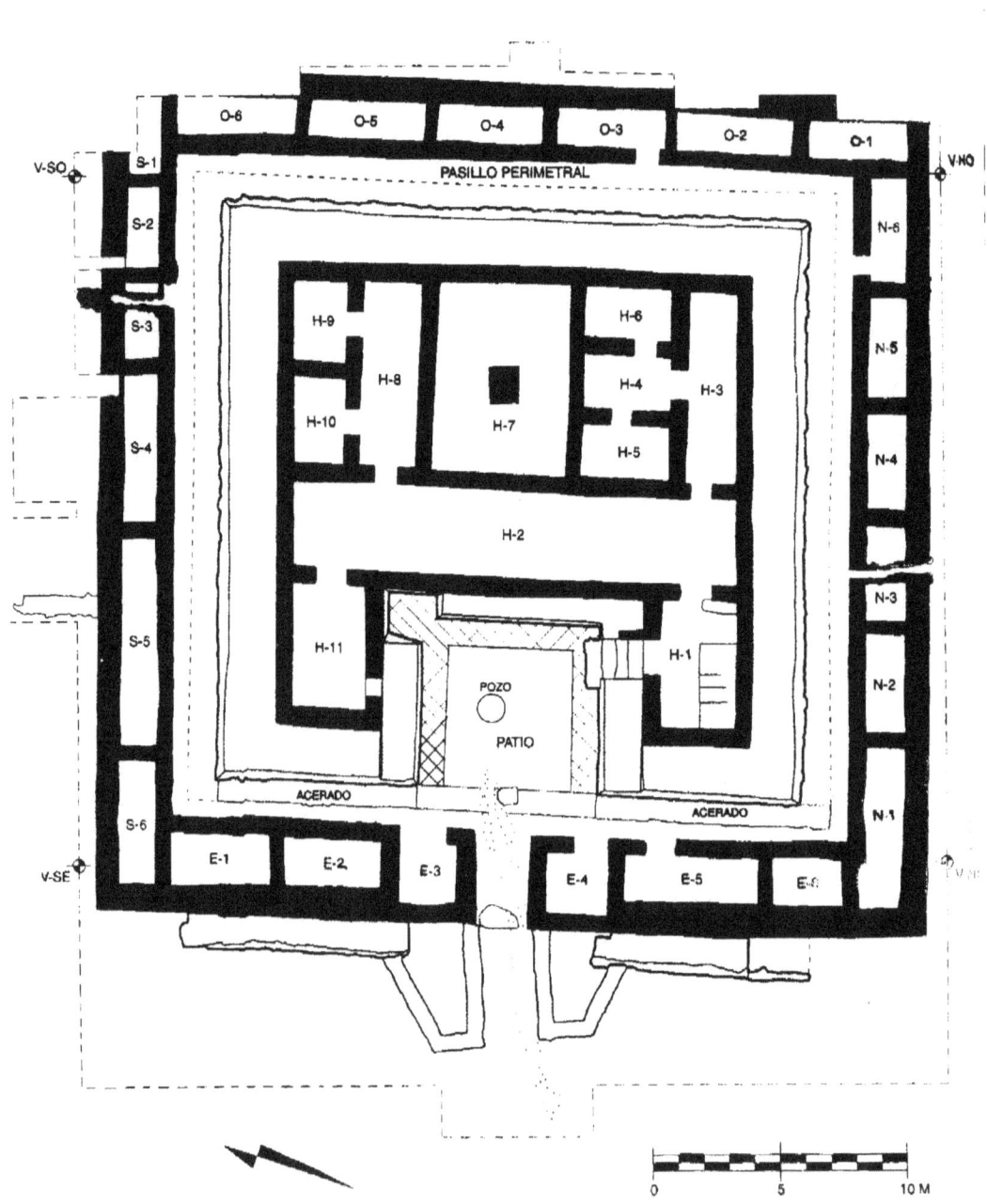

Planimetría de Cancho Roano según S. Celestino 2003.

LÁM. 3

Planimetría de la necrópolis de Cabezo Lucero según C. Aranegui et alii 1993.

LÁM. 4

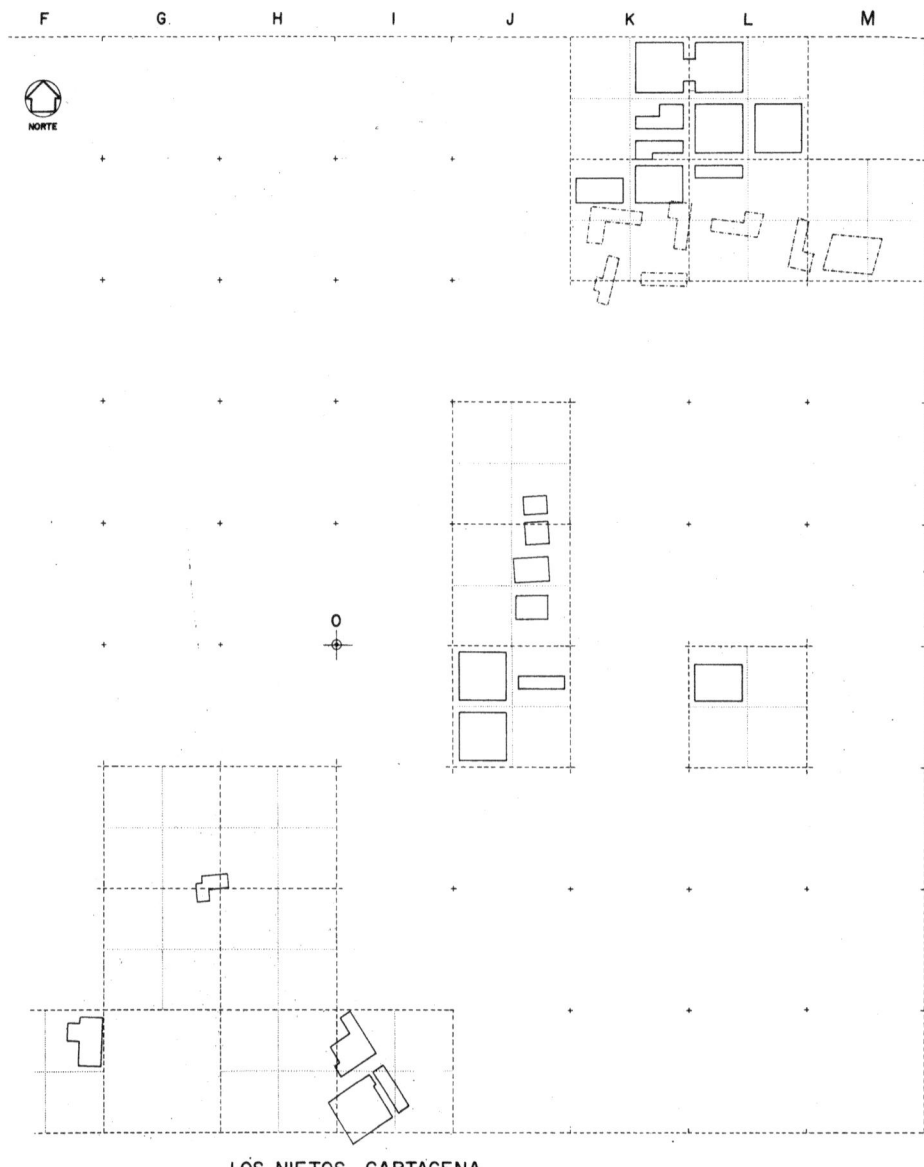

Esquema planimétrico de los trabajos de excavación efectuados en la necrópolis de Los Nietos según Cruz Linarejos 1990.

LÁM. 5

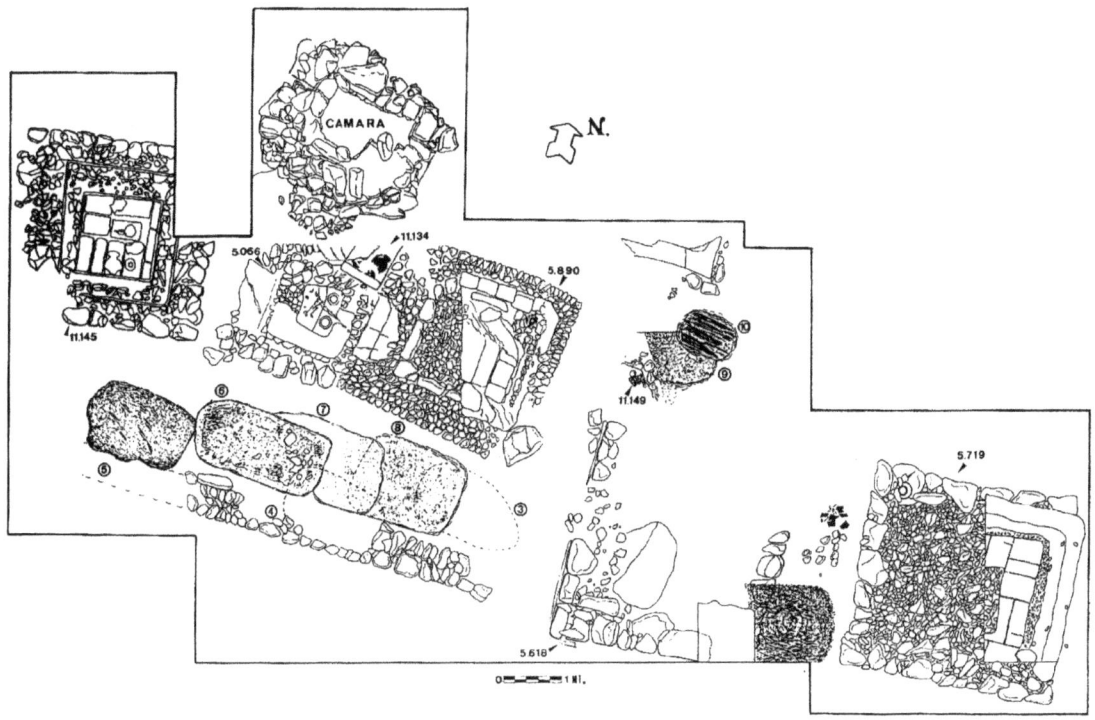

Planimetría del área excavada en la necrópolis de los Castellanes de Ceal (Jaén) según T. Chapa et alii (1998).

LÁM. 6

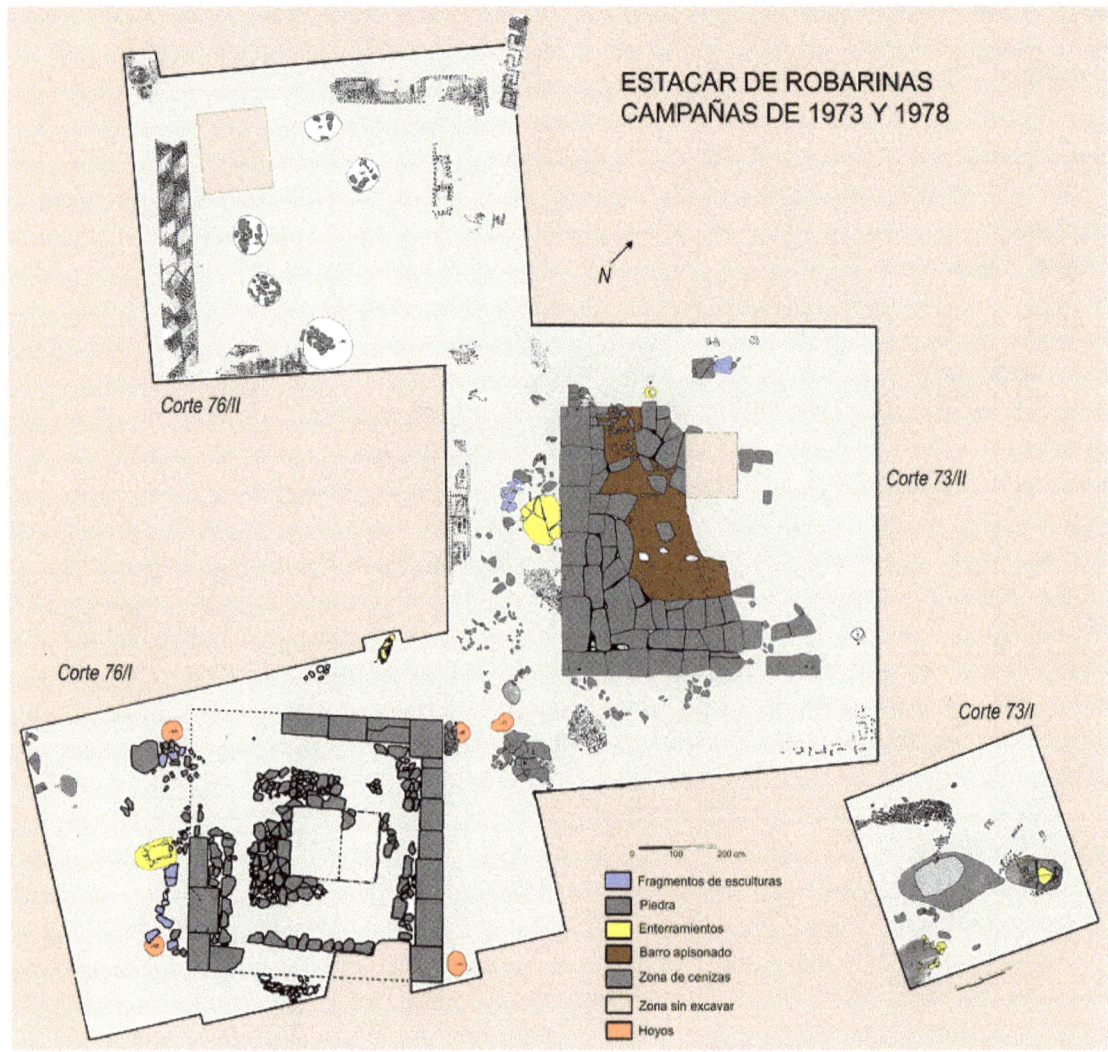

Planimetría de la necrópolis del Estacar de Robarinas según Blázquez y Gelabert 1983 con modificaciones de Ortega Cabezudo 2005.

LÁM. 7

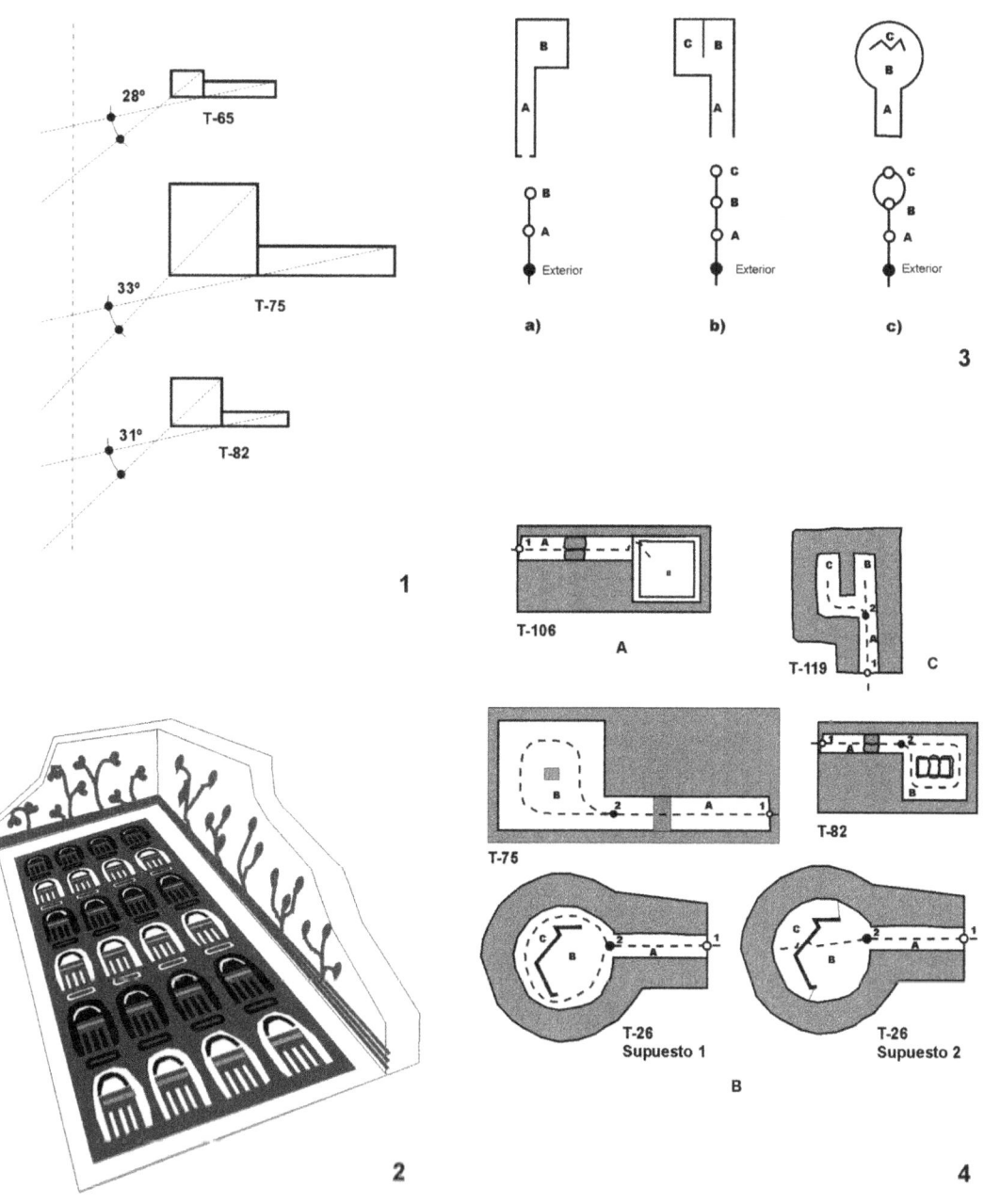

Análisis de accesibilidad y visibilidad de los sepulcros monumentales de Galera y representación de la ornamentación pavimental y parietal del sepulcro Nº 2 según J. Sánchez 2004.

LÁM. 8

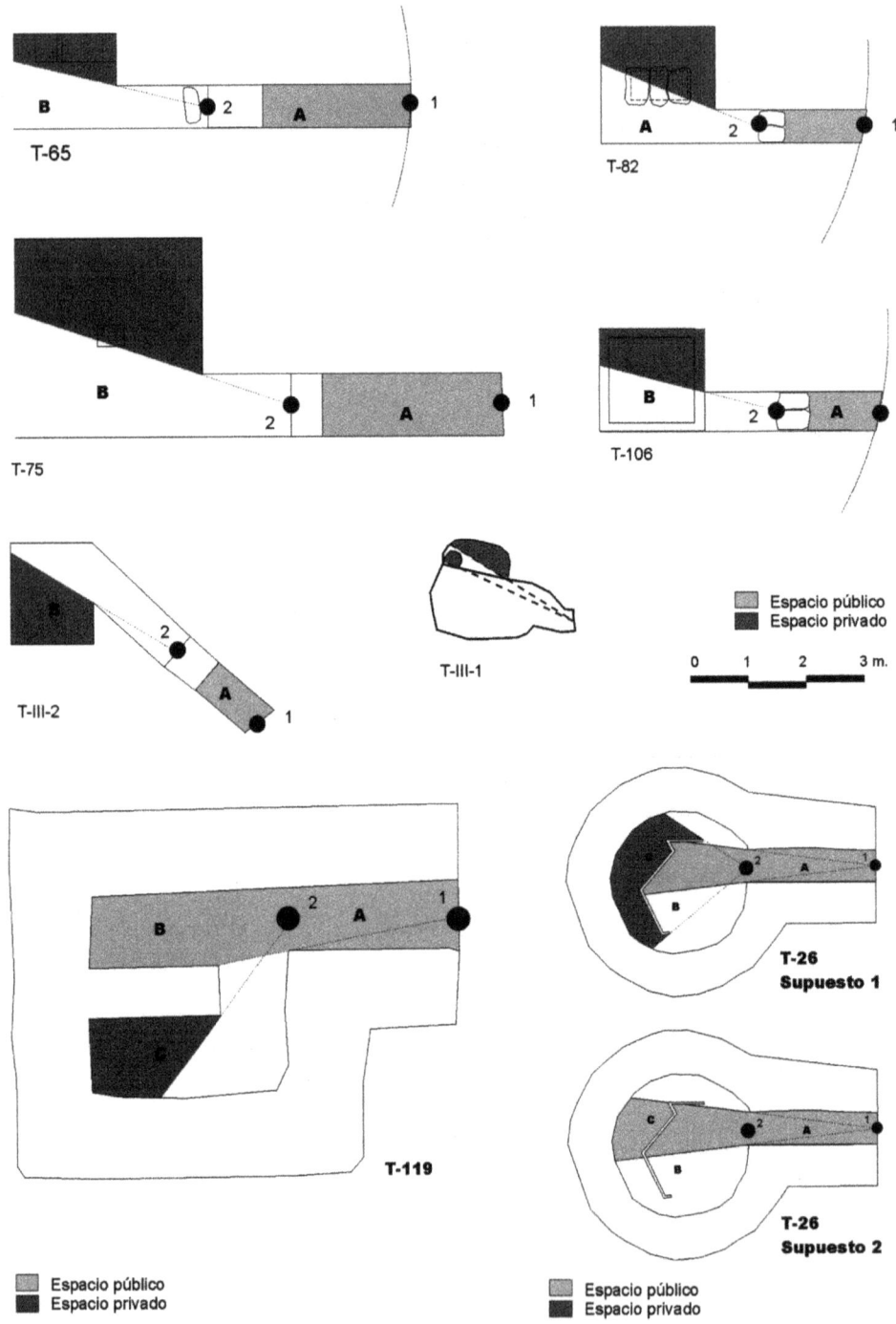

Representación gráfica de los espacios destinados a uso público y uso privado en algunos de los sepulcros de la necrópolis de Galera a partir de análisis de accesibilidad y visibilidad exterior, según J. Sánchez 2004.

LÁM. 9

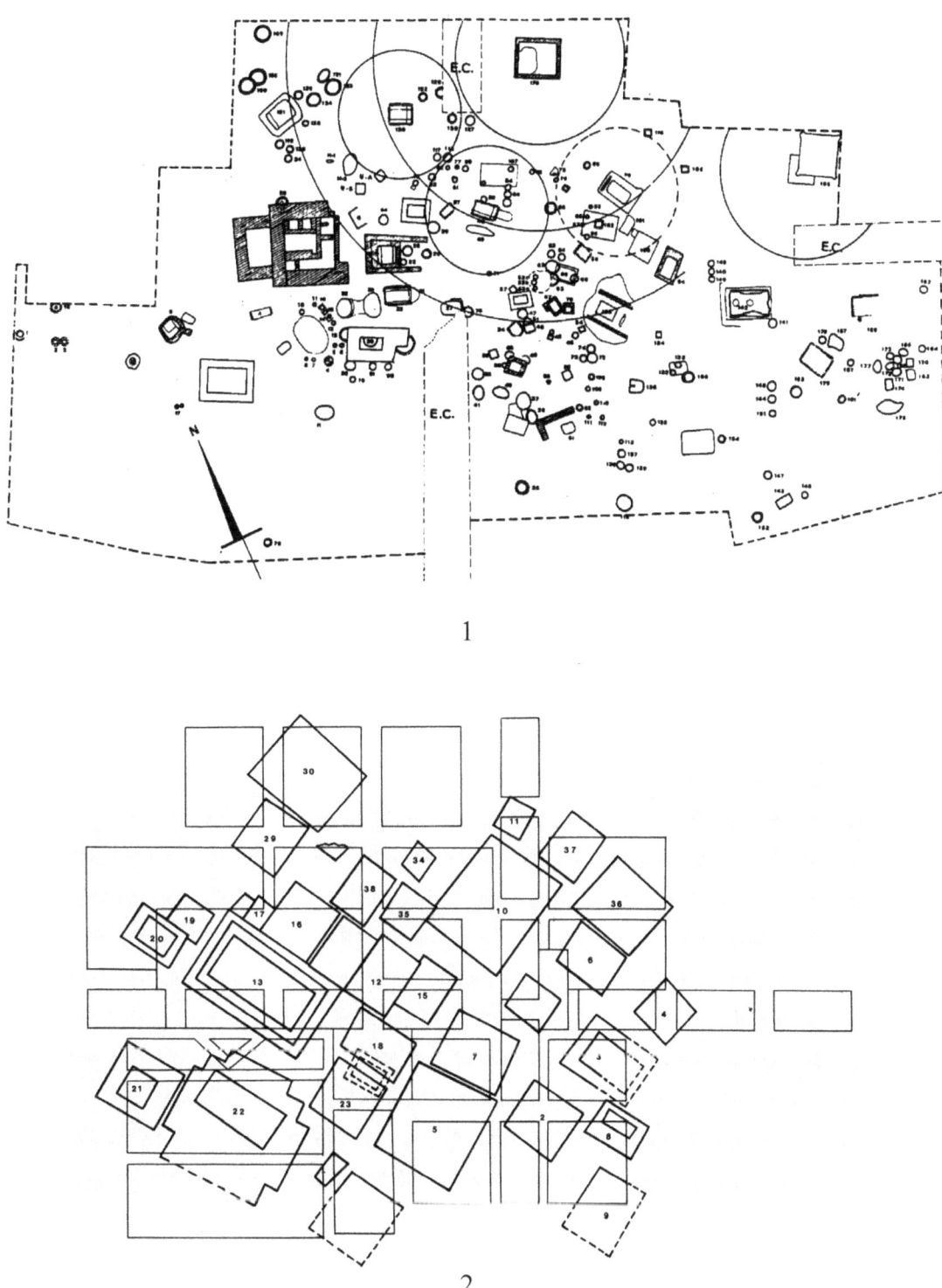

1 Planimetría de los principales hallazgos acontecidos en las excavaciones de la necrópolis de Baza (Granada) según A. Ruiz et alii 1992.
2 Planimetría de la excavación de la necrópolis de los villares de Hoya Gonzalo según Blánquez 1995.

LÁM. 10

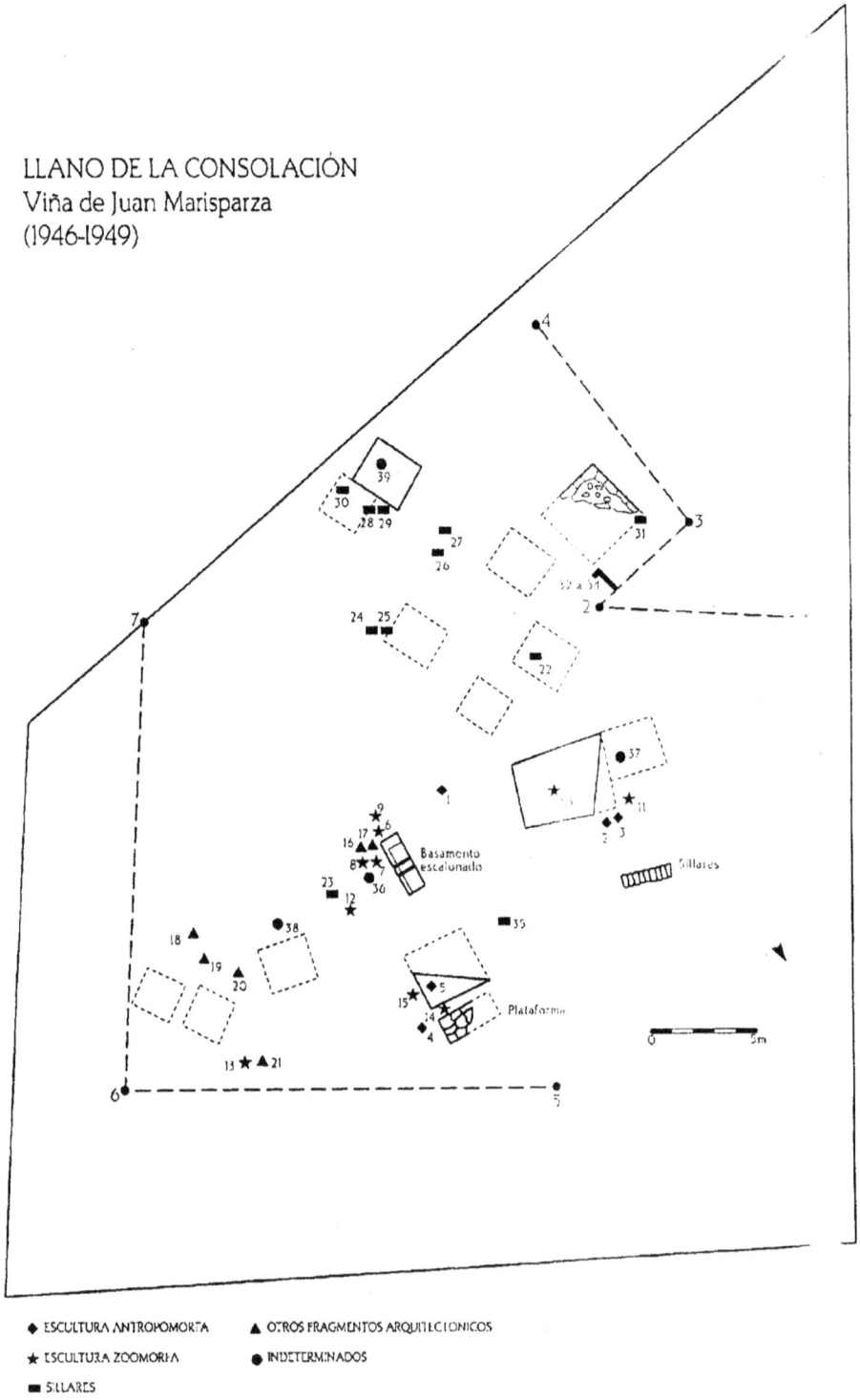

Planimetría del área excavada de la necrópolis del Llano de la Consolación según M. Valenciano 1999 (basada en Jímenez Salvador).

LÁM. 11

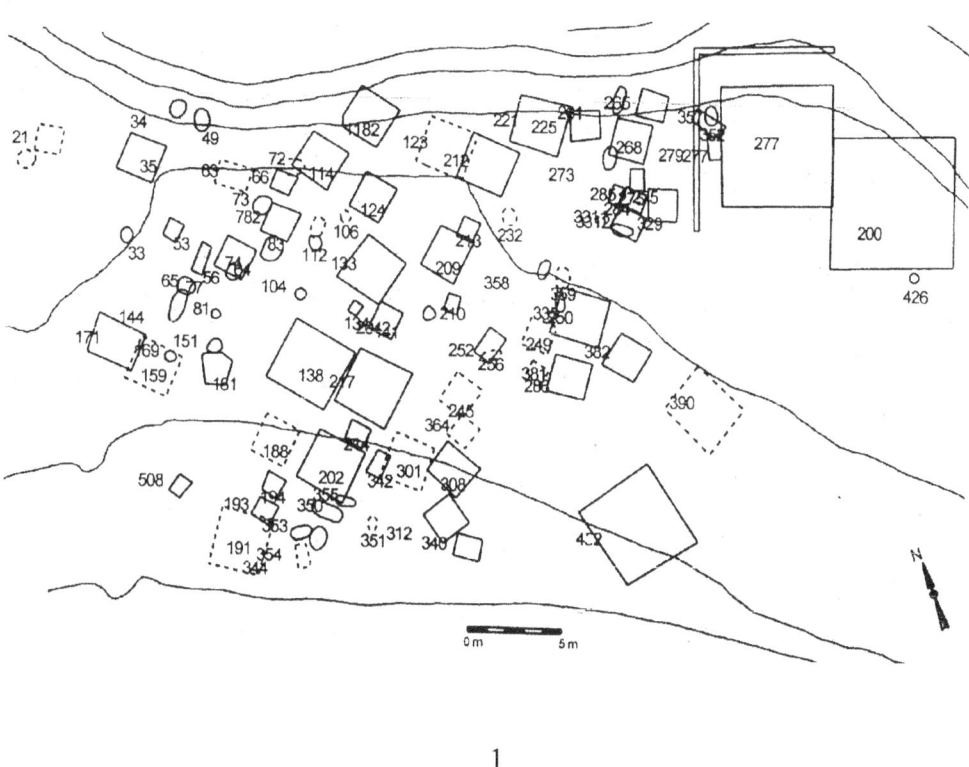

1

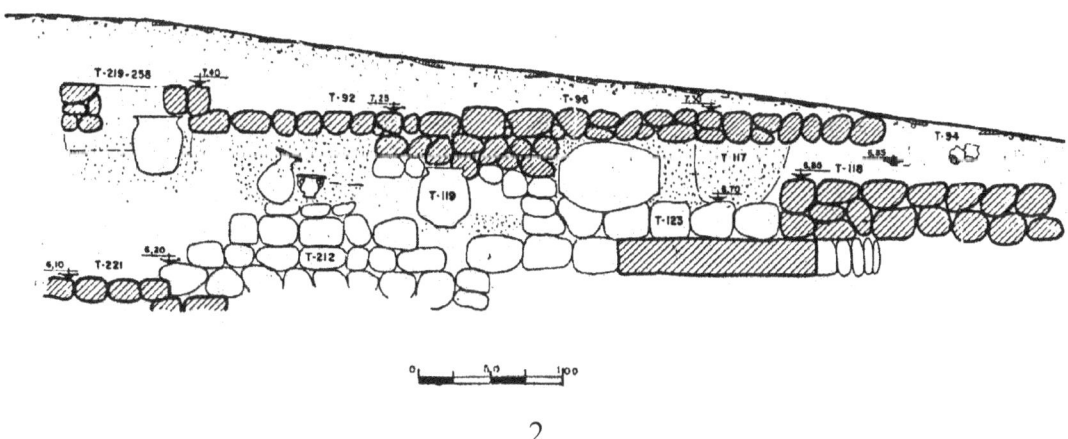

2

1 Planimetría de la Necrópolis de El Cigarralejo según Quesada Sanz 1996. 2 Sección de uno de los sepulcros de la necrópolis de El Cigarralejo según Cuadrado 1989.

LÁM. 12

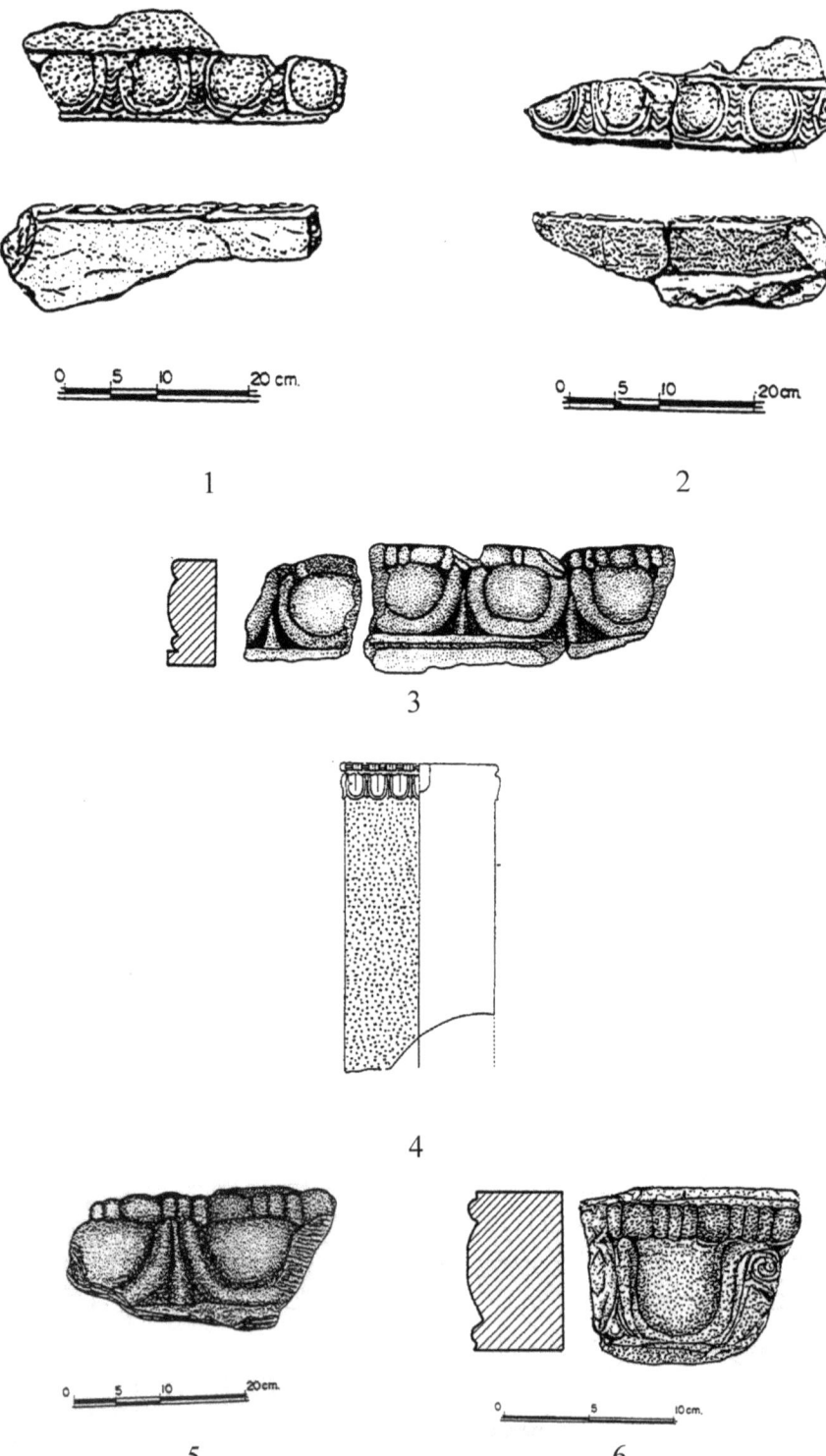

Fragmentos de frisos de ovas: 1 y 2 Fragmentos procedentes de la necrópolis de Cabecico del Tesoro (Murcia) según Castelo Ruano 1995. 3 Fragmento procedente del Llano de la Consolación (Albacete). 4 Friso de ovas del monumento del Prado (Murcia) según Castelo 1995. 5 Fragmento procedente de la necrópolis de la Albufereta (Alicante) según Castelo Ruano 1995. 6 Fragmento procedente del Llano de la Consolación según Castelo 1995.

LÁM. 13

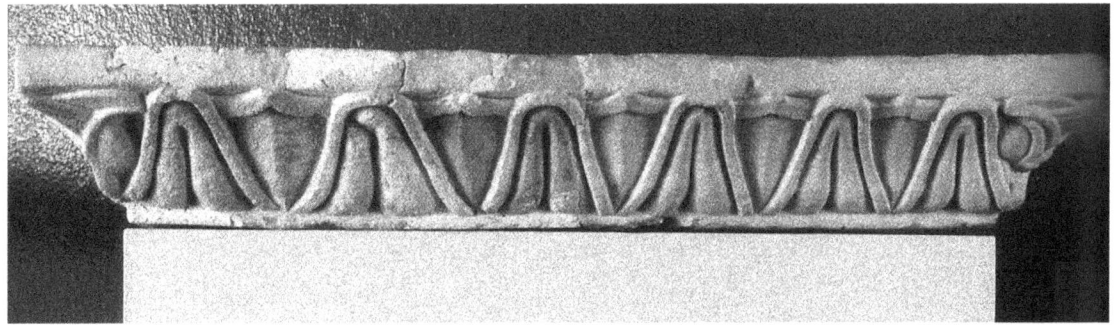

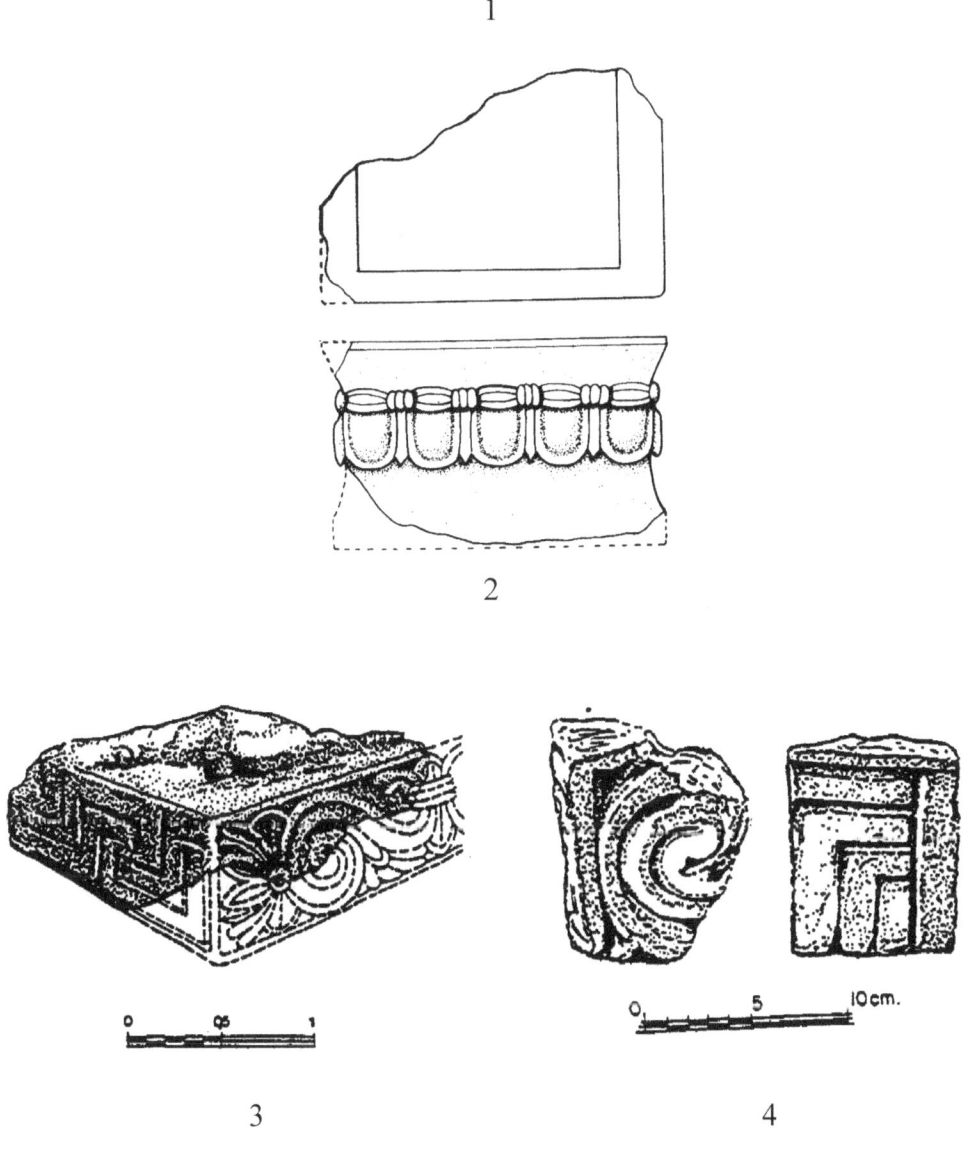

1,2 Ejemplares de cimacio procedentes de necrópolis ibéricas: 1 El Cigarralejo (Museo de Arte Ibérico de El Cigarralejo) según Izquierdo 2005. 2 Los Nietos (Murcia) según Cruz Linarejos 1990.

3,4 Fragmentos de decoración arquitectónica con gregas y roleos en relieve procedentes de necrópolis ibéricas. 3 El Cigarralejo según Castelo 1995. 4 El Cabecico del Tesoro según Castelo 1995.

LÁM. 14

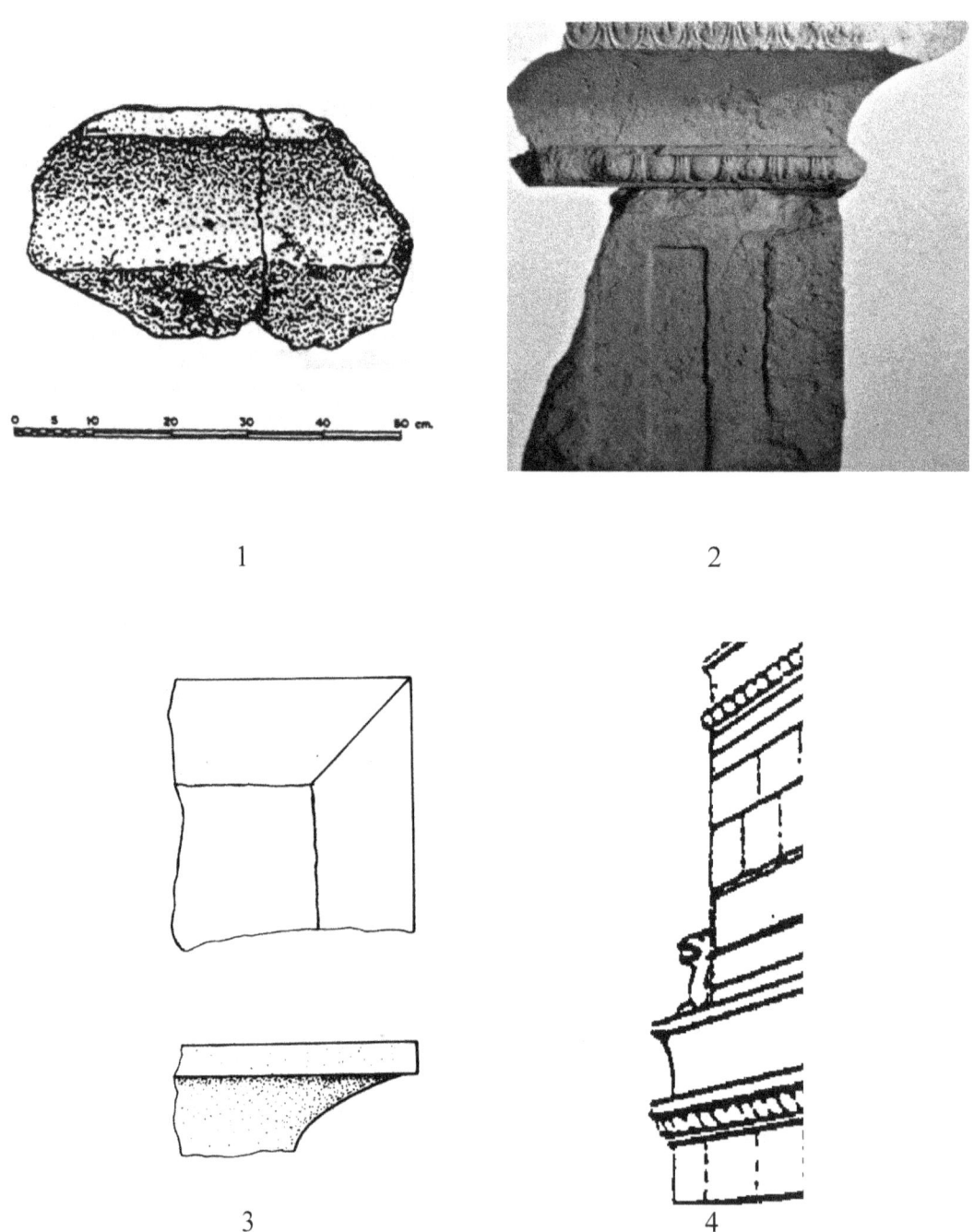

Ejemplares de golas documentados en necrópolis ibéricas: 1 Ejemplar procedente de El Cigarralejo según Castelo Ruano 1995. 2 Detalle de la Gola del pilar-estela de Monforte del Cid según F. Prados 2006. 3 Gola de Los Nietos (Murcia) según Cruz Linarejos 1990. 4 Detalle de las golas en la propuesta de reconstrucción del monumento turriforme de Pozo Moro según Almagro-Gorbea 1983.

LÁM. 15

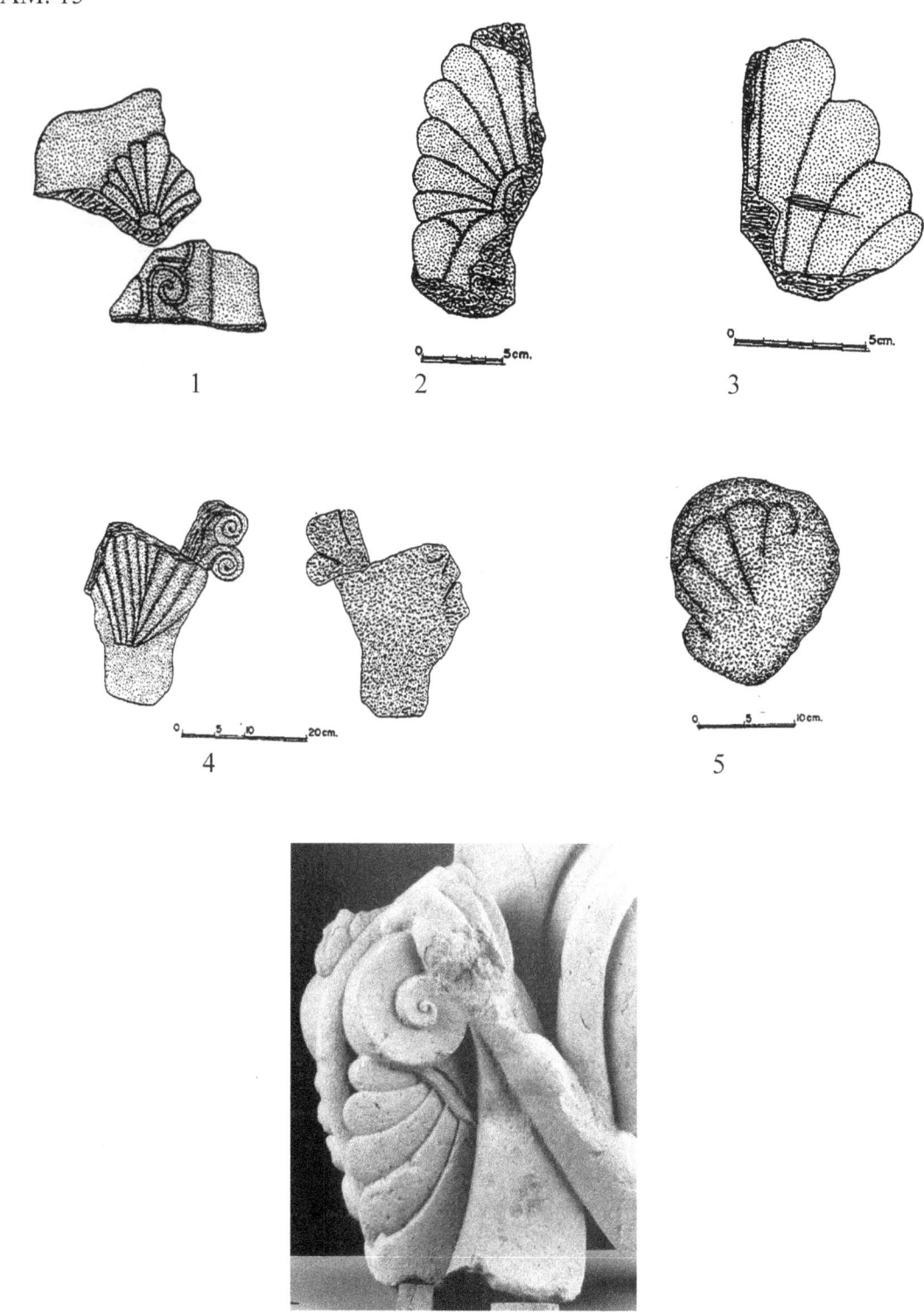

6

Ejemplares de palmetas en ambientes monumentales ibéricos: 1,2,3 Fragmentos de palmetas procedentes de Cabezo Lucero según Castelo Ruano 1995. 4,5 Fragmentos de palmetas procedentes del Tolmo de Minateda (Albacete) según Castelo Ruano 1995. 6 Detalle de una de las esculturas del conjunto de Porcuna (Museo Provincial de Jaén) según Negueruela 1990.

LÁM. 16

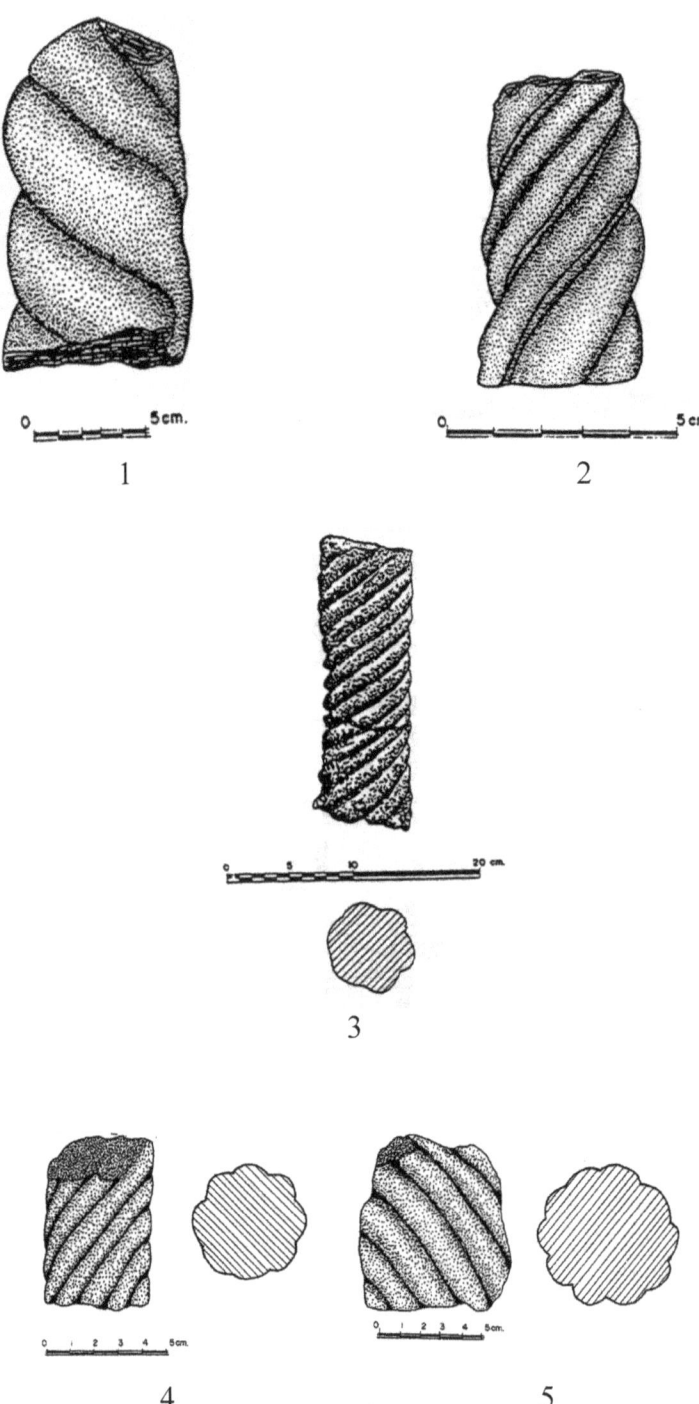

Fragmentos de fustes torsionados o de surcos helicoidales: 1,2 Procedentes de Cabezo Lucero según Castelo Ruano 1995. 3 Procedente de El Cigarralejo según Cuadrado 1980. 4, 5 Procedentes del Llano de la Consolación (Albacete) según Castelo Ruano 1995.

LÁM. 17

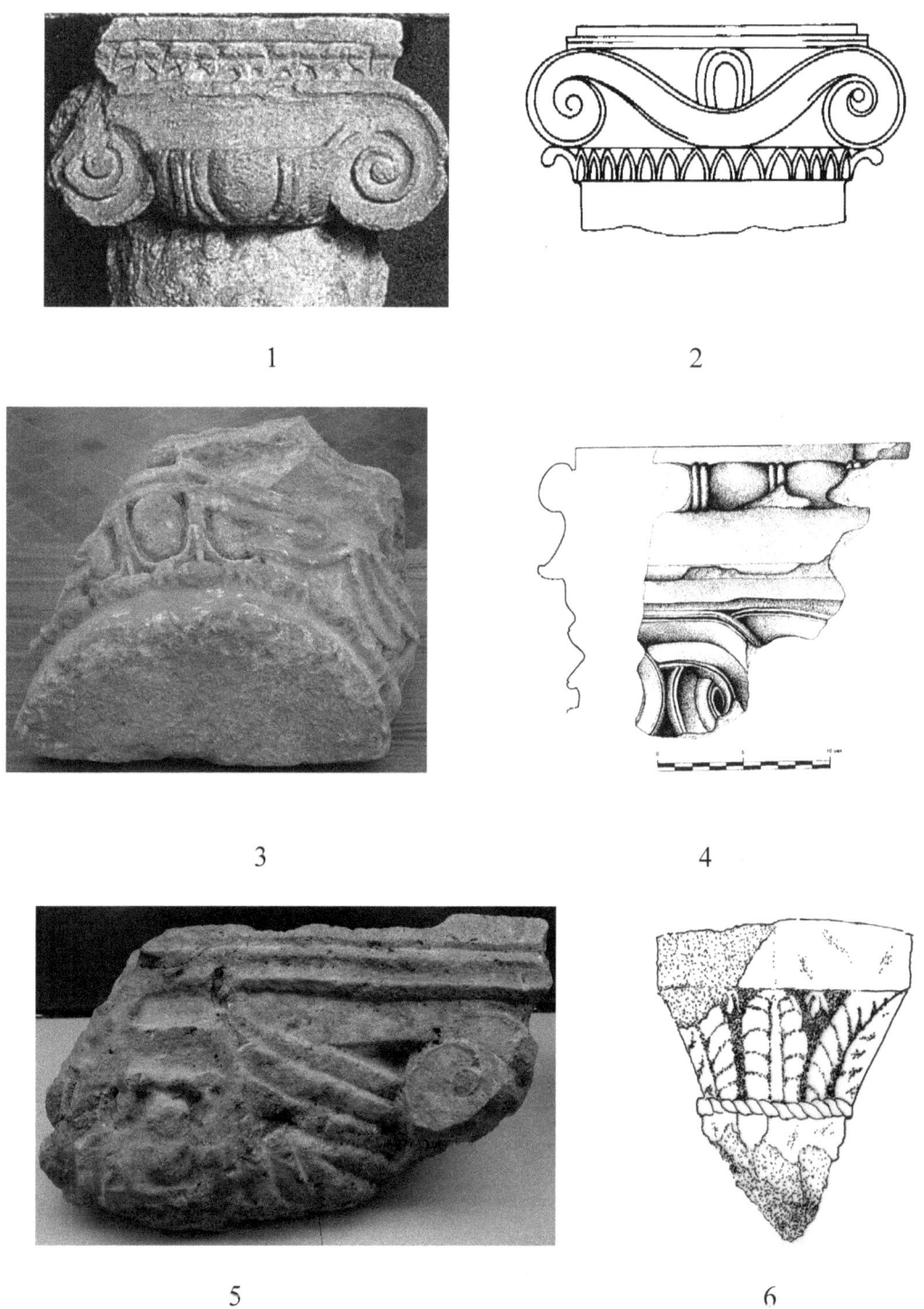

Fragmentos de capiteles en contextos indígenas o de época republicana: 1 Capitel jonio procedente de la Alcudia de Elche según Ramallo 2003. 2 Dibujo de capitel procedente del Cerro de los Santos según J. D. Aguado 1891. 3 Fragmento de capitel decorado con ovas procedente de La Encarnación de Caravaca (Murcia) Museo Arqueológico de Murcia. 4 Fragmento de capitel procedente de Los Villares de Andujar (Jaén) según Moreno Almenara 1994. 5 Fragmento de voluta en esquina procedente La Encarnación de Caravaca (Murcia) Museo Arqueológico de Murcia. 6 Dibujo de capitel fitomorfo procedente del Santuario de Torreparedones (Córdoba).

LÁM. 18

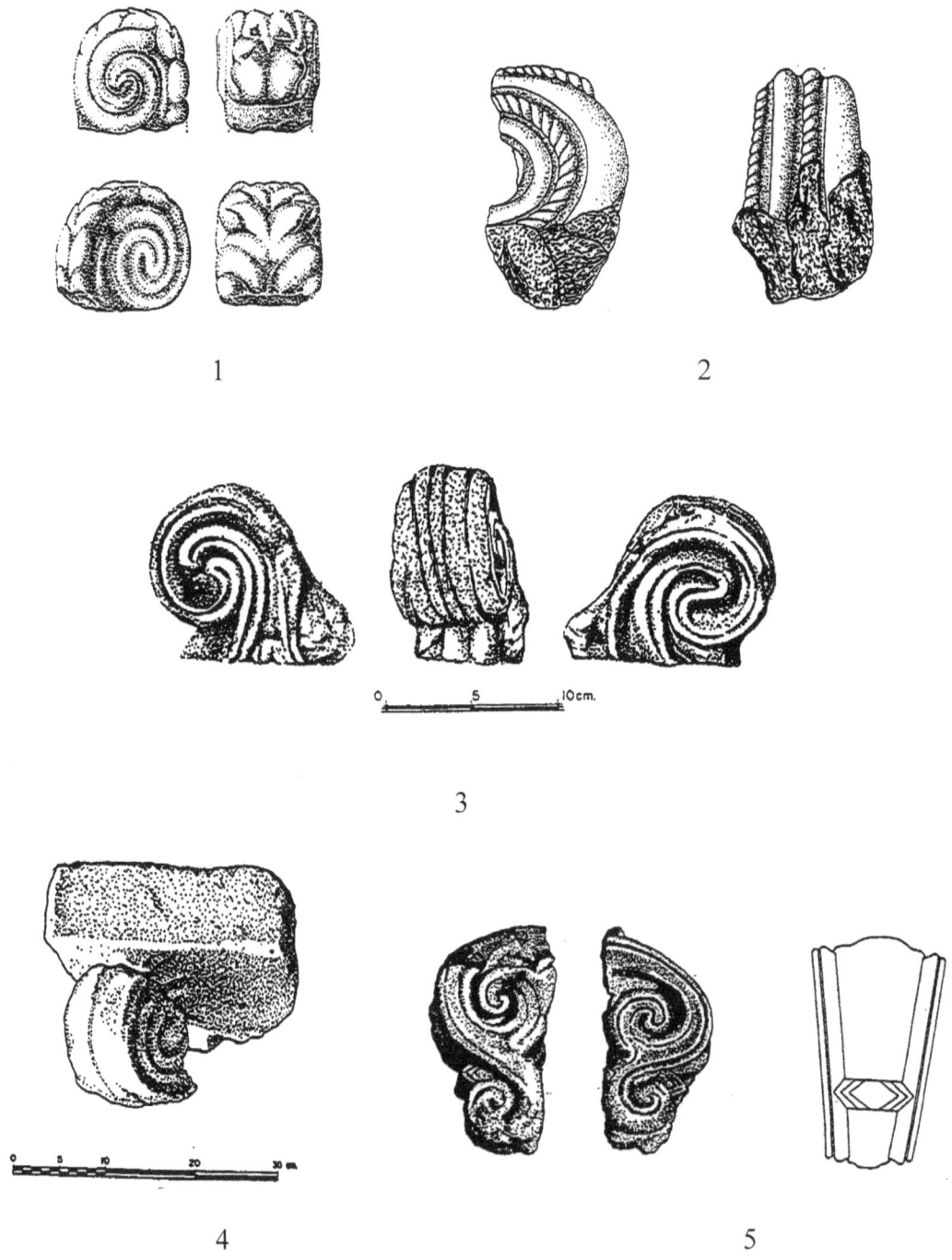

Fragmentos de voluta procedentes de monumentos funerarios ibéricos: 1 Fragmento procedente de Agua Salada según Castelo Ruano 1995. 2 Fragmento procedente de Los Nietos según Cruz Linarejos 1990. 3 Fragmento procedente del Cabecico del Tesoro (Murcia) según Castelo Ruano 1995. 4 Fragmento procedente de El Cigarralero según Cuadrado 1980. 5 Fragmento procedente de El Cigarralero según Cuadrado 1980.

LÁM. 19

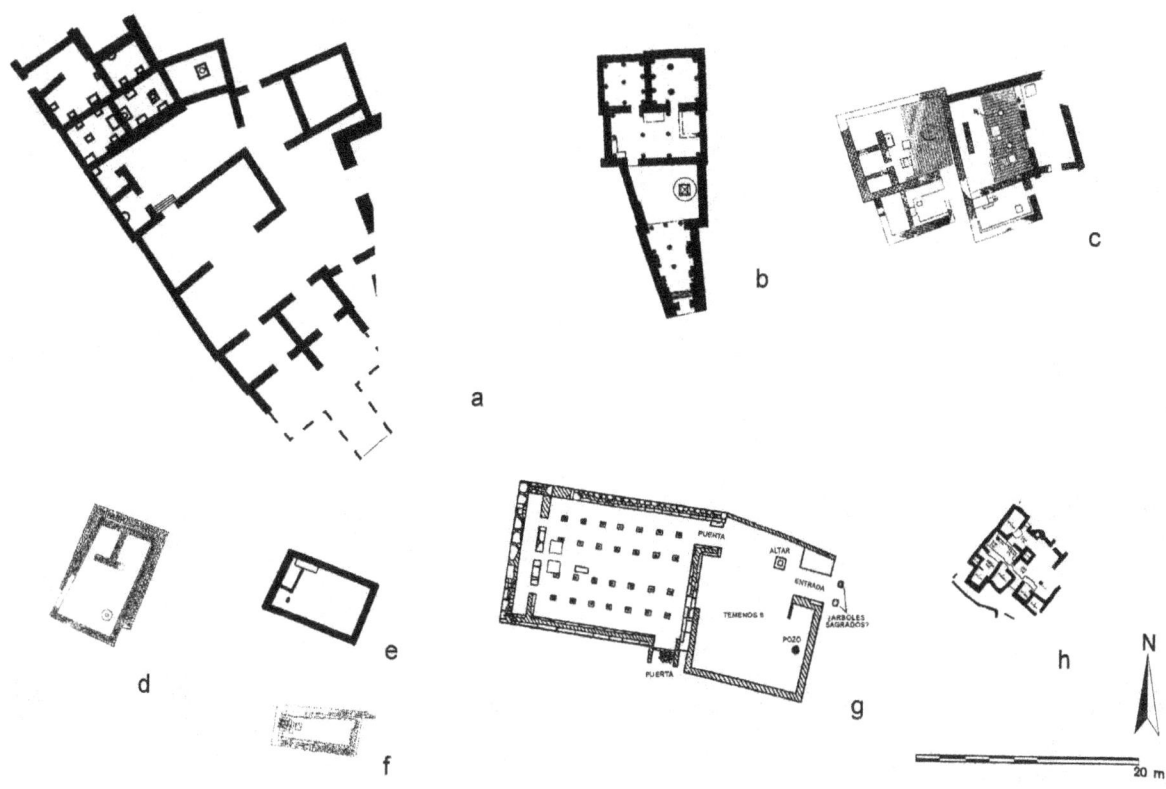

Comparativa de edificios cultuales del oriente mediterráneo según E. Diez Cusi 2003: todos están representados en la misma escala.
  A. Complejo de Baalat de Biblos (Fase KIV)
  B. Templo de los obeliscos de Biblio. (Fase JI/JII)
  C. Templo T-2 de Kâmid el-Lôz
  D. Templos de los niveles 3 y 4 de Tell el Ghasshil
  E. Templo del Estrato IV de Tell Abu Hawam
  F. Templo de Tanit en Sarepta
  G. Templo de Astarté en Kition
  H. Fase I del Santuario fenicio de Meniko

LÁM. 20

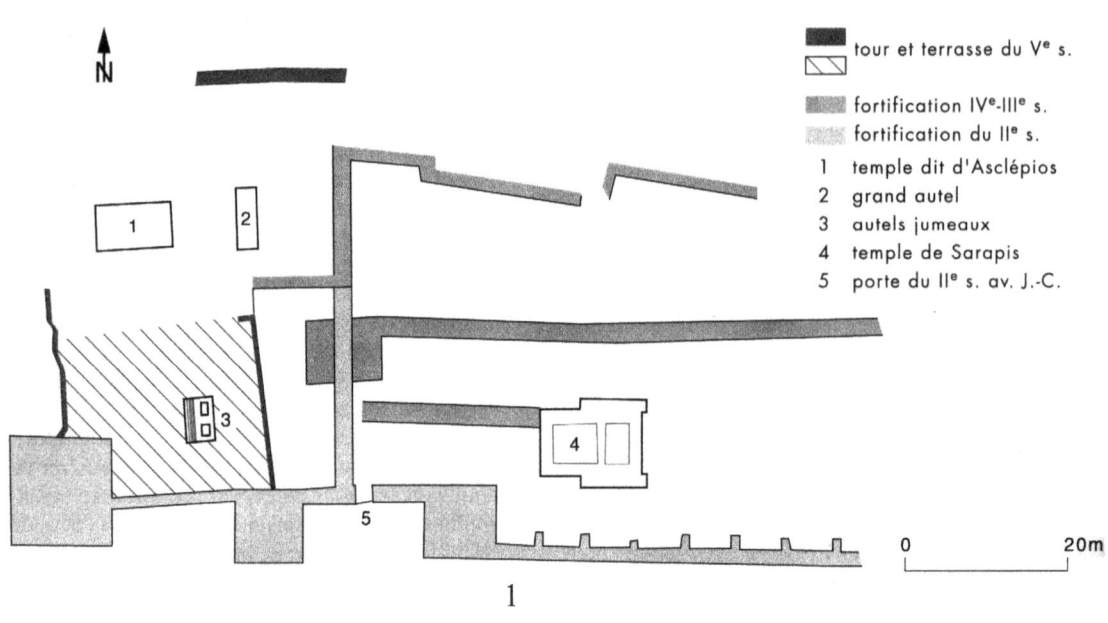

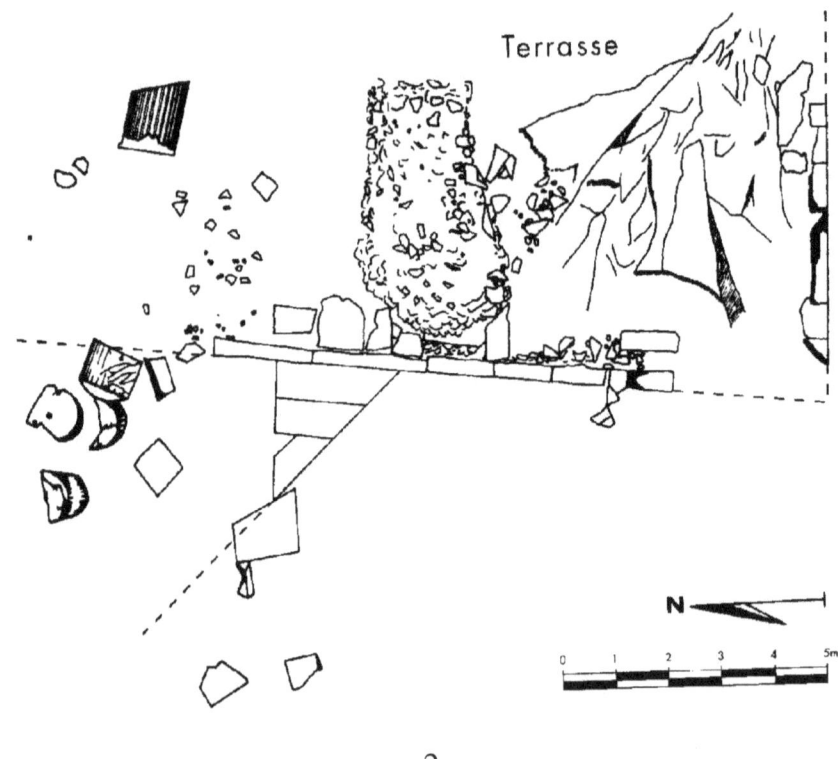

1 Croquis planimétrico del área de la entrada monumental y la acrópolis de Emporion, según Sanmartí i Greco et alii 1992.
2 Planimetría de una de las terrazas del basamento del Templo arcaico de Atenea en Focea según Oziyigit y Erdogan 2000.

LÁM. 21

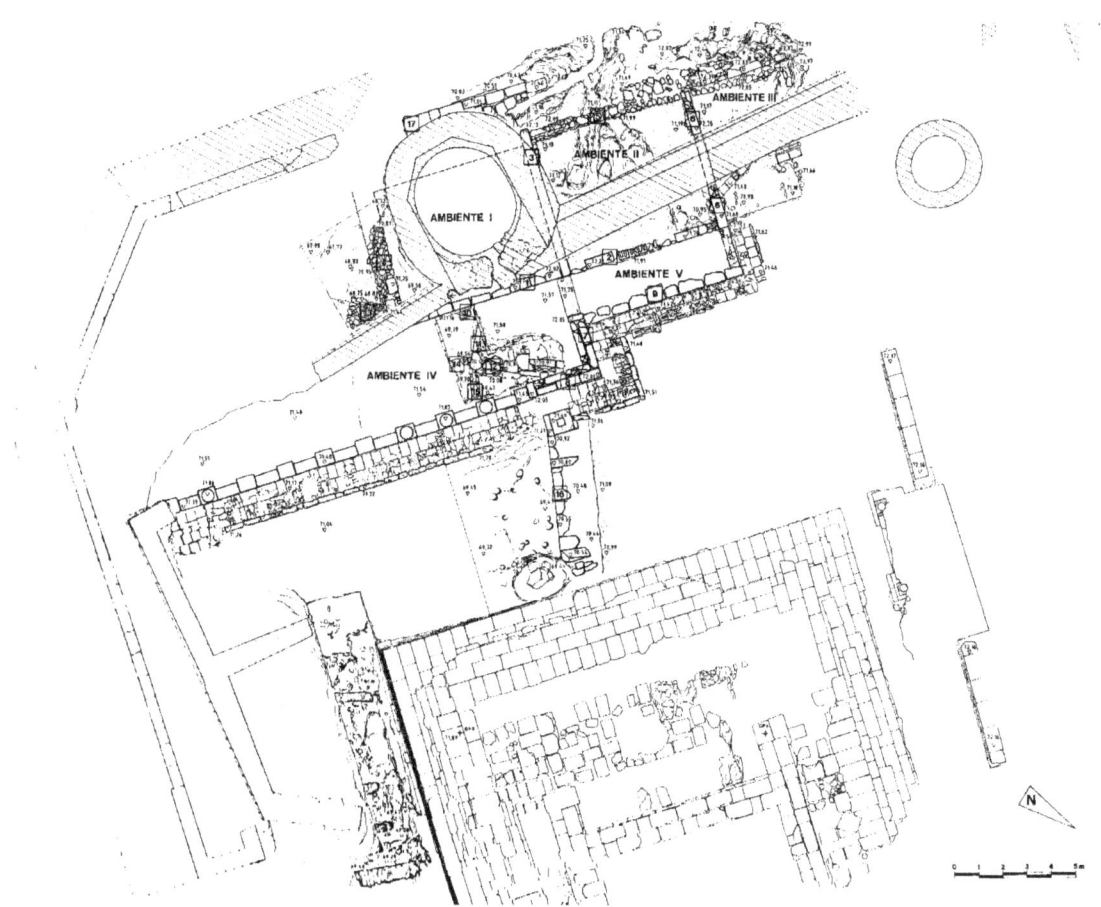

Planimetría de la acrópolis de Elea-Velia según Tocco Sciarelli 2000.

LÁM. 22

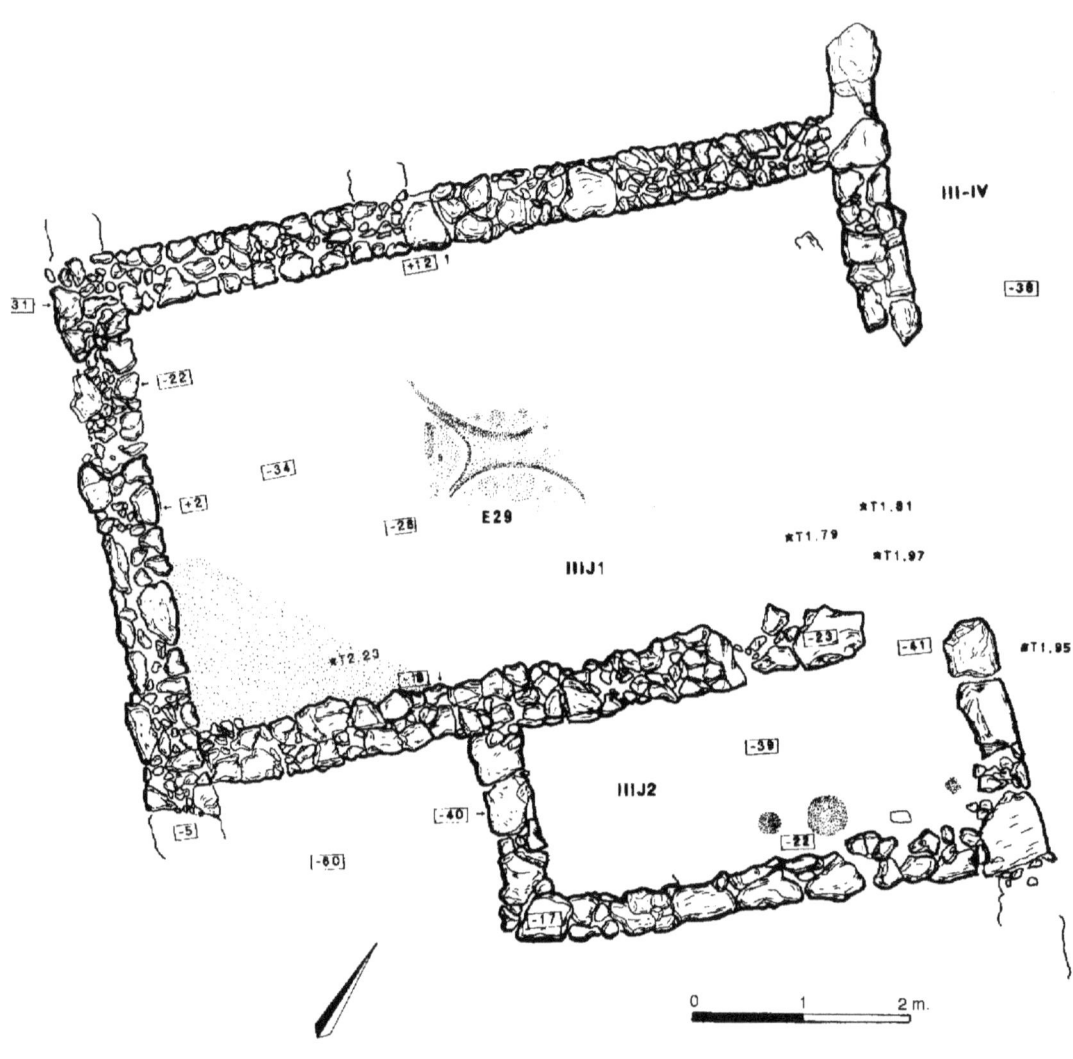

Planimetría de los Departamentos IIIJ1 y IIIJ2 de El Oral con la situación del hogar con forma de piel de toro estirada según L. Abad y F. Sala 1997.

LÁM. 23

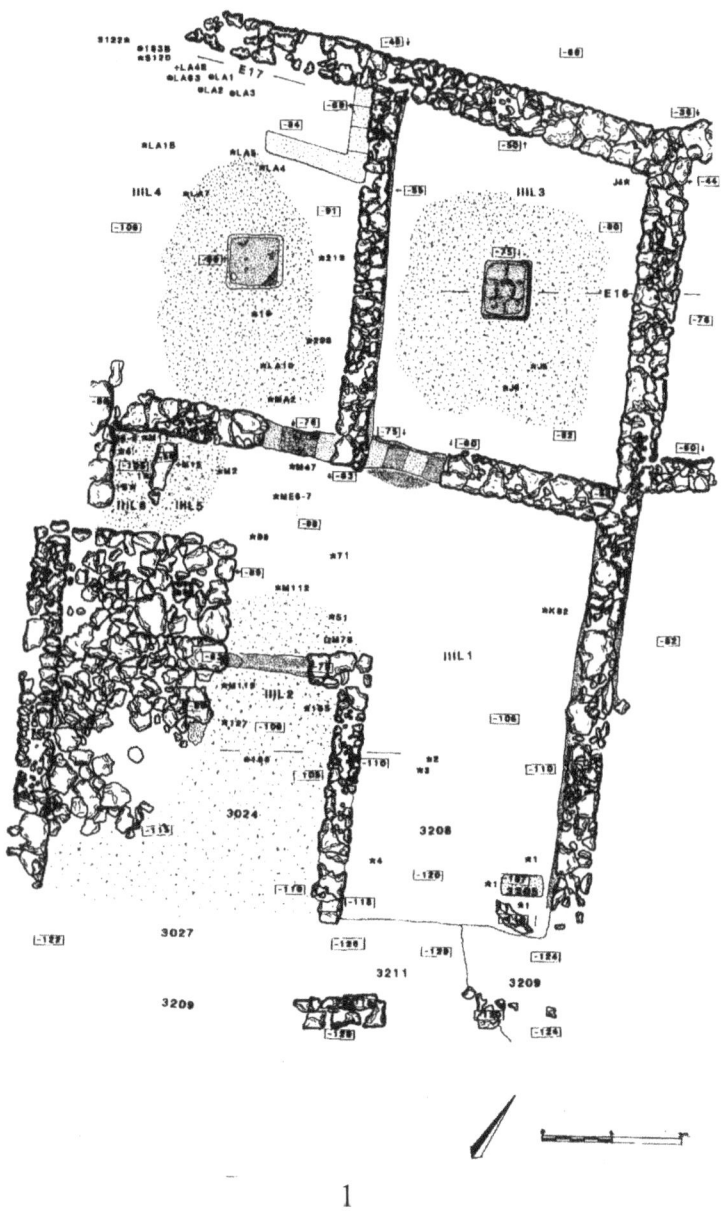

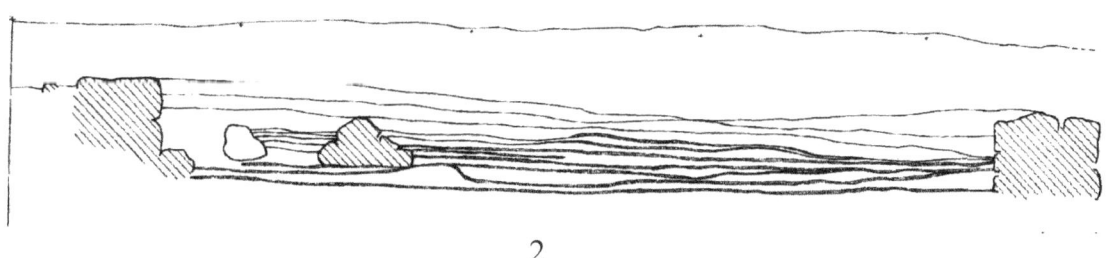

Planimetría del Departamento IIIL2 y sección trasversal (a escala 1:20 indicada en plano) de ese mismo Departamento según L. Abad y F. Sala 1997.

LÁM. 24

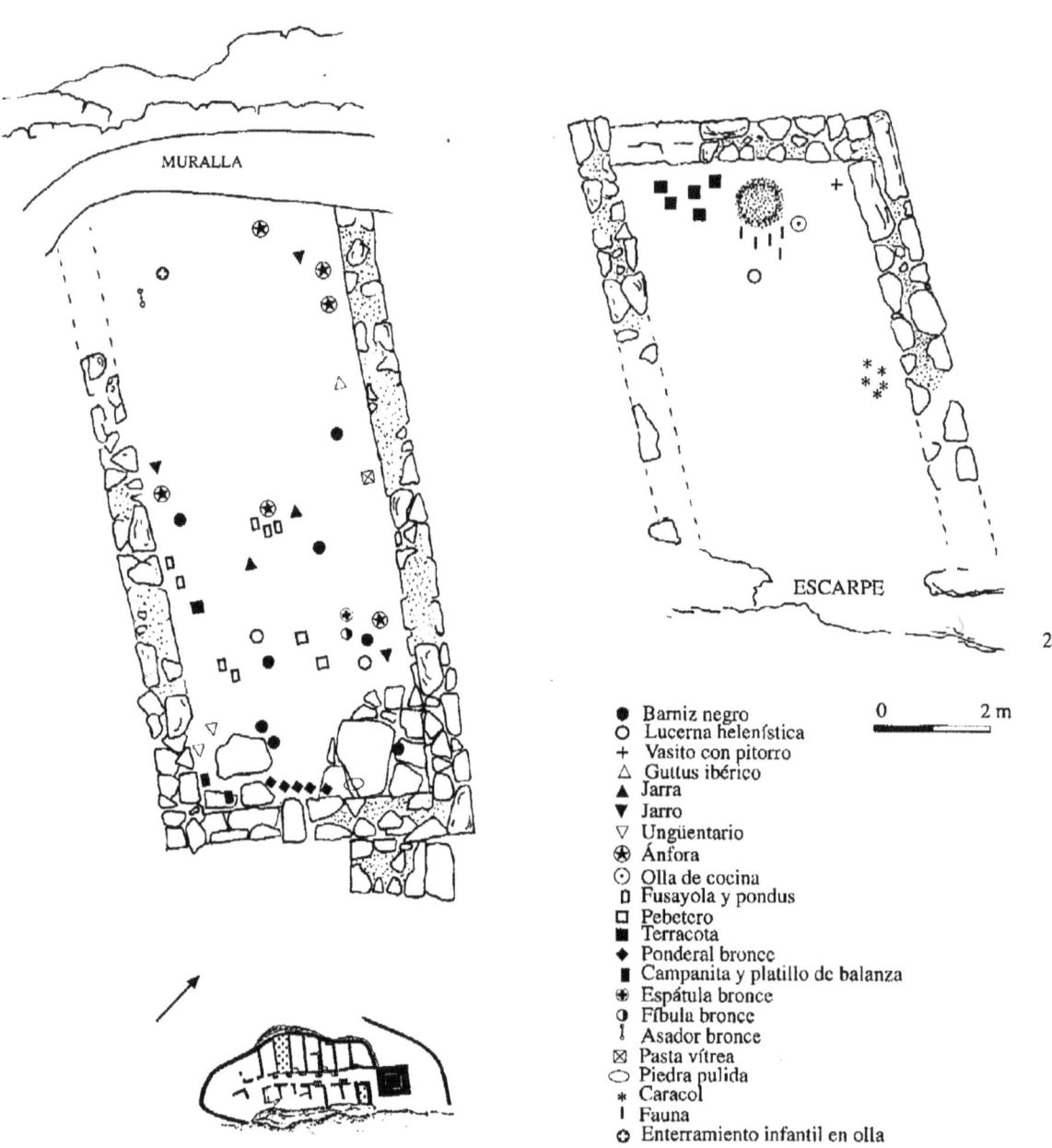

Planimetría de los Departamentos 1 y 14 del Puntal dels Llops con la distribución microespacial de los hallazgos materiales acontecidos durante su excavación según Bonet y Mata 1997.

LÁM. 25

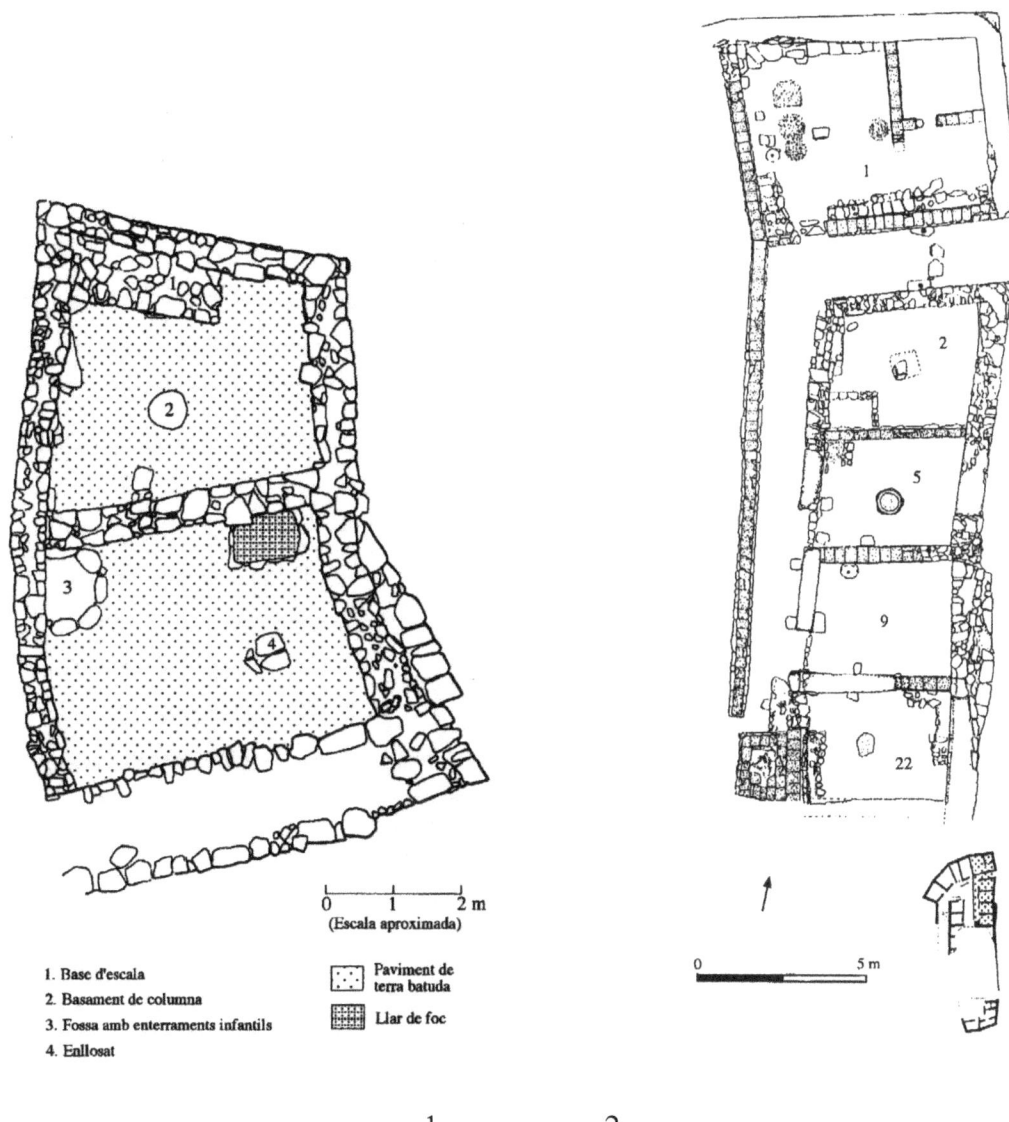

1 Planimetría del Recinto 17 de la Moleta de Remei según F. Gracia et alii 1990.
2 Planimetría del Departamento del Castellet de Bernabé según Guerín 1995.

LÁM. 26

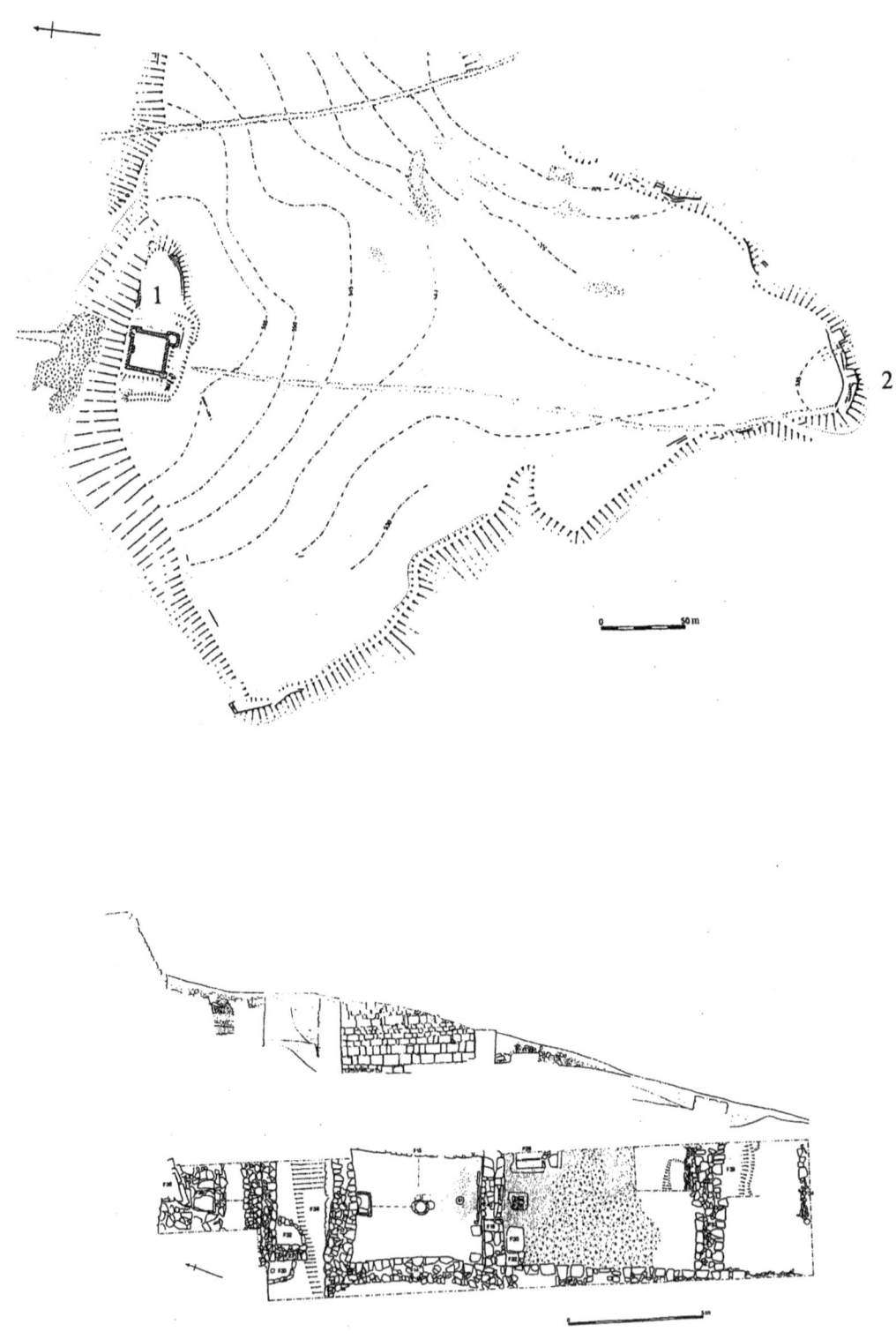

Planimetría del área del Cerro de las Vírgenes en Torreparedones (Córdoba) y sección y planimetría del santuario suburbano según M.C. Fernández Castro y B. Cunliffe 2002.

LÁM. 27

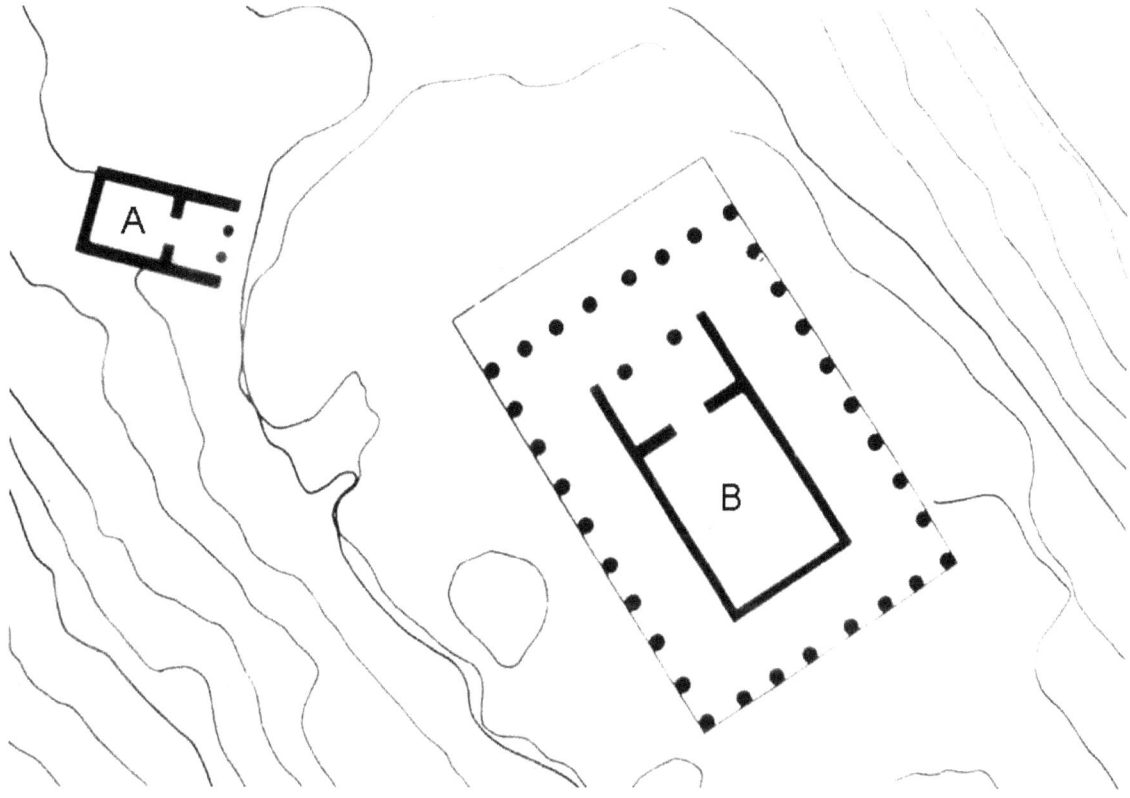

Plano topográfico del área cultual de la Encarnación de Caravaca (Murcia) con las planimetrías de los llamados Templos A y B según S. Ramallo 1993.

Índice de Ilustraciones

FIGURAS

Fig. 1. Plano de la Neápolis de Ampurias según M. Almagro Basch (1965).

Fig. 2. Mapa de Andalucía con los principales hallazgos orientalizantes según Izquierdo de Montes y Fernández Troncoso (2005).

Fig. 3. Fragmentos cerámicos de origen micénico hallados en el municipio cordobés de Montoro. Museo Arqueológico de Córdoba.

Fig. 4. Pilar-estela de Monforte del Cid (Alicante). Según Almagro Gorbea y Ramos (1981).

Fig. 5. Vista general de la zona de la necrópolis de Galera (antigua Tutugi).

Fig. 6. Reconstrucción de la fachada del supuesto monumento funerario de Cástulo (Jaén) según Lucas Pellicer y Ruano (1989).

Fig. 7. El llamado capitel de las damitas (Corral del Saus). Museo de Prehistoria de Valencia. Dibujo del Autor.

Fig. 8. Relieve decorativo del Monumento de Pozo Moro con hierogamia MAN. Foto Autor.

Fig. 9. Detalle de la ornamentación de una moldura en forma de cimacio del Monumento de Pozo Moro con surcos helicoidales MAN. Foto Autor.

Fig. 10. El relieve del *tubicen* procedente de Osuna (Sevilla). MAN.

Fig. 11. Dibujo de uno de los fragmentos perteneciente al posible *naiskos* de *Castulo*. Museo Arqueológico de Linares. Dibujo del Autor.

Fig. 12. Friso norte del templo de Hera I del Foce del Sele según Van Keuren (1989).

Fig. 13. Elementos de decoración arquitectónica mencionados en el texto según Dupré (2005).

Fig. 14. El llamado caballo de Casas de Juan Núñez, fechado en el siglo V a.C. Museo Arqueológico de Albacete.

Fig. 15. Zapata de inspiración jonia procedente de la necrópolis de Galera. MAN según Pereira et alii (2004).

Fig. 16. Algunas de las esculturas de Porcuna a las que se pueden interpretar como expresión de conceptos religiosos en el ámbito doméstico de las aristocracias ibéricas. Museo Provincial de Jaén.

Fig. 17. La Dama de Baza, con su actual montaje expositivo en el MAN que nos muestra una reconstrucción del contexto sepulcral en el que se encontró. Museo Arqueológico Nacional.

Fig. 18. Planimetría del muro oeste del podium del templo de Atenea en Focea según Özyigit y Erdogan (2000).

Fig. 19. Cuadro resumen con algunos de los ejemplos más notables del grifo jonio en la iconografía ibérica según Vidal de Brant (1973).

Fig. 20. Uno de los altorrelieves del conjunto escultórico de Porcuna. Museo Provincial de Jaén según Negueruela (1990).

Fig. 21. Dibujo de la planta del Santuario del Cerro de los Santos según Savirón (1875).

Fig. 22. Alzado del muro correspondiente al supuesto santuario de Artemis de Sagunto según García y Bellido (1963).

Fig. 23. ARR. Vista general de una de las áreas cultuales del santuario de El Carambolo (Sevilla). En trazo fino, la interpretación de la compartimentación de la estancia en una de las fases constructivas, siguiendo modelos semíticos. AB. Detalle de un altar de tipo "lingote chipriota" asociado al mismo nivel constructivo delimitado en la fotografía anterior. Ambas según Fernández Flores y Rodríguez Azogue (2005).

Fig. 24. Ajuar encontrado en el Departamento 1 del Puntal dels Llops según Bonet y Mata (1997).

Fig. 25. Comparativa de los capiteles jónicos encontrados en diversos puntos de Asia Menor y el Mediterráneo occidental, según Treziny y Theodorescu (2000).

Fig. 26. Dos ejemplos de capiteles jonios, ARR. Procedente del Foce de Sele de Paestum. AB. Procedente de Focea.

LÁMINAS

Lám. 1 Mapa del sureste con dispersión de algunos de los hallazgos mencionados en el texto.

Lám. 2 Planimetría del Edificio de Cancho Roano (Badajoz).

Lám. 3 Planimetría de la necrópolis de Cabezo Lucero (Alicante).

Lám. 4 Planimetría de la necrópolis de Los Nietos (Cartagena).

Lám. 5 Planimetría de un sector de la necrópolis de los Castellanes de Ceal (Jaén).

Lám. 6 Planimetría de la necrópolis del Estacar de Robarinas (Cástulo, Jaén).

Lám. 7 Representaciones de los análisis de accesibilidad a distintos sepulcros de la necrópolis de Galera (Granada) y recreación de la decoración pictórica y parietal del sepulcro Nº 2.

Lám. 8 Planimetría de algunos sepulcros de la necrópolis de Galera (Granada) con ensayo de diferenciación de espacios de uso público y privado.

Lám. 9 Planimetrías de las necrópolis de Baza (Granada) y los Villares de Hoya Gonzalo (Albacete).

Lám. 10 Planimetría de la necrópolis del Llano de la Consolación (Albacete).

Lám. 11 Planimetría y sección de uno de los sectores de la necrópolis de El Cigarralejo (Murcia).

Lám. 12 Composición con algunos de los ejemplares de frisos de ovas mencionados en el texto.

Lám. 13 Composición con algunos de los ejemplares de cimacios mencionados en el texto.

Lám. 14 Composición con algunos de los ejemplares de golas mencionados en el texto.

Lám. 15 Composición con algunos de los ejemplares de palmetas mencionados en el texto.

Lám. 16 Composición con algunos de los ejemplares de fragmentos de fustes torsionados o de surcos helicoidales mencionados en el texto.

Lám. 17 Composición con algunos de los ejemplares de capitel mencionados en el texto.

Lám. 18 Composición con algunos de los ejemplares de volutas mencionados en el texto.

Lám. 19 Comparativa de algunos de los edificios de culto orientales mejor conocidos.

Lám. 20 Planimetría del sector monumental y la acrópolis de Emporion así como del sector oeste del basamento del templo de Atenea en Focea.

Lám. 21 Planimetría de la acrópolis de Elea-Velia.

Lám. 22 Planimetría del departamento IIIJ1 de El Oral (Alicante).

Lám 23 Planimetría y sección del departamento IIIL2 de El Oral (Alicante).

Lám. 24 Análisis microespacial de los departamentos 1 y 14 del Puntal dels Llops (Valencia).

Lám. 25 Planimetría del espacio 17 de la Moleta de Remei (Tarragona) y del departamento 2 del Castellet de Bernabé (Valencia).

Lám. 26 Plano general del Cerro de las Vírgenes de Torreparedones (Córdoba) y planimetría y sección del santuario suburbano.

Lám. 27 Planimetría del sector de los templos A y B de la Encarnación de Caravaca (Murcia).

ÍNDICE GENERAL

Abreviaturas 1

Agradecimientos 2

Prefacio 3

INTRODUCCIÓN GENERAL

El debate y la historiografía: los íberos y el Mediterráneo. 5

Interfacies literárea: la arquitectura ibérica en las fuentes latinas. 16

Artesanos: arquitectos y escultores. 20

ARQUITECTURA FUNERARIA

Introducción. 25

Principales tipologías funerarias. 28

Análisis morfológico. 36

La iconografía de los monumentos funerarios como referente ideológico de las elites sociales. 63

Conclusión previa: lo jonio entendido como el lenguaje artístico de las aristocracias arcaicas mediterráneas 71

ARQUITECTURA CULTUAL

Introducción: edificios religiosos en el contexto de las colonias greco-fenicias. 79

Modelos de espacios cultuales: criterios morfolólgicos y funcionales. 83

En torno a los llamados santuarios domésticos. 84

Cuestiones de Hibridación: la decoración arquitectónica
ibero-jonia en el ámbito de la monumentalización de
los santuarios ibéricos.   90

Conclusiones finales: repensando la arquitectura sagrada
en relación al proceso urbano.   96

BIBLIOGRAFÍA   100

LÁMINAS   123

Índice de ilustraciones   150

Índice General   154

www.ingramcontent.com/pod-product-compliance
Lightning Source LLC
Chambersburg PA
CBHW050940010526
44108CB00060B/2840